《20世纪人文地理纪实》编委会

主　编：杨　镰
副主编：赵京华　赵稀方
编　委：（以姓氏笔画为序）
　　　　吕　晴　刘福春　杨　镰　陈才智　张颐青　赵京华
　　　　赵稀方　范子烨　胡　博　段美乔　董炳月

20世纪人文地理纪实 第一辑
主编：杨镰

到青海去

顾执中 陆诒/著 董炳月/整理

Daoqinghaiqu

中国青年出版社

（京）新登字083号

图书在版编目（CIP）数据

到青海去/顾执中，陆诒著；董炳月整理. —北京：中国青年出版社，2012.12
（20世纪人文地理纪实）

ISBN 978-7-5153-1252-1

Ⅰ.①到…　Ⅱ.①顾…②陆…③董…　Ⅲ.①青海省–概况　Ⅳ.①K924.4

中国版本图书馆CIP数据核字（2012）第271247号

＊

中国青年出版社 出版 发行

社址：北京东四12条21号　邮政编码：100708
网址：www.cyp.com.cn
编辑部电话：(010)57350511　门市部电话：(010)57350370
三河市世纪兴源印刷有限公司印刷　新华书店经销

＊

675×975　1/16　23.25印张　2插页　265千字
2012年12月北京第1版　2012年12月河北第1次印刷
印数：1–5000册　定价：42.00元

本图书如有印装质量问题，请凭购书发票与质检部联系调换
联系电话：(010)57350337

《20世纪人文地理纪实》

总　序

20世纪，是人类社会进展最快的世纪。20世纪的通行话语是"变革"。

就中国而言，自进入20世纪，1911年"辛亥革命"为延续数千年的中国封建王朝的谱系画上了句号，1919年"五四"运动，新文化普及，1921年中国共产党成立，为现代中国奠定了基础。20世纪前50年间，袁世凯"称帝"、溥仪重返紫禁城，北伐、长征、抗日战争……直至1949年中华人民共和国成立，新中国受到举世关注。此后，特别是从"文化大革命"到改革开放，这些历史事件亲历者的感受，深刻影响了一代又一代人。

20世纪是中国进入现代时期的关键的、不容忽视的转型期，以20世纪前半期为例，1900年，"八国联军"践踏中华文明，举国在抗议中反思；1901年，原来拒绝改良的清廷宣布执行新政；1906年，预备立宪……以世界背景而言，"十月革命"，两次"世界大战"，成立联合国……1911年到1949年，仅仅历时30多年，中国结束了封建社会，经历了半封建半殖民地到社会主义的巨大跨越。反思20世纪，政治取向曾被视为文明演进的门槛，"不是革命就是反革命"，不是红，就是黑，一度成为舆论导向，影响了大众思维。

无可否认，在现代社会，伴随社会的进步、发展，中华民族的民主、科学精神逐步深入人心的过程，是中国历史最具影响力的事件，是可持续发展的推动力、中国现代时期的鲜明特点。

《20世纪人文地理纪实》则为这一影响深远的历史过程，提供了真实生动的佐证。

20世纪的丰富出版物中，一定程度上因为政治意图与具体事件脱节，人文地理著作长期以来未能受到充分关注，然而文学、历史、政治、文化、语言、民族、宗教、地理学、边疆学、地缘政治……等学科，普遍受到了人文地理读物的影响，它们是解读20世纪民主、科学思维成为社会主流意识的通用"教材"。

人文地理纪实无异于在社会急剧变革过程进行的"国情调研"，进入20世纪的里程碑。没有这部分内容，20世纪前期——现代时期，会因缺失了细节，受到误解，直接导致对今天所取得的成就认识不足。

就学科进展而言，现代文学研究是最早进入社会科学研究前沿位置的学科之一，《20世纪人文地理纪实》则为现代文学家铺设了通向文学殿堂的台阶：论证了他们的代表性，以及他们引领时代风气的意义。

与中华文明史、中国文学史的漫长历程相比，从"辛亥革命"到中华人民共和国建立，30多年短如一瞬间，终结封建王朝世系，弘扬社会主义精神文明，是现代时期定位的标志。

"人文地理"，是以人的活动为关注对象。风光物态、环境变迁、文物古迹、地缘政治……作为文明进步的背景，构建了"人文地理"的学术负载与阅读空间。

关于这个新课题，第一步是搜集并选择作品，经过校订整理重新出版。民国年间，中国的出版业从传统的木刻、手抄，进入石印、铅印出版流程，出版物远比目前认为的（已知的）宽泛，《20世纪人文地理纪实》的编辑出版，为现代时期的社会发展提供了参照，树立了传之久远的丰碑。否则，经过时间的淘汰，难免流散失传，甚至面目全非。

《20世纪人文地理纪实》与旅游文学、乡土志书、散文笔记、家谱实录等读物的区别在于：

人文地理纪实穿越了历史发展脉络，记录出人的思维活动，人的得失成败。比如边疆，从东北到西北，没有在人文地理纪实之中读不到的盲区。21世纪，开发西部是中国现代化可持续发展的重要内容。开发西部并非始于今天，进入了现代时期便成为学术精英肩负的使命：从文化相对发达的中原前往相对落后的中西部，使中西部与政治文化中心共同享有中华民族的丰厚遗产，共同面对美好前景。通过《20世纪人文地理纪实》，我们与开拓者一路同行，走进中西部，分享他们的喜怒哀乐、分担他们的艰难困苦。感受文明、传承文明。源远流长的华夏文明与中华民族的文化，不会因岁月流逝、天灾人祸，而零落泯灭。

《20世纪人文地理纪实》是20世纪结束后，重返这一历史时期的高速路、立交桥。

八十年前的西北全景图

董炳月

本书的两位著者顾执中和陆诒,均为中国现代新闻史上大名鼎鼎的人物。

顾执中(1898-1995)生于南汇县周浦镇,中学时期即受到五四新文化运动的影响,1919年中学毕业后考入东吴大学,1923年入上海《时报》社当记者,1927年转任上海《新闻报》社记者,1928年利用业余时间在上海创办的民治新闻专科学校,是民国时期办学时间最长的新闻学校,直到1953年才停办。1931年"九·一八"事变发生后他加入教师救国会和对日经济绝交大同盟,1934至1935年间历访欧洲及苏联、美国、日本等地。抗日战争爆发后的1940年8月,遭日伪特务狙击负伤。后辗转重庆、印度,继续从事新闻教育工作和报纸编辑工作,1946年回到上海,续办民治新闻专科学校。中华人民共和国建立后到北京,任高等教育出版社编审,直至1995年以97岁高龄去世。一生从事新闻工作和新闻教育工作近60余年,贡献卓著。

陆诒(1911-1997)为上海县鲁汇镇(今上海市闵行区)人,1931年8月20岁的时候进上海《新闻报》画刊编辑室实习。历任上海《新闻报》、《大公报》记者,汉口、重庆《新华日报》记者、编委,上海《联合晚报》、《联合日报》编委、记者,香港国际新闻社主任,香港达德学院新闻专修班主任,香港《光明报》主编。1932年"一二·八"淞沪抗战爆发后,不顾生命危险,采写十九路军英勇抗战的报道，鼓舞国人斗志。1933年初日军进攻热河，他前往承德前线采访，发表了《热河失陷目击记》等通讯。抗日战争时期他走遍中国主要战场，访问过毛泽东、周恩来、朱德等领导人，采访过蔡廷锴、冯玉祥、张自忠等抗日爱国将领，及时报道中国反击侵略者的消息，为宣传中国人民的抗日战争和民族统一战线做出了贡献。新中国成立后，历任上海《新闻日报》副总编辑、中国新闻社理事、复旦大学兼职教授等要职，且曾多次担任全国政协委员、上海市政协常委、民盟中央委员等职，1997年以86岁高龄去世。

顾执中与陆诒二人年龄相差14岁，但是，他们在20世纪30年代前期，合作完成了这部重要的《到青海去》。促成此事的契机，就像从上面简单的生平简历中能够看到的，是当时二人在上海《新闻报》的同事关系。当时他们都是上海《新闻报》的记者。1933年7月3日下午，顾执中、陆诒、舒永康、汪扬等人组成的青海考察团从上海北站乘火车出发，当晚到达南京。次日，住在南京的另一位团员黄伯逵加入进来，全部成员聚齐。7月5日，考察团离开南京北上，开始了前往青海的西部考察之旅。一行经徐州、郑州、潼关、西安向西北行进，7月23日到达兰州。7月27日继续前行，8月2日到达西宁。在青海各地进行了十天的考察之后，12日离开西宁返回兰州，踏上归途。一行回到上海是在8月22日，整个考察活动用了大概一个半月。顾执中与陆诒在考察途中撰写了49篇通讯报道，这些通讯报道先是在《新闻报》上连载，后编成《到青海去》一书，1934年由商务印书馆出版发行。

顾执中等人在1933年组织青海考察团考察西北并非偶然，而是与当时的世界局势、中国命运密切相关。要言之，这是当时中国人国家意识更加自觉的结果。他们是在1931年日本发动"九·一八"事变侵占东北、1933初华北沦陷于日寇之手、中国国土大片丧失的情况下,开始从西北着手展开救国行动。关于这一点,本书所收的第一篇通讯《"不要再一块儿死在东南"》有明确的交代,曰:"处于严重的现时代的我们,已不暇为目前的国难,作无益的呻吟和悲叹;我们只有紧紧的把握住现在,对于已失的领土,我们当以铁血去收回,对于尚未失去而已经危机四伏的边疆,尤其是广大富饶的西北,当奋全力以经营它,充实它,以免重蹈覆辙。"因此他们结成中国边疆文化促进会,并决定"从青海着手做起,在工作之前,先组织考察团实地去考察,以作将来做边疆文化工作的张本,同时以考察所得,报告国人,以唤起国人对边疆的注意。"本书最后一章是《青海是我们中国人的领土》,指出:"在地理上,青海的地位,界乎赤白两帝国主义之间,假如一旦突然有不幸事件发生,其影响所及,决不单是当地某某军人或某某民族问题,而是整个的国家和整个的民族问题。所以从此以后,我们全国民众,尤其是青年们,不要再像以前东北一般让狰狞的外国人来代我们注意她,我们自己应当一起来维护她,痛惜她,不要让这块好好的河山,不闻不问的任其长在黑暗势力的统治之下,过惨苦的生活!"这种结论是本书的出发点逻辑性地导致的。首篇与末篇的这种对应关系,表明本书对青海的叙述是在唤起国人、救亡图存的框架之中进行的。

上述忧患意识并非仅仅为考察团独有,而是为本书的关联人士共有。孙科(1891-1973)为本书撰写的序言不仅表达了同样的忧患意识,并且在更大的背景上对相关问题进行了阐发,将蒙古、西藏问题纳入进来。曰:"夫外蒙我之北屏也,执国人以蒙事问之,吾知其必不如俄人习之之深也;西藏我之南障也,执国人以藏事问之,吾知其必不如英人探之之详也。坐是外蒙遂被胁于俄，西藏遂受制于英。今则关东、热河，且沦于日矣，亦由日人觊觎久，而驰骋熟，故遂一入而不可御也。然则吾国虽以地大物博豪于世，使不急谋固圉补牢之术，则边疆诸地，其不为关东、热河之续者几何！"因为同样的原因，青海考察团的工作获得了多方面的支持，受到了多方面的关心。这从《青海是我们中国人的领土》结尾处致谢的对象可以看出。资助、配合这次考察的有各级政府的行政官员，有经济界人士，有新闻出版界人士。

显然是因为有这种进行爱国宣传的自觉性，因此著者为了扩大考察活动的影响，充分发挥了新闻、出版等现代媒体的传播功能，并且努力借助国家行政权力。将通讯报道在上海发行的《新闻报》上连载，连载结束之后又由大出版社商务印书馆出版单行本，无疑是为了扩大传播范围。第一篇通讯用张继的话做标题，单行本出版的时候请孙科写序，则是力图通过引入国家行政权力、发挥名人效应来扩大影响。张继（1882-1947）早年先后留学日本、法国，1905年在东京加入同盟会，为民国元老，1921年即曾担任国民党宣传部长。1927年任国民党中央特别委员会委员，后历任国民党南京政府司法院副院长、北平政治分会主席、国民党三大至六大中央监委委员、国民党党史史料编纂委员会主任委员、国史馆馆长等要职。考察团出发不久的7月8日上午，在徐州开往郑州的火车上与张继相遇，"中委张继先生"这一称谓中的"中委"头衔，应当是指张继的"中央特别委员会委员"职位。孙科1931年"九·一八"事变发生后曾任南京政府行政院长，1932年底任立法院长与宪法起草委员会委员。这样一位身居高位的政治人物为《到青海去》写序，无意会大大地扩大《到青海去》的社会影响。

　　《到青海去》内容十分丰富，可以说是1933年中国西北地区的百科全书。从所涉地域来看，考察团虽然是以青海为目标，但沿途是经过陕西、甘肃等西北省份，著者对这些地区进行了详细的考察、记录。因此，《到青海去》展示的实际是陕、甘、青三省的社会全景图。从内容看，著者是对相关地区的状况进行全面考察，包括自然状况、行政机构、民族构成、宗教状况、教育状况、人口、矿产等等。关于这些，读者只要看看各章中的节题和表格即可明白，无须赘述。这里要强调的是，由于著者具有救亡图存的现实目的性，因此十分关注各地的社会现实状况。但与此同时，著者也有自觉的文化意识。组织"中国边疆文化促进会"，即表明了这种意识的鲜明。因此，本书在具有现实关怀的同时，也具有丰富的文化内容、相当的文化深度。该书的文化内容大致可以区分为三方面。一是由于相关地区为多民族聚居区，汉、回、蒙、藏等各民族的生存状况、宗教信仰不同，因此该书对此进行了详细记载。这方面《金碧辉煌的塔尔寺》、《民和县之复杂种族》、《活佛在番土两族中之权威》诸章具有代表性。二是对各地风俗、生活方式的记录。这方面《用牛粪擦碗的番民生活》、《女权制的番民风俗》、《男女相率结队觅合》诸章比较有代表性。此类内容与宗教、民族问题有关联，但又是超越了宗教与民族。三是文学性的内容。该书对各地社会图景的记叙具有文学色彩，并且记录了一些民歌，涉及西北地区的民间文学，有采风的元素。本书中记录民歌的篇目不止一章，仅《化隆县之八宝山》一章，即记录表达男女相悦之情的民歌六首。

　　青海考察团进行西北考察，相关通讯报道的发表、《到青海去》

的出版，都已经是将近80年前的事。但是，重新出版《到青海去》对于当今中国社会来说依然是一件很有意义的事。进入21世纪，中国正在进行西部大开发，而本书告诉我们，20世纪30年代的中国人已经不仅具有自觉的西部开发主张，并且进行了脚踏实地的工作。近80年间中国经历了抗日战争胜利、中华人民共和国成立、改革开放等重大历史事件，国内、国外局势均发生了翻天覆地的变化，书中的某些问题已经解决，但是，书中对西北地区历史的叙述、对资源的调查，对于今天的西部开发依然具有直接的参考价值。更重要的是，该书的记述是作为现代中国的"历史记忆"存在的，在此意义上它价值永恒。作为社会、历史、思想、文化的研究资料，它能够帮助我们更全面地认识现代中国乃至重新认识现代中国。众所周知，男女平等、思想解放、恋爱自由等等都是五四新文化运动的文化理想，但是，从前述《到青海去》所涉西北地区的民俗、生活方式来看，男女平等、思想解放、恋爱自由等等好象从来都没有成为问题。由此可以知到中国社会的复杂性与中国现代思想文化的多元性，可以知道沿海地区与内陆地区、都市与乡村、知识界与民间的差异或分裂。这方面的研究，需要不同学科的研究者从不同的方面来进行。

最后对校订工作的相关问题略做说明。

该书出版于1934年，当时使用的是繁体字，新版改为简体字。但是，考虑到该书不仅是一个历史文本、社会文本、文化文本，同时也是一个语言文本，因此新版尽量保留原版的语言面貌，对于现在人们已经不太习惯的表达方式，对于"那末"（同"那么"）、"米突"（同"米"）、"移住"（迁居）、"专门家"（专家）、"时计"（手表）、"记念"（同"纪念"）等今天不用而当时常用的词汇，均未做修改。

不过，由于该书为二人合著、篇幅较大，而且初版本的编排和校对有未尽完善之处，因此，为了便于现在的读者阅读，整本书进行了全面校订。校订之处未一一注明，仅将校订规则说明于此：

一，原著目录未编号，新版对目录进行了编号，并将序言置入目录中。目录中的题目与正文中的题目文字有差异者，以正文为准进行了统一。

二，改正了个别明显的错别字，重新标点了影响文脉节奏、影响读者阅读的句子。原著在行文中应当使用句号的地方大量使用了逗号，影响文章层次的划分进而影响了阅读，因此校订者将许多句号调整为逗号。

三，原文为竖排本，叙述中举例或说明时多用"如左"一词。新版为横排本，故"如左"一律改为"如下"。

四，外国人名按照现在的译法进行了统一。如"莫索利尼"改为"墨索里尼"。国内地名保留原貌。如"邠县"，因"邠"改为同音异体字"彬"是新中国成立后的事，故保留原貌。

五，原著数据内容只是用分行、分段的形式排列，新版改为列表呈现。

本次整理《到青海去》所用的版本，是中华民国二十三年（1934）九月商务印书馆初版的版本。

目录 Contents

孙序……………………………………………001

钱序……………………………………………003

李序……………………………………………004

陈序……………………………………………006

自序一…………………………………………008

自序二…………………………………………009

第一章　"不要再一块儿死在东南"……………002

第二章　死心塌地在潼关………………………008

第三章　呀！是潼关县的护照吗！……………014

第四章　倒霉的事接踵而起……………………019

第五章　生命随着汽车在山巅流转……………026

第六章　满怀恐怖到平凉………………………033

第七章　几经险阻到兰州………………………037

第八章　万匹骏马奔腾而来……………………045

第九章　地广人稀的甘肃面积…………………050

第十章　到拉卜塄的沿途见闻…………………056

第十一章　众族杂居的拉卜塄…………………062

第十二章　拉卜塄的活佛势力…………………068

第十三章　用牛粪擦碗的番民生活……………074

第十四章　女权制的番民风俗……………………078

第十五章　拉卜塄的教育状况……………………083

第十六章　县政府权力只及半条街………………090

第十七章　宝藏丰富之甘省矿产…………………096

第十八章　骑上骡背进发…………………………101

第十九章　几疑此身在桃源………………………108

第二十章　四民杂居之乐都………………………114

第二十一章　行过三峡达西宁……………………120

第二十二章　到处莫谈国事………………………126

第二十三章　西藏人是十足的英国籍！？………133

第二十四章　双重捐税下的羊毛市场……………139

第二十五章　金碧辉煌的塔尔寺…………………145

第二十六章　黄金世界的青海……………………152

第二十七章　青海羊毛业的检讨…………………158

第二十八章　尝到了皮筏子的滋味………………163

第二十九章　民和县之复杂种族…………………169

第三十章　乐都县一片沃野………………………178

第三十一章　人民只知诵经拜天…………………186

第三十二章　周围方里之循化县…………………193

第三十三章　化隆县之八宝山…………………203

第三十四章　十室九空之贵德农村…………………212

第三十五章　佛前滚蛋与油锅捞斧…………………223

第三十六章　一切建筑不及一教堂…………………230

第三十七章　种麦者不得食麦…………………239

第三十八章　皮毛滞销商市萧条…………………249

第三十九章　浸沉于曲蘖中之互助县农民…………………263

第四十章　男女相率结队觅合…………………270

第四十一章　共和县男子多栖身空门…………………284

第四十二章　女子先学养子而后嫁…………………292

第四十三章　雹灾大如牛马…………………301

第四十四章　活佛在番土两族中之权威…………………307

第四十五章　远处海西之都兰县…………………320

第四十六章　遍地皆矿之亹源县…………………329

第四十七章　青海是我们中国人的领土…………………341

孙　序

青海河源之地，禹贡称导河积石，西戎即叙；盖在唐虞之世，已为华夏声教之所暨。三代以还，有国者弗能经远，遂为羌浑吐蕃所迭据。考之于史：汉之赵充国张奂段颎，唐之哥舒翰，宋之王韶，虽尝征抚之而不能有其地；元之章古，虽尝镇其地，而不能附其民；明代授诸番僧，以禅师国师之号，优其赏赉，亦仅能使边患稍息，而不能变其政；其后蒙古南侵，与番逼处，清雍正时，既平其乱，乃置办事大臣于西宁，蒙人以旗制辖之，番人以土司辖之，此似有其地，附其民，而变其政矣，犹不能易其俗，而革其心，不过每岁会盟于海滨，聊示羁縻而已。讫于今日，国人渐知其土旷人稀，畜蕃草美，宝藏韫而待掘，山阜童而待植，始议改为行省，移民以实之；顾仍以阻远为惮，虽竞言开发，而能身践其境，从事考察，以引起向往之同情者，尚寥寥也。夫外蒙我之北屏也，执国人以蒙事问之，吾知其必不如俄人习之之深也；西藏我之南障也，执国人以藏事问之，吾知其必不如英人探之之详也。坐是外蒙遂被胁于俄，西藏遂受制于英。今则关东热河，且沦于日矣，亦由日人觊觎久，而驰骋熟，故遂一入而不可御耳。然则吾国虽以地大物博豪于世，使不急谋固圉补牢之术，则边疆诸地，其不为关东热河之续者几何！青海自内部准望，虽若偏于西北，合全部之幅员视之，实居国之中央；诚使青海向治，则控驭蒙藏，殆可收指臂之效。顾君执中，有见于此，因于今夏组织青海考察团，陵暑犯险，历千辛百苦以赴之，举凡目之所触，耳之所闻，心之所感，一一笔之于册，非惟青海之民风土宜，经济宗教，昭然若镜，即途次所经，如陕西甘肃之农田水利教育交通，亦间及焉。吾愿读是编者，勿徒以寻常游记观之，斯则顾君之志也！

民国二十二年十一月孙科

钱　序

　　在昔司空掌土，务拓殖俾阜黎民，而礼运"货恶弃地"之言，三复致意；于以见先哲所以发展民生，诱导地利者至周！近顷士夫懔于内忧外患，亦复盛唱其启发边徼之论；顾辄嚚嚚然，张政策于笔舌之中，坐而言，弗能起而行。安得俊才实践之士，投袂先驱，资为倡率，作吾党光乎？客岁之夏，顾君执中应陇海所组陕西实业考察团之聘，既与当时贤士夫西行周咨，致力探讨，今春又贾其余勇，并深入遐方，参与青海之考察。兹偕同志壮游既竣，爰本故实，著之篇帙，都廿万言，欲以公世，乃承问序及余。余维青海为吾国西陲重镇，土地肥沃，物产丰饶，只以交通梗阻，遂至几与世隔，事实上等诸荒服化外；以视欧人冒险拓地，披治榛狉，远至冰荒穷岛以殖民者，相去何啻霄壤！而顾君高瞻远瞩，独不惮山川跋涉，攘臂远征，足迹所至，以述以考，剞劂专编，用饷邦士。凡兹勇气与苦心孤诣，不亦鉴于国际民族之激荡而特为开发边徼之先锋乎！？行见是书出版，足以发挥西北精神，所关于政治地理者至大且要。岂第洛阳纸贵已耶！？抑吾尤所怅触者，即中国边患已臻极度，数十年来，满、蒙、回、藏频起交涉。惟青海独晏然无事，等于世外桃源，亦幸事也，第其地介于回藏，能否长此安堵；不生故障，而弗为帝国主义者目光所注，正复难凭？先民有言，"尔有钟鼓，不攻不考，宛其死矣。惟他人是保，"傥我而不自开发青海也，则耽耽者自有人在。前车可鉴，来轸方遒，顾君斯著，殆亦怵于此义，而发国人之深省也欤？

　　　　　　　　　　　　　　　　　　二十二年冬月杭县钱宗泽

李　序

同社顾执中陆诒两君，远游青海，共述所见闻，刊之报章，篇帙既积，勒为专书，属余为弁一言。两君所纪文字之条鬯，疏状之真挚，与夫山川道里之阻，行旅途涉之危，僻壤民俗之陋，萑苻四野之险，夙已为读者所知，无待费词；今所欲言者，惟就此书之质性一评骘耳。读此书者，或将以为新体裁之游记；余则以为两君此行，发愿于谋展边疆教育，非漫游者比。故就此书质性言，实向来所未有者也；其或有之，亦磨灭不传者也；其或有传者，亦仅单文短节，托于寓言，附于钜帙之中，不为人所注视者也。何以言之，安土重迁，为吾民族特性，尤不欲涉艰险，如西人之驰想遐荒，非有所迫，无肯投身塞外者！自来笔记，述远陬风土者，如范石湖之《骖鸾录》，则使节所令，不容辞谢者也；如王述庵纪川滇金川之事，则微官被命，万里从征者也；如洪稚存之《天山客话》，则迁客远戍，聊慰牢愁者也；如徐霞客志在探奇，足迹遍天下，已称难能可贵，然亦仅留连风景，扩见闻，以资谈助，非有拓边化民之志；如晁错议移民实边，赵充国议屯田，所志者远大矣，然仅琅琅一疏，未能裒然成帙；故曰此书向来所未有也！唐之宰相贾耽，志在四裔，著述不尠，然惟唐书本传，存其目录，所述若何，则只字未睹；改曰其或有之，亦磨灭不传也！吴敬梓著《儒林外史》，述青枫城被学劝农，颇与顾陆两君之志相近，但仅全书中之一则，且纯为幻想；故曰其或有传者，亦仅单文短节，讬于寓言，附于钜帙之中，不为人所注视也。然则此书之真价，不可见欤！抑更有所感者，顾陆两君，非有所命，非有所迫，溽暑遄征，驰驱艰险，蝇蚋扰其食，蚤虱扰其寝，几膏狼吻，屡宿荒山，危车转于峰巅，皮筏荡于急水；其所愿者，岂仅此一书之刊布，然而格于事势，终仅此而止。所望此书远播，闻者知戒，化其梗塞之见，两君亦砥砺其志，使所抱负者，终底于成；庶金砂漠漠，不致久弃荒谷，则辟土拓疆，此帙为之先路已！

     中华民国二十二年十一月一日咸阳李浩然

陈　序

从"九·一八"之变，直到现在，差不多有三年了。东三省是失了，热河也在今年失陷了。当热河无恙的以前，东三省已经失陷之后，我国的当局，高唱着"长期抵抗"；我国的人民，高唱着"收复失地"。这时候，有一个欧洲的某国人，在某刊物上发表下列的这样一段话：

"中国人何必那样要紧收复失地呢？东北失了，西北不是还在么？何不去开发西北呢？有了土地而不开发，等于没有一样。与其收复东北，何不开发西北？"

这一段幽默的话，我们中国人看了，谁也不能不跳起来，觉得这是侮辱我们中国人的。但是仔细一想，又谁也不能否认他的话。

有一家杂志上，译着英国人刊物上的一段话。说：

"如果发现了一道新的瀑布：德国人立刻计算它，可以发多少电力？可以做多少事业？日本人却立刻派军队来占领了。中国人呢，背着双手，静静地欣赏着，回来做了几首诗。我们英国人却马上实行利用它来做原动力。"

这一段话，我们中国人看了怎样？关于中国的部分，否认呢？承认呢？

这一次，顾执中和陆诒两位先生，同着黄汪舒几位先生，一起到青海去。陆陆续续写了四十九次的报告，在《新闻报》上发表。现在重新整理了一下，出版单行本了。他们出发的动机，和所得的结果，不用我来多说。我只觉得我们中国人太聪明了，常常发明许多应时的

"口号"。激昂慷慨的"爱国口号",会一时一时,变着花样来喊,似乎喊过"口号",就算爱过国了。其他一切"口号",也是照例地喊。一喊"口号",就算实行了,真便宜,世界上没有这样便宜的事情。"开发西北",也是很时髦的一个"口号"。只怕喊过一时,不久就听不见了。像顾陆两位先生,肯不怕辛苦,实地去尝"到青海去"的滋味,真可佩服。他们这一本书,至少比空喊着"开发西北"的,要进一步了。希望这一本书的影响,引着有志的人们,一步一步地前进,真有一天达到"开发西北"的事实。

顾陆两位先生要我写一篇序,我就引了两段外国人的话——这是在我觉得有非常感触的,不知道读者觉得如何?

民二二,十,二九——陈达哉

自序一

予与同事陆诒君合作而成之《到青海去》，既付剞劂，乃为之序曰：

青海之行，跋涉山川，苦雨凄风，历尽艰险，为终身所永矢勿忘之旅行也；顾自予等入境以后，考察文字在报端披露以后，其影响之及于国家及全民族者，究有几何？则予殆弗能言也。予之所知者，青海之民众，迄今仍在困苦涂炭之中，一如往日；青海之矿产，迄今仍在特殊势力掌握之中，一如往日；青海之蒙藏等民族，迄今仍在自生自灭，浑浑噩噩之中，一如往日；青海之封建力量，迄今仍在非常速率进展之中，一如往日。青海固仍为旧日之青海也，虽因予等考察文字之发表，而唤起国人中最小部分之注意，然此希微之效，究与青海何补？

以是予于《到青海去》付刊之日，中心痛苦自责，弗能自已！他日如天假以机会，得能再与青海民众相见，愿更竭吾力，以谢吾罪！

是为序！

澧溪顾执中
民国二十三年一月十五日作于川康考察途中

自序二

在这腥风血雨的第二次世界大战的前夕，睥睨着远东的日本帝国主义者，为了其本身是国际帝国主义者间先天不足后天失调的患者，所以近年来更疯狂更加紧地侵略其唯一的对象——我国，企图维持其日迫崦嵫的寿命。

在日本帝国主义者军事政治双管齐下的袭击下，国内政治当局作蜗角之争的幻梦中，向为国人所忽视而实际上是我们生命线的东北半壁河山变色了！全中国的民众，除了帝国主义者直接或间接的寄生虫和经纪人外，一致地热烈地汹涌起反帝的高潮；可是这种只凭感情不重理智的高潮，因尚未进一步地把握着彻底的时代性，所以经了一度暴力和麻醉剂的摧残，仍逐渐地低落消沉下去。

在这举国人士彷徨消沉的时期，国内少数的意识模糊而自作聪明的士大夫阶级，又提出一个"开发西北"的动听口号来。他们以为只要能将西北好好地开发，东北便可从暴力者的鹰爪中夺回来，民族还可有复兴的曙光。在这个悦耳的响亮的口号下，国内研究西北开发西北的各种团体，就像雨后春笋般地产生。他们这种动机和目的，原未可厚非；可是大部分人还只是闭户埋首于局部的零碎的研究，而忽略了注重到开发西北的政治上的客观条件，更少见有"坐而言，即起而行"的人，奋勇地实地到西北去干。为了要使自己对于这亟待开发的西北，有进一步的认识，所以我在去年的夏天，随着顾执中先生，经陕甘而到青海去，睁开眼睛来看看我们辽阔的锦绣河山。

青海也和已经失陷的东北一样，本身是蕴藏着丰富的物产，可是帝国主义者早已窥伺其旁，冀吞噬这块肥美的土地，当地的统治阶级是十足的代表封建势力，他们几十年来关着大门，做压榨老百姓及做蜗角之争的工作。在他们铁蹄下辗转呻吟的民众，是较内地民众更为颠顸，更为麻木。只要我们不否认东北失陷前各种因素的启示，我们也可预感到青海的将来，会有怎样的结果。

这本《到青海去》的册子，是我和顾执中先生在途中的通讯稿集合凑成的，深望读者不要仅仅看了青海各种物产数字的统计，而发生乌托邦的梦幻，应在这残酷的世界大战的前夕，积极奋起地去做基本的工作，然后有达到开发西北收复东北底鹄的之一日！

　　　　　　　二十三年一月十四日，陆诒书于驶赴宜昌的永年轮中

001~006

第一章　"不要再一块儿死在东南"

1. "不要再一块儿死在东南"
——中委张继之痛语

不作无益呻吟……只有紧紧地握住现在!

继着"九·一八"的创痛之后,在二十二年的三月间,热河又沦亡于日本帝国主义之手,现在虽然日本帝国主义为了要略事休息起见,暂时宣告休战,可是屏障已失,日军随时可以进攻,华北的危机,随时有爆发的可能啊!我们计算近几十年来我国领土丧失的速度和面积,真使我们不寒而栗,我们的领土,原来只有一千一百多万平方公里,现在已经被人占领的有外蒙古、东三省和热河省,一共二百九十万平方公里,再加上受英帝国主义操纵而完全脱离我国本部的西藏,又占去九十多万平方公里,总共约有四百万平方公里,已超过全面积三分之一。我们常听见一般人夸言"我国地大物博……",可是如果冷静地观察一下,那么便感到亡国灭种之祸,早已迫在眉睫了!

但是徒忧愤国难之日益严重,不奋身起来猛干,那末还是无补于铁一般的事实。因此,处于严重的现时代的我们,已不暇为目前的国难,作无益的呻吟和悲叹;我们只有紧紧地把握住现在,对于已失的领土,我们当以铁血去收回,对于尚未失去而已经危机四伏的边疆，尤其是广大富饶的西北，当奋全力以经营它，充实它，以免重蹈覆辙。

为了要实现我们的目的，于是"中国边疆文化促进会"，便应着客观环境的需要而产生了，我们大家准备倾全力，脚踏实地地到荒漠的边疆去努力文化事业，希望由文化的伟力，来推动边疆民众，做充实边疆开发边疆的工作。

我们最先准备从青海着手做起，在工作之前，先组织考察团实地去考察，以作将来做边疆文化工作的张本，同时以考察所得，报告国人，以唤起国人对边疆的注意。七月三日的下午，我们往青海考察的一个小集团（顾执中、舒永康、汪扬、及陆诒）开始出发，到边疆去作首次的旅行。两点半钟的时候，大家都集中在北站，蒙钱承绪先生、章先梅先生、蒋宗义先生、冯肇梁先生及杨霁明先生等，及几位深情厚谊的密斯们都到站欢送，使我们内心引起无限的感铭和依恋。

三点钟的时候，车头响出一声锐利的汽笛声，我们所乘的列车，就从受过"一二·八"炮火洗礼的北站，缓缓地爬行到大自然的原野里去，我们立在窗边，向着送别的亲友们扬巾示意，终于在怅惘中发现我们自己已经离别了上海。

为了数日来的疲乏，在车中竟斜依着睡。在曚眬中，听从车轮滚动所发出的声调中，似乎在唱着"到青海去——到青海去"。火车在脚夫的扰嚷声中，到达了南京。那时因为时间已在晚上十时半，所以我们乘车入城，和《新闻报》驻京采访部俞树立、廖寿昌、曹天纵三先生见了面以后,便死心塌地去找旅馆休息。关于团中公事的进行,只好等待一觉睡到天明后,再行着手了。

四日晨六时洗盥初罢,即至管家桥中华矿学社找黄伯逯团员,因他还未到社,所以只好到他的家里去,预备把他从床上抓起来。不料他却早已起身,他并且很干脆地说:"我已准备好了一切,随便什么时候,都可以动身。"我便拉他到我们的旅馆,介绍给全体团员,大家见面。

大家一番寒暄了以后,我们便在室中开了青海考察团的第一次会议,第一项我们决定了我们的组织,大家推举顾执中为团长,黄伯逯为交际主任,汪扬为文书主任,陆诒为宣传主任,舒永康为庶务主任;第二项我们决定了行程,预备七月五日动身赴徐州,六日在郑州,七日在潼关,八日在西安,十五日到达甘肃的兰州,廿一日到达青海的西宁,此后在青海各地考察的行程,须俟到了西宁,详细研究以后,方可决定。会议正将终了的时候,恰巧茶房来报告说:"俞先生有电话来,请我们大家吃早饭去。"

四日的各项进行,大部分都很顺利,俞树立先生为我们请求中央宣传委员会发给介绍函,廖寿昌、曹天纵二先生为我们向蒙藏委员会奔走,蒯泽民先生为我们请求青海当局驻京代表康参谋长予以保护,结果都非常满意。诸事既了,我们便在五日的晓光中,离开了首都,搭着津浦快车,直奔徐州。

车中或唱歌,或浏览窗外风景,都不很寂寞,晚上九时,快到徐州的时候,茶房向我们要钱,我们给了他一块钱,以为三壶茶的代价,但是他还非常不满意,口中还是唠唠叨叨地响着,我们抱着宁人息事,实行不抵抗的主义,加他到一元六角,他依然表示着失望,不肯道谢一声而去，车行半小时后，便到了徐州，我刚要踏上旱桥，遇见民治新闻专校同学戴本孚等，带着他的小弟弟来欢迎我们，同时徐州的陇海站长夏云樵先生，也给了我们种种极大的便利，令人真是感激不尽。

为了夜深人寂的当儿，没有火车向西开行，我们不得不在徐州的旅馆借宿一宵。徐州虽然已有几年未经兵害，但旅馆的窳劣，依然如故，手巾之黑如抹布，房中一榻一桌外无他物，我们只好在地板上睡了一夜，早上马马虎虎地吃了大饼和油条，就搬运行李上车，向着郑州进发。七日八时十分，车将启行的时候，戴本孚同学，和站长夏云樵等都来送行，车中我们出人意外地遇见中委张继先生。他对于中国边疆文化促进会在青海开办民众学校的计划，极为赞同，他说："要开发西北，首先须要青年们警醒起来，大家到西北去工作，不要再一块儿死在东南，目前关于开发西北的重要问题，除了交通以外，第一西北民族的宗教问题，是值得我们注意，我们要用教育的方法，来感化他们。第二农民方面，政府应当予以自卫的权力，不然，我们在西北工作的时候，给土匪一刀刀杀死，岂不枉费心机。第三我们要打通四川和西北的交通，因为四川是太富了，西北是太穷了，一旦打通以后，大家稍可调剂，不愁西北不能发达。"他又说道："我们如果要提起民族抗敌的精神，不能不记念我们列祖列宗在西北以前所创造的伟大的光荣和事业，黄帝战败蚩尤，是抵抗外侮的胜利者，其他如文武成康，也给与我们不少的历史的光耀。意国的墨索里尼，既然拿着恢复古罗马光荣的口号，提起意国青年爱国的热忱，我们也可拿着我们老祖宗的光荣，来勉励我们的青年，大家起来抗敌，因此我想发起一个民族扫墓典礼，预备在春光和煦的时候，请各地民众到西北来看看我们老祖宗以前所创造的各种伟大的事业。"张氏对开发西北,至为注意,他愿意加入边疆文化促进会,和我们共同工作。火车一站一站地飞驰过去,末了在六时半的时候,到达了郑州,我们刚要下车,陇海路总务处长黄学周先生等已先时到站来欢迎我们。晚上,他殷勤地设宴为我们洗尘。他并在陇海路交谊会为我们布置床褥,回忆到我们去岁考察陕西实业的时候,旧地重游,令人不禁感慨系之,但我们这次的往青海去考察,无形中还是去年考察陕西后所给与我们的精神,换一句话说,我们还是本着考察陕西的精神前进。黄氏近来对教部颁布之国语罗马字之提倡,颇为努力,他已起草了国语罗马字的三民主义问答和铁路电码等,不日将出版献给注意民众教育的人们。六日之晚,我们匆匆忙忙写稿作家书,预备七日上午外出访友,下午便搭车赴潼关。

007~012

第二章　死心塌地在潼关

2. 死心塌地在潼关

毛毛雨行不得也
潼关教育——程度初小化——
年龄中学化——习惯大学化

七日清早，我们应陇海路局总务处长黄学周之邀，到他家中去进早餐，承黄处长招待异常殷勤，席间黄处长向我们谈起陇海路的近况，他说："陇海路为了要便利运输，联贯水陆交通起见，已在海州动工筑港，大抵明年可以落成，以后船舶所运输的货物，直达陇海路而西上，关于陇海路西段，由潼关以西延展路线的工作，亦已按步进行，今年可通车至渭南，大抵明年可直达西安，最后由西安筑至兰州，实现先总理的西北铁路系统计划。"继着他又诚恳地说："这次贵团往青海考察，志在开发西北，而我们陇海路局的同人，也莫不以开发西北，为一件日夜萦绕于脑际的责任，同时我们复深深地感到如果西北不能开发，那末，这条陇海路今后的前途，也一定会逐年地惨淡下去的，因此，我们基于为国家为人民开发西北的同一立场上，我们很希望能和你们合作。"我们对于黄处长的诚意，当然表示愿意接受。吃罢早餐，黄处长招待我们到陇海花园去散步，那个花园占地五百亩之广，里面广植着许多鲜艳的花草，再陪衬着原有的古柏苍松，益呈现出雄壮秀丽的姿态。有几株柔枝倒垂的柳树，竟和上海法国公园中的杨柳，具有同一的风格。我们身临其境，几疑尚置身于金迷纸醉的上海，忘掉了仆仆于旅途中的辛劳。从园中散步归来，我们分道至街上,购买各项应用物品。中午,黄处长又邀我们去午宴,并约了许多陇海路的朋友陪坐,席间宾主畅谈,至为欢洽。下午,我们去访郑州的几位新闻界的朋友,在夕阳斜照中,我们这集团,又携着行装,集中在郑州车站,准备再继续我们的征程。使我们内心觉得异常感铭的,是在我们离郑西上的一刹那,又有许多朋友们(陇海路局黄处长、刘少山、叶景荀,及郑州新闻界陈天则、宋鸿猷、刘洁淇等)到车站来欢送,七时十分,火车照例地响出一声兴奋的叫喊,我们便在欢送者们扬巾挥帽中离别了郑州。

  火车轰轰地奏着有节拍的行进曲,记者倚窗外眺,那时,深灰色的夜幕低低地垂下,一轮美满的皓月,从远山的群峰上,慢慢地升起,瑷瑮的烟云,在天际运行,平野的丛林间,吹来了一阵杂着尘土的初夏熏风,发出沙沙的悲怆的声响。记者仰视色泽皎洁的皓月,凝望着四周荒漠的景色,脑海里不禁发出许多轻烟缭绕样的幻想来,为了怕久睹这样饶有诗意的景色而引起许多感伤,所以便意志坚决地蒙着线毯睡觉。在乱梦中过了这车中的一晚,天明车已驶抵灵宝站,从灵宝至潼关的一段,火车穿越了许多长长短短的山洞,我们在车中忽然遇到漆黑一团,忽然又有明亮的光透进车窗,豁然开朗,有时车在山岭的斜坡上转弯,驶得非常缓慢。据路员云,陇海路以自灵宝至潼关段最难驶行,建筑的工程也较伟大,计每公里费洋二十万,这也算是全国铁路中的新纪录了。八日上午十时,车抵潼关,下车后,由中国旅行社派员招待,引导我们到社中下榻,那时天空中飘着丝丝的毛毛雨，自潼关往西安的长途汽车，却为了这下个不停的毛毛雨而不通行。我们在这种"行不得也"的局面下，只得死心塌地准备在潼关住一晚，等汽车通行了再启程。

午膳后，我们便往潼关县政府，访问县长，探询该县的一般情况，当我们投刺给一位传达员后，这位矮短身材秃顶而具有学者风度的郭须静县长，便出来迎迓，态度非常谦恭。一度寒暄之后，便知那位郭县长是曾在中大农学院执过教鞭的农学专家，他问明了我们来意后，便滔滔不绝地谈着。他的言词不但是很诚挚，而且是有条不紊，所以特把他的谈话，记述在下面："讲到潼关的工业，可谓没有，商业则因受到历年的灾荒兵祸的影响，所以近来也日处于破产没落的绝境中，教育，则城内有男女高等小学各一所，每校学生人数约百余人，尚有初等小学四所，每校教师仅一人，班次系复式制，乡村教育，本来每区（全县分四区）七八个村庄合办一所，他们的经费泰半是由庙产上来的，也有的是从山峪官地上收获得来的，可是经过了频年的灾荒，农民吃饭都发生问题，所以全县的乡区学校都一律闭门了，全县教员人数约二十人，其间师范毕业的仅一二人，其余的有中学毕业生，也有许多仅是高小毕业。他们的待遇，高小的校长每月二十四元，教员则二十元左右，初小教员及校长由一人兼任，他们的教授法，大半都是实行注入式的，在南方各省的私塾，现在已经逐渐地采取学校中的新式教授法，可是这里的学校，反是在开倒车的效法私塾的陈腐教授法。再谈到这里的学生，可以年龄中学生化，程度初小生化，习惯大学生化三语来形容。这种痛心的现象，在我这个曾在教育界中混过数年的人看来，尤觉痛心，所以我决定把这里的教育努力改进，先从整理教育经费公家房产着手，然后再聘教育专家到各校去范教,促进改良教授法,第三步预备创办农科职业学校,一方面可以收容这些年龄很大而居家无业的小学毕业生,一方面可改进农民头脑,使他变更墨守成规的陈腐技术。"

"潼关全县的人口约有三万多,籍贯以河南人占三分之一,山西人占三分之一,本地人占十分之三,城内人口为一万八千人,泰半都是农民,而农民中自耕农较佃农为多,田赋收入,每年全县约一万余元,农产以麦为大宗,其他尚有玉米黄豆等物,收获每年以一次者为多。地价平均自五元起至一百元为止。频年以来,因为天灾人祸,相迫而来,所以农民苦痛不堪。因不能生活而弃家逃亡者,络绎于道。据最近统计,自灾荒以来,人口已减少十分之四,农村经济破产的现象,已很明显地呈现在吾人面前了。"郭县长的谈话至此中止,记者即兴辞而出。现在再把潼关的粮食物价表录述于下,即可窥见该地民生状况的一斑。

大米	每斗重二十三斤	价值	一元九角五分	
小米	每斗重二十二斤八两	价值	一元三角	(较上旬减洋二分)
大麦	每斗重十八斤	价值	七角	(较上旬减洋五分)
小麦	每斗重二十斤八两	价值	一元一角五分	(较上旬减洋一角一分)
豌豆	每斗重二十二斤八两	价值	一元一角	(较上旬减洋一角一分)
杂豆	每斗重二十斤	价值	一元	
包谷	每斗重二十斤	价值	七角	(较上旬减一角)

潼关位居于山西河南陕西三省交界之间,为交通要道。除水上有黄河船舶通行外,陆上交通向东则有陇海铁路,向南则尚无汽车道,须利用人力或乘马,向西则有潼关至西安的汽车道。其行程为:

自潼关出北门一里乘渡舟渡黄河，渡资为一角五分，在黄河北岸上陆后，步行三华里经晋省之风陵渡，始抵晋南汽车公社的赵村汽车站。由赵村经运城、侯马、霍县、洪洞、介休等站，而至太原府，计程一千一百八十里，汽车票价洋二十一元二角，计每一百华里，售洋一元八角。

013~017

第三章　呀！是潼关县的护照吗！

3.
呀！是潼关县的护照吗！

潼关已不见了罂花踪迹
六十余农家只三条长凳
外国人代我们注意边疆

　　九日上午九时，郭县长到我们住所中来谈话，并约我们同到潼关附近乡村中去看看，我们认为欲明了农村经济状况，当然需要深入乡村中去调查和观察，所以对于这样意外的机缘，不肯轻易地忽略。九时十分，我们便随着郭县长步行出发，先到潼关南原半山上的世界红卍字分会中参观，那是一个慈善机关，同时也是该地一般绅士隐者会集的地方。我们入门后，便由一位长者殷勤招待，引导我们至各处参观，出乎意料之外的被我们发现了许多宗教的设备，如神坛里面供奉的是老子，也有关公、孔子、文王、武王等神像，可见这里边宗教气味也十分浓厚。从红卍字分会出来，就沿着山道向南直奔，途中，我们见到潼关面山背水的险要形势，那靠着山势蜿蜒的城墙，好像古北口一带的万里长城，触景生情，使记者又不禁回忆起今春日寇进犯长城的创痛来。潼关的南原，高度有四百米突①，山势非常险峻，我们曲曲弯弯地盘旋上去，走了五里路，觉得非常吃力。当到达了山岭，就走到陶家村，这村庄上的土墙上，满镌着粒粒的弹痕，民家的门窗

①米突，现称为米。整理者注。

也泰半不完全，当我们到村上时，我们要找村上的农民，坐在树荫下大家谈谈。他们合全村六十余农民所有的长凳搬出来供我们坐，结果只有三只，从这一点，我们便可知这些农村，在频年天灾兵祸中所蒙受的创痛程度了。继着我们便和这些农民们欣快地谈着，谈话半小时的结果，使我们对于陕西省农民经济状况，认识一些轮廓。今将调查所得，志述于后：

陶家村上的农民所耕的田共有一百六十亩，自耕田共六十亩，一百亩是向地主租来耕种的，佃地每年的收入，佃户与地主平均分派，税粮归地主完纳，每亩完粮四升二，计洋二角一分，地价每亩十元左右，丰年每亩可收小麦六七斗，不过丰收的年成非常的少。农产品则有棉花、大麦、小麦、玉米、小米、豌豆等物。在去年潼关一带的农民，被迫种烟，计每亩抽烟亩罚款十二元，使得一般农民异常痛苦。今年自郭县长莅任以来，他每日步行到四乡去劝导农民停止种烟，一方面严令禁种，所以在目前潼关的四乡，已不见罂粟花的影子了。在这陶家村上去年逃荒的农民们，现在都已经返乡，今年夏季雨水尚属调顺，所以秋收颇有希望。

从陶家村归来，已经下午二时了，在火焰似的太阳熏灼下，我们没有一个同志不是汗流浃背的。郭县长邀我们至县政府休息，并进午餐，席间，那位县长谈起提高西北人民文化程度，发展乡村教育，非借重东南各省的经济及人才的力量不可。我们对于郭县长诚意的要求，很愿意接受，因为我们中国边疆文化促进会的使命，是致力于边疆民众教育工作，深望东南的同胞们，能摒除眼前繁华，以物质和精神的力量，来做民众教育的艰苦工作，开发西北的民智。

　　翌晨，六时起身，收拾行装后，即出发赴长途汽车站，郭县长及潼关中国旅行社经理吴本让都来送行。潼关赴西安的长途汽车，因为已经有三天被雨阻而停开，所以那天来客特别的众多，车站上特别拥挤，我们好容易费了九牛二虎之力，才找到几个座位。这辆汽车中满挤着十八位乘客，坐立几无隙地，我们上车是在七点钟，在车中等了一小时，至八时许，这七八辆的汽车开始离别了潼关，在风沙滚滚的泥路上爬行。车行两小时抵华阴县，我们都下车休息散步，在无意中。我们发现和我们一路赴西安的旅客中，有许多外国人，其间有法国的传教神父，有来自北平的德国人，有来自上海的土耳其人，和英国人，据他们自己声明赴西安的目的，都是说，到青海、宁夏和新疆一带去旅行，可是在我们看起来，他们是帝国主义者派来侦察我国内地的密探无疑，我们想到世界上无论哪一国家，对于外侨旅行内地，莫不有相当的防范和限制，唯独我国则门户洞开，任何外侨都可到内地各处去摄影去考察，结果我们自己尚未发现的珍宝，早已给一般野心勃勃的帝国主义者所洞悉无遗了。我们虽不讲闭关政策，绝对禁止外侨到内地旅行，可是终希望政府当局及地方军警，对于这种别具着重要使命的外国旅行家，能予以适当的限制及防范。同时，我们复深切地感到，我们的西北，帝国主义者也早已环伺垂涎了，国人若不奋起去拯救西北，充实边防，那么"九·一八"式的悲剧，也许将搬到西北来重演！

　　车过华阴，我们便可看到西岳华山峻险雄伟的姿态，正午车抵渭南，我们都下车进午餐，下午一时，车再前进，因道路崎岖，汽车颠得像在跳狐步式的狂舞，我们置身其间，头部时有发生流血惨剧的可能。三时许，抵临潼站，下车略行十余步，便是华清池，我们很想入池一涤身上的风尘，可是因为时间所限，只得悯悯然而别。四时许抵西安，进城门时，有几个兵士走来检查我们的行李，我们就把潼关县政府的护照给他们看，他们眯着眼睛作像煞有介事的姿势看一遍后，面部显出一阵讽刺的狞笑，冷冷地说："呀！是潼关的护照吗？"说罢，便把手一挥放我们进城了。

我们在西北饭店下榻，略事休憩，即由顾执中黄伯逵赴省政府访邵主席，他很诚挚地接待我们，并频频慰问我们途中的辛劳，表示十二分的赞同，接着他便提到陕西的政治问题，他说如果中央方面能补助陕西二三千万元的巨款，设立工赈委员会，便可以实行禁烟了。关于韩城煤矿的开采，现在建设厅正在计划中，拟先从韩城筑轻便铁道运至黄河之滨，再用轮舶过渡，设法运出。最后，他也表示开发西北，非借重于东南各省的经济和人才的力量不可，深盼东南人士能予以充分助力。

018~024
第四章　倒霉的事接踵而起

4. 倒霉的事接踵而起

二等汽车无篷无座——半途抛锚县长也不免拉纤
树枝一根代兵一百——匪徒令小间谍通信的妙法
吃怕苍蝇睡惧臭虫——灯草二根照在土炕上过夜

虽然我们非常高兴地在十二日的清晨出了西北饭店准备离西安而向兰州进发,但倒霉的事情却从此接踵而起,我们急忙忙地在清早六时,齐集长途汽车站,坐在行李之上,等候汽车,眼见一辆一辆的汽车,都向潼关东行出发,而我们的第十六号汽车,却是渺焉无踪。二小时以后,它来了,是一辆无篷无座位的货车,车上已有许多货物,等到二十余乘客的行李,再装上去后,其高度已和车顶相等,那时西行的汽车,只开这一辆,所以二十余乘客一些没有办法,大家坐在汽车的行李之上,假使汽车动摇过度,我们就有坠地以死的危险,我坐在汽车的顶上,陆诒黄伯遽汪扬舒永康坐在车辆的左侧,地位都是异常恶劣,同时日光又是助纣为虐,放出它的猛烈的光线来,三小时以后,把我们的面部和双手,炙得红肿,十分疼痛,这种汽车,还是美其名为二等,三等想起来比这种还要不堪设想。至类于上海搬场汽车式的头等车辆,恐遇匪劫,照例不向西开。

一路心惴惴摇摇摆摆地,到了咸阳,因有渭水的阻隔,大家便渡了河达登彼岸,这时炎日如焚,口渴不已,路旁一个卖西瓜者,便乘机高抬物价,一片薄薄的西瓜,索价铜元二十枚,以我们在各处所得的观察看来,天灾和人事的不臧,已是很迅捷地造成陕西大部分民众贪婪的心理，一小时后，汽车亦已渡河过来，我们重新上车前进，途中尚有少数饥民，乞丐尤众，十二时车过醴泉，人烟寥落，家家户户，都是破垣败壁，大灾后的景象，依然存在，令人心中为之感伤不止，一时半到乾县，停车休息，我们以银币一枚，买得西瓜二只，剖而食之，暑热顿消，后来还买了鸡蛋二十余枚，以充午餐，二时半左右，车再前进，约行三十里，抵新永寿城，以土匪尚未绝迹，车夫不敢赶程，致遭不测，便停车于此待天明再开。

　　那晚我们一行五人，蒙于县长的特殊优待，宿于县署内的法庭。盥洗后，我们和于县长谈话，方才知道这座新永寿城，旧名监军镇，以旧城曾遭土匪蹂躏，所以迁到这里来。匪首叫做王吉子，有长枪约一千四百支，盒子炮一百四十余支，蹂躏醴泉、乾县、永寿和邠县的东部，二个月以前，当局曾派补充第一旅第一团往剿，因土匪非常猖獗，结果，全军覆没，第一营长郭某被掳，第二次调九十八团来永寿，由王团长派步兵一营往剿，但不幸在县郊二十里左右，被土匪包围了，第三次再调第十七师补充第二团，由黄团长督率夹剿，县长于原建也率领民团六十余人随军出发，才把土匪击溃，县长所率之民团，也缴得长枪十余支。虽然山路崎岖，匪徒最易藏匿，但差不多已将土匪全部解决，当场把小匪首张辑和、曹镇海、张八等十余人枪决，其余被擒之小匪夏七等五六人，尚因在县狱，同时派人赴西区义井窑子村等各处掘收匪等埋藏之枪支，约得五百余支，其余未搜得之八九百支，正在查觅中。据云，黄团长是一个很精明强干的军人，最近兵士正在操演的时候，有十一岁的一个小孩，在旁观看，黄团长见其形迹可疑，拘而严诘之，该孩系匪首王吉子，派来担任侦察之小侦探，其互通消息的方法，为树枝一根，代表兵士一百人，譬如该小孩拿了三根树枝，表明是有兵士三百人来了，足见这种土匪，是有训练的，有组织的。

因天灾的流行，四乡已阒焉无人，全县分四区，第一第四两区的一部分，有红枪会自卫的组织，匪徒不敢侵犯，他们以为地方当局，既然失掉了保护民众的力量，所以也就拒绝纳税。其余二区，以受匪害，不能完课，综计最近四个月以来全县的收入，不过五百余元，于县长曾捐廉一百余元，购买种子，由黄团长的兵士播种，一面派人劝导逃亡外出之乡民归家，无条件与以田中已出的作物，现因田作物，渐渐地长大，逃荒的人，也就渐渐地回来，但人数还不及原来的十分之一。全县有高等小学二所，一在旧县，约有四十余学生，一在新县，只有学生十余，均不收学费，教职员薪水约二十元，此外尚有女子高小一所。

我们以疲苦太甚，日光既没，即行休息，无如泥炕之上，跳蚤又来肆扰，不能入梦，同时闻院中有农民被县长迫缴款之惨呼声，夜深人静，声声入耳，更无法入睡，半夜后，乱梦杂来，晨起，精神极度委顿，六时出县署，重上汽车，车行四十里至旧永寿县城，天大的倒霉事儿，不久便在此开幕。

经一番盘诘后，车出旧永寿，直上高坡，以山势险恶，乘客都下车，以减轻重量，我们在车前步行，久待车不至，才知道事情不妙，几分钟以后，大家才知道汽车已是抛锚，但犹希望不久可以通行，所以乘客们共喊着拉纤之声，一齐动手把汽车拉上高原，二小时后，消息更为恶劣，汽车夫正式地宣布说"没有希望了"。那时我们被烈日压迫好几小时，口渴舌燥唇焦，手足疲惫，连一些气力也没有，苦不堪言，汽车抛锚的地方，又是在危险的匪区，一等日光一去大家性命难保，路旁虽然有小车夫五六人，正在休息，看着我们的抛锚的汽车，不过他们抱着袖手旁观的态度，不肯前来帮忙，我们在这危急存亡之秋，我们知道只有我们自己的努力，可以把我们脱离这个险地，由是一呼百唱，我们和邠县长王纯义等一行乘客，约二十余人，用尽了各人的平生之力，大家一齐起来把这辆抛锚的汽车，拉回永寿旧城。

时已在午后一时了，我们都腹饥口渴手足瘫软，虽然满淹着死蝇的水，满停着活蝇的东西，我们也顾不得许多，沸煎以后，我们虎咽狼吞地吃了。我们所找到的一所土屋，虽然说是一个头等客店，但只有二个土炕，室外牛溲马勃，触目皆是，室内千万飞蝇，向我们围绕，其苦比我们在陕北时更甚。我们江南的雪白脸儿都被暴日改造得像黑炭一般，不洗澡（无水）不刷牙（水浊），不换内衣（换不胜换），满身发臭，弄得不像人类。黄伯逵说，假使我们的爱人，在上海或南京知道了这种情形，不知道要怎样痛哭哩，言毕，大家报以一阵苦笑。

傍晚我和黄伯逵去找营长王伯谟、邠县王县长闲谈，营长首先对我们说，旧永寿城内，因遭着天灾和土匪的浩劫所以成为一座八户之城，城外虽然还有三四十家，而景况也很凄凉，二个月前，此处土匪遍地，莫想走路，我们弟兄到了以后，便天天和土匪奋斗，到了五十天后的现在，已是不成问题。打土匪的时间，往往是在黑夜，使土匪方面不能明了我们的兵力，这是攻击土匪的唯一妙诀。营长是陕西朝邑县人，现年四十岁，他是很勇敢有智识的一位军人，他曾转战湖南和华北各地，半生生活，是在铁骑上过去的。

后来邠县王县长又告诉我们，邠县为一座二等县，行政费月为七百元，司法费二百元，县城周围九里，东南稍长，半城筑在山上，全县土地，东西与南北各约六十里，因岁比不登，民生艰苦，民十四及十五两年，灾最重，今虽稍稍恢复，但土匪为害，十户之中，仍有一二户无食。兼以今岁上半年，雨水甚少，收成只十之二三，贫民背着口袋，四出向富家索食，秩序虽不甚好，实亦无法禁止。邠县四境多匪，自王营长痛剿后，已罕有匪迹，地价每亩约十元至十五元，无大地主，田农约百之二三，半年之收成，每亩约可四斗，本年每亩只一斗多，地税每项约纳洋十元。邠县农民，种鸦片烟者不多，盖地多高原，不适宜于鸦片之种植，加以天时无一定，收获无把握，一经种烟，罚款便不可少，设遇大旱，则烟地毫无收入，因此老百姓不肯铤而走险，播种鸦片。民众对卫生，毫不注重，去年虎疫发生时，罹疫以死者约五六百人。县有高等小学一所，约有学生七八十人，教职员五人，薪水每月约二十元，虽然学费宿费，一律不收，但读书者还是寥寥，小学共有六七十所，都取复级制。地方出产以黎枣最有名，又百子沟出炭，现已有小机器开掘，成绩还算不差。

  黑夜这样迅速地降临，强迫我们不得不上炕就睡，土墙上只燃着灯草二根之火，一切行动，只好在暗中摸索，生活至此，方才体验到上海的灿烂的电灯光的使用，是人生极大的幸福。七八时后，兵士前来盘询，有三次之多，后来，炕上所有臭虫跳虱，和其他种种，一齐动员，向我们进攻。我们虽然身上穿着二三层的衣裤，但是有许多地方给它们乘虚潜入，把我们咬得要命，整个的一夜，我们全体都为虫虱所扰，晨起就日光一看。内衣的上面血迹斑斑，皮肉的各处，还留着无数的创痕。

  十四日晨我们一齐起来，大家在途中守候。预备如有汽车经过西行，我们不顾死活，一拥上车，一切的一切，等待占得了一个座位再说。不料命运依然十分恶劣，第一辆走过的，是陇东司令部的汽车，不但他们绝对不准我们乘坐，就是大发慈悲允许我们乘坐了，但车中满满地装着子弹和其他军火，我们也不敢接受他们的厚贶。第二第三辆走过的，虽然是商办长途汽车，而车上的行李货物和旅客，已装得满坑满谷，形势十分可怕，没有一些地位，可以容我们上去。我们只好眼睁睁地看他们的汽车呜呜开走，一筹莫展地呆呆地站立着。

我们再去看看我们的抛锚汽车呢，令人不禁气闷欲死，汽车夫还是把机件一件一件地整理，最早非至十六日晨不能开走，一抛锚就是三天，汽车公司好整以暇，绝对不为想法，他们对于乘客的受罪，好像是已经丧失了眼球一般，连眼白也不眨一次。咳！有汽车如此，不如无。中午我们还是吃着鸡子果腹，旁的东西是没一件不是先给苍蝇尝过的，不敢入口。渴的时候，我们大家喝着酒酿汤，虽然汤中浮着死蝇的足翅和尸体，但终是经过煮沸的，也许要好些。这个卖酒酿汤的小贩，也乘机高抬汤价，同样一碗汤，他卖给本地人铜元五枚，不过却要我们付给他每碗铜元十枚。

下午我们觉得苦闷已极，大家长吁短叹，以待汽车公司慈悲心的发现，讲到我们的一车，以人数与重量论，应有二辆汽车分载，方可不使抛锚之出现，但公司当局明知之而不顾，虽半途抛锚，而不加一些救济，停顿在土匪麇集之地，至少有三日之久，对乘客经济上的损失和生命上的危险，完全漠然处之。我们很希望当局予以切实的整顿，不然，不如停止营业，让我们去找架窝驴车走路吧。

025~031

第五章　生命随着汽车在山巅流转

5. 生命随着汽车在山巅流转

专诚访营长目的是叨光吃口茶
买到了几条黄瓜好比琼浆玉液
邻县的教员一年五担米

在蝇蚤丛中的污秽生活，结果几乎使我们采取甘地的手段，黄伯逵眼看了这种状况，便自告奋勇，愿任为粮食委员会主席。他在下午五六时，买了些青菜豆腐和几许猪肉，亲自动手烧煮，烧好了以后，他把东西盛在碗里，很诚恳地告诉我们道："这里我敢担保没有一个苍蝇，请大家放胆吃罢。"可是他手中所持的一碗面，吃了几口以后，还有一个蝇尸浮起来，可见这里的食物，根本上欲求清洁，是靠不住的。

晚上我们再往王营长那面去闲谈，其目的只在乘机喝几碗茶，因为我们所住的地方，水浑浊而含臭味，是不能入口的。十四日之夜，兵士只来稽查一次。我们和泥炕居，与蚊蚤游，一夜仍未能合眼。十五日晨我们又去守候西上汽车，等到午刻，连汽车的影儿也没有，至于我们的抛锚汽车呢，还是停在空场上，一些没有复活的意思。我们于无可奈何之中，只好买了几条黄瓜，削而食之，有琼浆玉液之味。中饭，还是由黄伯逵动手，烧了一碗从远处觅来的青菜，一碗炒蛋，一碗豆腐汤，大家吃了一碗面以果腹。吃毕以后，吾们认为生活方面，已可敷衍过去，但汽车恢复康健的声浪，一些也没有。

"汽车几时可以走？"乘客们自从抛锚之日起，一直向汽车夫问着。

"等到零件一来，我们就可以走。"汽车夫自从抛锚以来三日中，始终把这句有外交意味的话，答复各类的乘客。

汽车夫口中唱着大江东去的调，手中拿着一杯白酒，席地而坐，面前摆了一碗猪肉，几个大蒜头，很愉快地过他的抛锚生活。

"我们已是抛了三天的锚了。怎样办呢？"我在十五日，就是抛锚第三天的下午，心中非常着急地询问汽车夫。

"不要紧，玩两天再说罢。"他很写意地答复我。

"不行，我们已是耽搁三天了，已是蒙着很大的损失了，你赶快想法罢！"我有些含怒地答复他。

"零件大约今天下午可以到了。明天一定可以开车。"汽车夫还是笑嘻嘻地来对付我，我虽然气了，但没有一些办法。

零件到底在十五日的天黑以前，还没有送到，我们的新希望，便展至明天九时左右了。

从各方面留神观察，位于匪区中的颓废的永寿县城，这晚——十五日——空气似乎非常紧张起来。本来我们每日下午六七时，是常和王营长谈天的，这夜据说他正在集合队伍，不能见面，夜间稽查旅客的兵士，每夜终要辛辛苦苦地来询问三次，这夜连一次也没有来。

我们偶然抬起头来，遥见翠屏山上和大街中，兵士成群，负枪往来不绝，大家都想到不是为了土匪的侵袭，便是内部也许发生什么问题。当时大家看见了这种象况，免不了有些战栗，相戒晚间如有特殊事变发生不准随便出外。因为也许在视线不甚清晰的星光之下，匪误我们为兵，兵误我们为匪，我们不免遭受池鱼之殃。

　　上床就枕后，大家依然提心吊胆，未能合目。夜半，我们行将入睡的时候，因为不堪臭虫跳虱的扰乱和乱咬，陆诒在梦中禁不住大喊道："我将死在臭虫的包围里了！"我们闻此悲音，我起来秉烛做日记，再也不能安枕。天明后，我们中的一人，奔到汽车夫所在地，探询零件到否的消息。汽车夫还酣睡未醒，在梦中模模糊糊地对我们说道："九点钟一定来，九点钟一定来！"

　　是在十六日之晨，全体乘客都带着新希望起来，一个一个地向汽车夫问着，他们都得了和我们相同的答复。我们伸长了头颈，眼中充满着希望地望着。六点、七点、八点，都在我们的希望中过去了，但是依然没有一些好消息。

　　九点钟到了，大家喟然地叹一口气说道："今天又没有希望了！"突然一辆从东而来的呜呜汽车声，打起了各人的创巨痛深的精神，车停以后，大家赶上车前，一齐乱嚷道："零件带来了没有？"那乍到的汽车夫漠然，一些也不知道是怎样一回事，问明了我们以后，他才轻轻地答道："没有带来。"乘客们四天的希望，还是照样付诸流水，彼此抽着一口冷气，呆呆地立着。

　　不过我们当然不能坐以待毙，在汽车尚未开走的时候，我向那章姓宁波口音的车夫，再四商量，说了千千万万的好话，才答应我和黄伯逵二人，以二十二元的车价，载至平凉，先与杨旅长商借赴兰州的汽车，其余陆诒、汪扬、舒永康等三人，暂留永寿，俟抛锚汽车修好，或搭其他经过的汽车至平凉集合。

我和黄伯逵非常高兴地坐上新到的汽车，和其他团员及乘客点头告别，自以为可以毫无问题地直奔长武，却料不到我们的厄运，还是不绝而来。

车甫绕县城，机件以热度过高，停十余分钟，后来车上山坡，距我们前次抛锚处，还有一箭之遥，汽车又忽然抛锚，二十余分钟修好，再向前进，将到我们前次抛锚的地点，乘客都一齐下车，黄伯逵下车时，机轮已动，黄君立足不住，从车上坠下，两膝为之流血。车至高原最难行处，作第三次之抛锚，良久始蹒跚而行。行六七分钟后，车忽大抛其锚，修至三十分钟，还没有恢复原状，汽车夫照例地严重宣布说：假使拿不到代替坏的机件，这辆汽车是无从再进了。唉！我们的年辰，一定是进了抛锚星了。但是我无论如何，决不愿为恶劣的环境所征服，所以我就强迫着汽车夫，一同步行重返永寿旧城，向第一次抛锚的汽车夫，借索机件，结果达到目的，我虽然上下坡跑到十几里路，汗流浃背，气喘不已，但促使绝望的汽车，于十二时半后复活起来。

我们忧心如捣地时时刻刻防着抛锚，同时峰回路转，汽车在山顶上驰行，无一分钟，我们不在生命的危殆中，至于饥渴问题，我们不暇注意。四时，我们心中不免自行恭喜一声安全地到达了邠县。因时间已促，不能前进至长武，只得在旅店中借宿一宵。

邠县在群山之低洼中，一切的一切，都比永寿为好，我们于洗涤饮茶以后，即访县长王纯义氏，他于昨日改乘军用车到邠，我们和他见面以后，他便邀请各界，给我们以多量的调查资料，比较在永寿旧城所讲的，更为具体化。

邠县全境，共分五区，第一区有一七一三户，男女一〇九七〇人。第二区三七五二户，一八六〇六人。第三区一七七八户，九四五〇人。第四区二七八八户，一六二八一人。第五区二五六二户，一四六四人，总共一二五九三户，共六九七四七人。城内约有商店四五十家，内以布匹杂货店为多，皮货店只有一家，景况均颇萧条。地价水田每亩约四五十元，旱田只售二三元，旱田面积甚广，水田不过旱田之千分之一。丰年时，水田一亩，可收小麦五六斗，今年每亩收成不及一斗。旱田在丰年时，每亩可收二斗，今只收三四升。自耕地甚多，佃户不及百分之一，田中作物，以小麦为大宗，种棉甚少，民众经济力不甚充实，凡有饭可吃者，即为财东。以教育言，小学约有一百三十四所，内计城内六所，每校学生数，至多不过七八十人。平均每校约二十人，学生年龄，约自十三岁至十七岁。女校只有城内一处，学生约三十人，所用课本均系商务印书馆及中华书局二家出版。每校只教员一人，取复级教学制，每日上课钟点，城内外小学均各不同，城内小学，每日约授六七小时，而乡间小学，每日约三四时。教员薪水，在城内者每年约一百元，在城外者，每年约得米五担至八担，一切伙食等，也都由学生供给，除寒暑假外，并有忙假，暑假约一个月，寒假约二星期，忙假约十余日。高级小学只有一所，约有学生一百五十人，内设校长一人，月薪二十元，教员五人，月薪各十五元，课程大致斟酌教部所定标准。民国十六年以前，曾设英文，今已废除，初高级小学，均不收学费，惟书籍均自备。城内有民众教育馆一所，每日约有十余人，往阅书报，教育经费，全年约共八千余元。

邠县以前有经营煤矿者三四家，现只民生煤矿一家。矿在县治东北十七里之百子沟，现因有水，暂停开掘，煤层有三，中各以页岩一尺间之。第一层约厚三尺余，第二层约厚一尺余，第三层约厚二尺余，均系块煤，井在山坡之上直开，约深二百二十尺，井为圆形，直径约六尺余。煤筐以柳条做成，每筐可容煤三百斤，用机器起重，所用蒸汽锅炉，其最大之力量，不能超出一千二百斤以外，每一小时，可出煤六十筐。工人组织，以一日一夜为一班，每人须出煤一千五百斤。正式工人约有五十名，均雇以掘煤者，地面有拉煤之小工十余人，年约二十岁左右，工人工资，每班约洋六角。所出之煤，倾销长武、栒邑、邠县、永寿、乾县等地，西安方面，以运费太高，无从推销，煤价在邠栒二地，每元可买六十斤，销量亦最多。永寿、长武等地，每元约八九十斤，乾县每元只六十斤左右。所出煤量，自去年九月至十二月，约四五百万斤，每月平均约可出一百五十万斤。运煤之法，或以车，或以牲口，综计小车一辆约可载煤三百斤，一驴可驮煤一百五十斤，一骡可驮煤二百斤，自矿山至邠县之运费，骡为七角，驴为五角，煤一筐之成本，约银一元。公司组织共为二百股，每股纳洋一百元。中设经理一人，不支薪水，副经理二人，月薪亦少，其他职员二十四人，月薪只在二元至十元之间，矿区约为三百亩，每月缴费五十元，由本县征收，该公司现因产量多而销量少，故未能获利。

这夜——十六日——我们二人，宿于邠县，准备黎明即起，向长武前进。

032~035
第六章 满怀恐怖到平凉

6.
满怀恐怖到平凉

无端耽误了路程——嘿！可恶的泾川厘卡
泥浆滚滚的污水——唉！卫不得生也哥哥

十六日的晚上，我和黄伯逵宿于邠县当地的一家客店，为了怕受跳虱的恶咬，所以把两扇门，搁在院中，铺上芦席和线毯就睡。这晚天气很热，邠县又被群山所包围，连一些风也没有，我们虽然露宿，并没有受凉。十七日天初明，在早上五时三刻，汽车便即开行。初时道路还算平坦，迨至亭口，壁立之山，汽车无从飞驶而上，车夫无奈，只好临时雇骡三匹，拉车上山，乘客则都下车步行。一小时后，车达山顶之高原，汽车方复原状，于是开足马力，西向疾驶，约在十时三刻左右，到达长武，大家略吃东西，稍事休息，再继续行。十二时半，我们越过适在陕甘两省交界的窑店，二时三刻，我们到达甘省第一个要隘的泾川县。我们理想以为稍停片刻，便可在凉风习习的下午六七时，进入平凉的城墙，却不料又遭受着无端的苦楚。

烈日如焚，照在无篷汽车的乘客头上，几乎令人昏晕，那阻碍交通，不顾乘客苦痛的泾川厘卡局，不知何故，把汽车扣留至两小时以上的时间，我们左等也不开，右等也不开，看看夕阳西下，将有遭遇土匪，到不得平凉的危险，五点钟以后，厘卡局方才慈悲心发现，放我们启行。前途茫茫，还有一百四十里之遥，汽车夫虽然顾不得一切危险，拼命疾驶，但黑夜飞也似的奔来，阳光迅疾地下去，缩地无方，至八时左右，我们才近距平凉还有七十里的白水镇。

一百步之外，我们遥见十多个白短衫短裤的人们，手中持着大刀，口中喊着"哒哒"的声音，那时车夫吓得没有一些人色，预备将车停下，束手待死，乘客也以为土匪光临，性命休矣。但刹那之间，他们向我们微笑而过，他们不是土匪，而是民团，为了这种虚惊，乘客们更觉前途的危险，而再向前进的四十里坡，更是土匪出没之地，因此大家一致同意，假如白水镇有驻兵，我们为着安全起见，预备休息一宵，如其没有一兵，我们决意令汽车用着汽车的灯光，连夜赶路到平凉，虽然是危险些，不过也没有其他比较良好的办法。

　　八时十分，我们在黑暗中抵白水，遥见入口处模糊似有驻兵，大家把胸中的一块大石，方才放下。白水是一个很小的镇，遍觅各处，连一所寄宿的地方也没有，我们无可奈何，只得在一个牛马驴骡杂居的一所空地上，弄了几块木板，铺上线毯休息，泥浆滚滚之水，以口渴而不能不喝，一个宁波口音的汽车夫，连连长叹道："卫不得生也哥哥！"像这样流离颠沛苦不堪言的遭遇，我们如果能赶到平凉，必不至此，唉！泾川的厘卡。

　　那晚我也露宿在空场上，满天星斗，一些没有休息地在我头上闪烁着。禁不住使我想着同在此等星光下的上海友人和亲戚们的康健。不过困疲异常的身体，不准我有许多往事的萦怀，所以不久就在冷风中沉睡了。上海也许在大热的烦闷中，但白水中午气温，只有七十六度左右，入睡时当然更冷，夜半霜露齐下，使我不得不从梦中醒来，星斗还在我头上闪动着，我用手灯照时计，适为子夜二时二十分，此后，我便无从就枕，在半醒半睡中等待天明。

　　"冷得要命，冷得要命。"汽车夫在起身时喊着。十八日五时，一群蒙难的乘客们，都跳上车顶，汽车便非常有精神似的，直向平凉飞驰，七时左右，进入平凉之城，一路倒霉，至此告一小小结束。

我和黄伯逵住在西北旅社，因一日一夜，未曾盥洗，未曾好好地饮食，征尘甫定，就叫茶房打水开饭，虎咽狼吞，觉得十分美味。吃饭后，我正要设法请求司令部打听在永寿旧城的三位团员——陆诒、汪扬、舒永康——的消息，他们却跳跃而来，彼此异常快慰。据他们说，汪扬曾于我们走后，腹部大泻，现已痊好，其他二人，尚还无恙，坏车于十七日上午修好。下午一时便开走，风驰电掣，于十八日十时在平凉和我及黄伯逵见面，一行五人，自永寿旧城分散以后，至此便又集合起来。

036~043

第七章 几经险阻到兰州

7.
几经险阻到兰州

山头露宿夜半不绝狼嗥声
惊报频传匪劫前面军用车
陕匪……要财不要人命……甘匪……一律刀劈两段

在平凉我们往返多次，用去了二三块钱的黄包车费，往谒三十八军参谋长张绍庭氏，请求在途中予以相当保护，以张氏酬应正忙，约以明日相见，我们以日期太促，加以军长孙蔚如又不在城，不能向其他较高军事当局接洽，就决定不顾一切，于十九日晨和中央政治学校教务处张镇临君三人，一同出发。事前和平凉汽车葛站长接洽，他欺骗我们说机器怎样新劲，乘客怎样有限制，至多数目不得过十五人，蜜语甜言，哄得我们十分相信，意想不到几乎使我们和其他乘客苦得死去活来。

我们高高兴兴地在六时即到车站，一数乘客之数，已逾十八人，加以汽车公司方面五人，已过二十余人，限制乘客十五人的话，便知已不成问题，因人数之众多，乘客又在行李上争座位，秩序凌乱，此挤彼拥，无丝毫容足之地。车出平凉城，即渐入土匪区域，车夫胆战心惊，按机疾驶，叫我们言语不可太高，一时形势似乎顿觉严重起来。车将过俗传杨六郎死守三关之口，车夫因战栗过度，一时疏忽，车轮入缺口，良久才出，乘客目瞪口呆，以为必遭土匪毒手，正午十二时车抵和尚铺，各在街中大吃鸡蛋以充饥。过此即为六盘山，山势险恶，乘客都须下车步行上山三十里。车则雇用苦力二三十人拉之上山，我们一方面屏息静气，疾行上山，喘急欲死，一方面又焦虑和土匪相遇，性命不保，下午三时半，我们已是平安地过了六盘山，彼此深自庆幸，未为土匪所乘，四时我们步行至山麓之杨家店，汽车也在后跟来，我们攀援上车，再向前进。

陕甘长途汽车路崩坏，触目皆是，六盘山过了以后，破桥陷缺，随处可见，一些修理也没有，车行时随时有翻倒的危险，乘客随时有丧生的可能，行路之难，较蜀道为尤甚。下午四时三十分，车抵沙塘镇，夕阳已渐西下，车夫拼命地飞驶，于暮云蔼蔼的下午八时，到达静宁。

因腹饥过度，下榻在车站所在的旅馆以后，大家便出去找觅食物，那时店肆都已闭市，我们就敲门而入，请求饭店老板重行生火煮食。经过了无数的好话以后，他们方才取出火来，肉和蔬菜，动手洗涤和烧煮，半小时后，我们大家如风卷残云般，把一切东西吃得精光，大家觉得十分满意。

二十日早我们又匆匆地起来，大难却于这天向我们降临了。五时汽车开至城门，给守门的兵士阻止去路，要请示旅长后放行，这样我们无缘无故停顿了半小时，先给我们触了一个小小的霉头，十时车抵界石铺，一行旅客蜂拥下车，大吃鸡子，十时半车上山坡，正行之间，忽闻豁剌一声，汽车的水箱，忽然破坏，车便宣告抛锚，那时我们已陷于进退维谷的地位。在四无人烟的高山之上，如有不测，我们的命运，便不堪设想。

我们惟有在烈日恶狠狠的压迫之下，呆等着汽车夫的修理，并默祝其成功。三时三十分，汽车修好，可以勉强驶行，但距我们预备住宿的化家岭，还有二百余里之遥，像这种破烂的汽车，绝对没有到达的希望，不过后退也是一条死路，所以还是拼命赶路。日光又和我们为难，似乎比较平日速率增加的西下，暮色又从东西南北逼上来，微光闪烁的星儿，一刹那又在我们的头上抖动了，但是汽车还是在高山上黑暗中疾驶着，只要汽车夫的一失手，汽车便可从万丈高山坠下，使一切的一切，同归于尽。

汽车亮亮的灯光，在很危急的一转瞬间，使汽车夫的神经细胞，发现着前途有大水阻止去路。在这夜黑如漆的当儿，无论怎样，汽车无从越水而过，一行乘客至此，知道前进已是绝望，一大部分人便取行李下车，硬着头皮，大家睡在冰冷的高山的土地上。这是土匪最多的地方，但命运已到了这样地步，我们只好心慌慌地以待厄运的降临，我取手电灯照着时计一看，那时适在夜间十一时了。

我们一行五人，大家当然也睡在路旁，我们都不脱衣，不脱鞋，地上铺了单被，五人取平行式地睡下。身上只盖了一条细毯，初时我们以疲乏过度，数分钟后，便呼呼入睡，可是半夜里，砭人肌骨的冷风，发狂似地怒号着。地皮下的冷气，又向我们进逼着，使我们不得不从梦中醒来，既而寒露如雨而下，衣被为湿，再也不能安眠。二时半，斗转星移，天上换了许多黑云，同时远远闻着狼嗥声，不得不使我持着放在身旁的手杖和手电灯，以为抵抗的准备。这样苦苦地睁着两眼，待着天色微明，大家便一齐起来。在寒栗着禁不住嚷道："恭喜，恭喜，"像这种在山顶的别开生面的露宿，其滋味是我们终生不能尝到的，事后想来，这也可算是我们很可纪念的一页。

汽车夫用尽了气力，始终不能使汽车发动，全部乘客就一齐动手，将汽车向后倒退，车轮再从高而下地转着，马达便就此动了。它慢慢地驶过了隔夜所看见的积水，后来按照着平常的速率行驶，在七时四十五分，我们便到了昨夜所切望的目的地——化家岭。

化家岭有一条街，有好几家人家，汽车停后，大家下车，各人各自想法，把隔夜的脸儿洗净，又把鸡子面条等讨厌的东西，装在我们的饥肠内，休息了一回，彼此觉得精神已是渐渐复原，冷冷的手，也是渐渐地温度增高起来。中午十二时三十分，车过红土窑，因为土匪还是不时发现，所以老百姓都筑起了城堡，一有匪警，老幼妇女都进堡逃避，壮丁在堡上发枪抵抗。

我们到定西的时候，在下午二时四十五分，休息了一小时，便从一个武装同志的口中，探悉第十旅的军用汽车，在化家岭我们露宿的地方，昨天下午三时，遭遇土匪的袭击，车中兵士开枪还击了数十分钟，方才把土匪打退。假使当天我们的汽车不抛锚，无疑的我们一定是要遭着匪劫。据当地人说，陕匪只是劫掠人家的财物，不害性命，但甘匪则除了抢东西以外，说不定还是要把无辜的旅客一刀两段。我们听见了这种消息，大家禁不住额手称庆。

那天——二十一日——我们已一夜未眠，不再前进，便在定西县住宿，我和黄伯逵君以时间尚早，进城和县长宁逊生相晤，调查定西县的概况。据说定西在三四年前，约有七万余的人口，其中有三千一百二十五人是回教徒，但因天灾流行，人口已是觉得逐渐减少了。县政府的组织，是二科四局制（公安、建设、教育、财政），县政府每月经费约六百五十元。各局则仰给于地方款，经费不一，公安局有四十余人，每年经费约六千余元，财政局年约一千余元，建设局尚无经常款项，目下正在呈请中，教育局经费，大部分从地方杂款中得来，全县共设完全小学六所，无初级小学，计县城内有完全小学二所，学生约一百五六十人，女子完全小学一所，约三十余人，其他乡镇有完全小学三所，各约一百二十人左右。校长月薪约十七八元，教员十二元，全年教育经费约九千余元。此外城内有民众学校一所，有学生四五十人，系县党部设立，全县土地，以旱田为多，西河约可灌田一千余亩，东河水碱，无灌溉之利，旱田分川地山地两种，川地每双（二亩半）约二三十元，山地约只三四元，水田每双则须七八十元。水田之收成，每年每双可得小麦三斗，共约三百七十斤，全县农夫，多系自耕，并无大地主，雇农每年所得之工资，约三四十元，佃农与地主间之作物分配，大都为六四或七三制（佃农七成地主三成），作物以春麦为大宗，二月后即下种，田赋上忙约可征收六千九百两，下忙约可征收麦五百余担，地亩罚款，每年约为一万五千元。至土匪之来，则飘忽无一定，其中大部分为回匪，人数或五六十人，或三四百人，劫物杀人，马来马去，无固定之行踪，致军队无法进剿。全县不种棉，不织布，商铺约三十余家，多为山西陕西人经营，矿产方面，只在县西南之富家川，有煤矿一所。

是晚我们和中央政治学校张镇临等在黑暗中席地而坐，痛痛快快，吃了一顿大米饭。十时后，车站站长来告诉我们，明天——廿二日——将有军人二名上车，我们和全体乘客，以破烂汽车，在途抛锚数次，不堪再加重量，力为反对，相约如果那军人依恃武器，强行上车，那末我们唯有一齐下车，向车主退票，另雇骡车至兰州，免得再饱尝无谓的痛苦。那时一行乘客，大家都不觉怒形于色，痛恨着汽车公司只顾着大洋钱的滚滚进来，不顾着人命的危险，而站长们的欺骗乘客，使我们大上其当，险遭不测，尤为罪无可逭，一时齐向站长纷起责问，站长知众怒难犯抱头鼠窜而去。

二十二日晨五时二十分，汽车急急开行，没有看见军人来乘车的踪迹。十时半我们过车道岭，途经甘草店，略事休息，那时距兰州只有一百二十里，以为当天正可到达兰州，是丝毫没有问题了，但下午一时以后，天忽油然作云，倾盆大雨，泥路顿滑，不能开车，我们便停在梁家湾休息，山洪一时暴发，水势如排山倒海般而来，势甚可怕。三时后雨止，水亦渐杀，汽车费了九牛二虎之力，在水势汤汤的河水中驶过。五时抵达榆中县属的金家崖，以黄河之水，浩浩荡荡地流着，深约二十尺左右，无论如何，我们无从插翅飞渡。那时虽然离兰州只有六十里之地，而大家除西向叹着一回冷气以外，别无良法。

是夜我们宿于金家崖的一所民家，二十三日一早起来，我和汪扬先操杖出门，观察水势，好像是比昨晚好得多了。汽车于七时半开行，以道路泥泞，我们都下车步行，让汽车缓缓地爬着，十时半到达响水子河，据车夫说这便是黄河。河水虽然很凶猛地流着，可是深处尚不及膝，我们一行五人和张镇临君等大家赤足涉水而过，正在到达彼岸后濯足于黄泥水的时候，我们发现着许多含有金属和千层纸的矿石，当由黄伯逑和舒永康用铁锤敲下数块，预备带回家中化验。

汽车渡过响水子河以后，便一帆风顺。它经过了两座壁立的高山，冲过了许多水缺，便在平坦的汽车道中，向着兰州直驶。在下午二时半，我们竟然非常欣幸地受着兰州东门兵士的盘问和检查了。

西安至兰州间的阎王路，是走完了，但我们还须在茫茫的前途中，向着青海的西宁、湟源和都兰等地进发，命运如何，此时我们无从说起。

自潼关至兰州的里数约如后。潼关至西安三百五十里，西安至咸阳五十里,咸阳至醴泉四十里,醴泉至乾县七十里,乾县至永寿七十里,永寿至邠县七十里,邠县至长武七十里,长武至窑店三十里,窑店至平凉二百十里,平凉至静宁二百二十里,静宁至定西三百六十里,定西至兰州二百四十里,总共约一千八百里左右。

044~048
第八章　万匹骏马奔腾而来

8.
万匹骏马奔腾而来

伟哉黄河铁桥
美哉五泉山景

当我们到达了兰州城后,便下榻于江苏旅社,大家经历了这十余天的旅途中艰辛,都渴求着片刻的休养,所以当天晚上除了接见兰州报界诸同业外,没有出去做调查的工作。二十四日的上午,我们由郑尚同志介绍,去谒见第一师第五团的团长杨德亮,从他豪爽慷慨的谈话中,我们知道他也是个有志于西北的军人,他主张值兹国难方殷之时,不但是汉满蒙回藏五族,应同心同德去拯救祖国,就是向来为国人所忽视的一般所谓番苗之类的民族,我们也得想法去引导他们,联合起来去抵御帝国主义的侵略。在杨团长处谈话完毕后,我们便往各机关去做调查工作(调查的结果,详述于后)。二十五日清晨,我们一行为了久慕黄河铁桥的名,五泉山景色之美,遂决定作半日之游览。先步行出城门北行,不数十武而抵铁桥,桥长七十丈,宽约二丈二尺零,架桥四墩,中竖铁柱,外以塞门德土掺和石子而筑成,建筑工程非常伟大。当我们行至桥的中部,倚铁栏西瞩,远山如画,殊使人悠然神往,黄河东流,水声澎湃,好像有万匹骏马从远处奔腾而来,这种大自然的雄壮音乐,会振奋起人们的精神。铁桥北端有石碑一方,上面刻有前清甘肃巡抚升允纪述黄河桥的史料,大意谓"兰州城北滨临黄河,为甘凉宁夏各郡及伊塔新疆等处往来大道,举凡辀轩传符,商贾征旅,肩摩毂击,相望于途,中阻巨浸,行者苦之,每年春间,鸠工搭造浮桥,以铁绳比系二十四舟,面以木板,藉作津梁,入冬冰至,则又将桥拆除,迨腊月河冰坚凝,改由水上行走,土人谓之冰桥,入秋仍复原状,惟当夏水盛涨,浮桥时或中断,冬冰冲激,则桥辄断,断必溺人,而冬冰将开将结之时,人马车之失陷河中者尤众,清左文襄公督师渡陇时,固已怒焉忧之,曾议建铁桥,因洋商福克索价过昂,故中止进行,乙巳年德商泰来洋行经理喀佑斯游历经此,愿立合同以兴筑此桥,自清光绪三十三年二月开始建筑,洎宣统元年六月而工成,计造桥工料共银十六万五千两,运费并杆绳等项杂用共银十四万余两,共动支库平银三十万两有奇,由统捐溢收项下拨用"云云。我们看罢了黄河铁桥,便雇两辆驴车,往五泉山去游览,出南关南行五里许,就到目的地。我等拾级而上,见山上的许多亭台楼阁,建筑得美轮美奂,工程的精致曲折,好像北平颐和园一样。据山中人云,昔汉将军霍去病,讨伐匈奴来兰,于山下以鞭击地,有五泉涌出,因得名。前明洪武年,在山上广建佛寺,肃藩王加以重修,所以这地方便成名胜。当乾隆四十六年,捻匪作乱,满山尽付一炬,所留者仅存千佛阁、五龙宫、藏经殿、赛楼等数处,后经当地官绅重建,不料同治六年八月十七日,河狄回匪复变,将山上的房屋又烧毁了,同治十一年当地官绅再重修佛寺,遂造成现在这样的美景。记者在山上盘桓了两小时,对于这山上的美景,不禁引起依恋之念,而对于武侯殿两旁的一副对联,"有形骸便有斗争,虽寂灭禅宗,杖剑持矛仍用武。""无色相应无护卫,愿慈悲佛子,韬戈卷甲倡销兵。"尤生感慨。在十一点钟的时候,叆叇的黑云,紧紧地笼罩着四山,移时,丝丝的毛毛雨,便轻拂到我们的身上来,大家便兴尽返寓。下午,我们和黄伯逵及中央政治学校蒙藏班招生委员张临镇先生,同到省政府去谒见朱主席，蒙朱氏殷勤招待，对于本团西行考察予以种种帮助，使我们内心异常感铭。同时在省府中，复晤甘肃省政府视察员张文郁先生，大家倾谈了些开发西北问题，内心引起共鸣。晚上，在融融的烛光下，记者开始整理连日来调查所得的材料，今特分志于下：

教育状况

（高等教育）甘省有大学一所，即甘肃学院，内本科分四班，即教育系、文学系、法律系、及医科，学生共五十一人，尚有高中三班，学生共一百二十一名，学生学费全免，膳宿自备，全校教员三十人，职员十八人，薪水最高者为二百四十四元，最低为三十元，全年经费，为九万七千四百三十六元。

（中等教育）全省省立中学有五处，高中文理科共两班，学生共六十名，初中共二十四班，学生共八百三十六名，全年经费，为十一万五千九百五十七元，省立师范学校有七处，高中师范科共两班，学生共四十三名，初中师范科共二十五班，学生共七百四十二名，讲习科两班，学生共五十名，全年经费，为十二万三千五百六十元，省立女子师范学校有二处，高中师范科共两班，学生共二十二名，初中科共五班，学生共一百五十名，职业科一班，学生共十三名，全年经费，为五万三千六百八十七元，省立农校一处，高级农科共两班，学生共三十名，普通农科共四班，学生共一百五十五名，全年经费，为四万五千八百四十八元，省立女子职业学校一处，织编科一班，学生共三十八名，全年经费，为七千八百八十元，县立中学有六处，初中共十三班，学生共二百四十四名，全年经费为一万五千〇四十三元，县立女子师范一处，初中一班，学生六名，全年经费为六百元。

（初等教育）全省省立完全小学有十一处，初级小学一处，高级二十一班，男生三百五十六名，女生七十七名，初级四十八班，男生一千二百七十四名，女生四百四十八名。兰州市私立完全小学有四处，初级小学有七处，高级七班，男生一百十七名，初级三十八班，男生八百二十五名，女生一百名，全年经费为四万三千六百八十三元。省立幼稚园有三处，儿童九十三名，全年经费为一千九百二十元。县区高级小学有二百〇一处，高级四百十二班，男生共六千七百七十九名，女生共二百二十七名，私立高级小学有四处，高级七班，男生共六十五名，女生共十二名，全年经费，为十一万七千六百七十八元，县区初级小学有一千五百八十三处，初级共四千七百七十四班，男生五万二千六百六十名，女生二千七百名。私立初级小学有六十八处，初级共一百六十二班，男生二千三百九十六名，女生八名，全年经费为十六万四千五百七十五元。县立乙种职业学校有两处，共五班，学生五十六名，全年经费为一千七百四十元。

（社会教育）全省社教机关共二百八十七处，全年经费为三万五千一百十六元。

（留学经费）每年由省派赴国内大学求学的学生共六十六名，年费一万一千七百九十五元，由省资送留学法国者一人，年费二千八百八十元。

以上全年各项教育经费为八十四万九千九百九十五元，内由省款支出洋五十一万五千六百三十九元。综观甘省教育事业所以进步迟迟的原因，虽然是千头万绪，但教育经费的不充足，实为一最大原因，深望该省当局，能注意及此。

049~054

第九章 地广人稀的甘肃面积

9. 地广人稀的甘肃面积

全省有十三条公路
农田大半种植烟苗

人口面积

关于甘肃全省各县人口面积，及每方里平均人口数，记者特列表于下：

县名	人口	面积（方里）	每方里平均人口数
皋兰	223945	12713	18
榆中	86817	8407	10
临潭	27282	58442	每2方里1人
渭源	33136	5434	6
红水	7761	10356	不足1人
永昌	55337	16712	3
镇原	117072	7792	15
高台	46208	8818	5
岷县	128738	31579	4
漳县	50150	4511	11
华亭	23729	3797	6
环县	33841	11996	3
西固	23515	7894	3
成县	119121	6357	19
会宁	64780	15892	4
灵台	8651	4204	2

山丹	50302	12919	4
东乐	58112	4613	12
永登	107054	27683	4
武威	159360	19686	18
秦安	189976	6459	29
武都	140380	11053	13
天水	253890	18866	13
武山	90898	5639	2
靖远	69921	41832	2
庄浪	52554	2256	3
隆德	60750	9433	6
清水	61527	4717	13
宁县	147800	5639	26
合水	59847	7382	8
文县	121300	15790	8
西和	88943	5332	15
洮沙	18051	2358	8
两当	37444	4511	8
徽县	119552	5434	22
固原	56136	28913	3
正宁	121380	1436	4
泾川	146230	2131	57
庆阳	87862	19993	4

平凉	89598	5326	17
崇信	31251	1536	20
敦煌	28851	127137	4方里1人
酒泉	85156	14867	6
定西	92066	12919	7
宁定	90828	4306	21
陇西	60981	12611	5
礼县	159874	5844	27
民勤	124496	24095	5
甘谷	195700	3281	59
和政	45800	3589	13
永靖	37514	3896	10
金塔	36000	15380	2
古浪	146307	7587	19
海原	68554	25017	3
临洮	134200	11996	11
通渭	161200	6972	23
静宁	140400	8902	16
化平	18327	2358	8
康县	52000	7690	7
鼎新	20000	4921	4
夏河	6000	13274	每2方里1人
康乐	35000	——	——
玉门	20000	35881	每2方里1人
安西	30000	70745	每2.4方里1人
临泽	54717	6562	8

临夏	226273	7382	31
张掖	95386	4409	22
合计	5531416	927562	

从上列的表格看来，我们便可清晰地见到，甘省是患着地广人稀，每方里人口密度与东南各省相较，诚有霄壤之别，年来东南各省闹着失业恐慌，如果能早日移民西北，去从事垦殖，那末这些肥饶广大的土地也可不致荒芜了。

交通情形

甘省有公路十三条，计有兰窑路，自兰州至窑店，长四百九十里，兰宁路自兰州至宁夏，共长六百八十里，兰肃路自兰州至肃州，共长八百里，兰秦路自兰州至秦安县，共长四百二十里，兰州至湟源（青海省）的兰湟路，共长二百八十里，通渭与天水间的支路，长三十里，兰文路长一百十里，乐平路共长五百八十里，宁海路共长一百八十里，平武路共长六百四十里，平盐路共长五百八十里，靖岷路共长四百二十里，临民路共长六百八十里。上述六路，皆通行驴车及牲口，再如兰湟路、兰窑路、兰宁路等，皆通行驴车，惟是汽车机件异常恶劣，加以道路失修，故行旅甚苦之。兰州为我国之中心，中山先生全国铁道建设，即以兰州为中心，今陇海路已在向西赶筑中，大概二三年后可通车至兰州，异日如能陇海路车直达，则西北交通前途，可呈活跃气象，而一切文化、商业、农业、矿业等，都可随之发展了。

农业状况

全省农田分三种，一种是水田，附近有水可供灌溉，为最好的田地，这种水田泰半散布在皋兰附近，田中产物，以烟土及水烟为最多，大概水田一垧（每垧约合二亩半），每年可出烟土一百五十两，每两可卖四五角，水田于种鸦片时，同时种植水烟，待鸦片收获告成，水烟即逐渐长成，水烟每年可收五六十斤，每斤售价洋两角。水田的售价，大约每垧须洋百元。第二种是岔田，每年可出烟土五六十两，田的售价约二三十元。第三种是山田，完全靠天雨灌溉，故时有旱荒之患，其售价最贱，每垧仅售洋二三元。甘省农民，泰半为自耕农，佃农仅占百分之十，佃农的收获，恒视田地的优劣而与地主平均分派，大抵良田，则佃农与地主各得其半，有时地主仅分到三成或四成不等。农民种植鸦片，每年须纳捐二十余元至十五六元，其他尚有苛捐杂税，名目繁多，不胜备载，致甘省农村经济，日濒于破产没落之境，益以连年天灾人患，甘省农民遭受浩劫，故痛创至深，至今犹未恢复元气。农产品除不产高粱、玉米外，其余产品悉与陕省相同，农产品售价，小麦每斗八十斤，售价洋七元，小米每斗五十斤，售价洋两元，惟以甘省农田泰半种植烟苗，致粮食及菜蔬之属，价格较他省为昂，若遇天灾，那末粮食恐慌的程度，当然将更为深重了。

055~060

第十章　到拉卜塄的沿途见闻

10. 到拉卜塄的沿途见闻

从张郁文君的一页游记里可以看出番民的种种习尚

张郁文君于去年七月廿七日，五时起身，匆匆忙忙地整理行李，出了皋兰西关门——神川门，本和拉卜塄①僧番代表乘马同行，因为平生素昧骑术，未敢尝试。初骑上骡儿，觉得有些不惯，然而当心坐着，紧紧地拉住缰绳，也不致跌跤。别管他，跌跤充其量也不过是一种全身的运动，且藉此做个骑马的准备吧。

出了西关门一直向西行，经过窝桥，窝桥是皋兰名胜之一，因为桥身太高，只好从二丈多宽浅浅的水面上走过，桥上风景未得瞻仰。由窝桥向西南，渐渐走上高原，四围林园茂盛，不感枯寂，驮骡者系一老回回，且行且谈，间感娱快，行三十里抵江家湾，稍憩于清真店，喝黑灰茶，嗷鸡子五枚，再行三十里，过尖山子而达何家山，山路崎岖，难于骑行，何家山山路尤甚，骑骡上坡，尚不感难受，下坡时恒有颠仆之虞，故每下坡，辄步行骡后，骡睹骡之后脚蹲踽而行，较之舞场中摩登女郎之"却儿西登"，如出一辙，不觉发噱。过尖山子时，最感兴趣的是纵目四顾，环绕皆山，然均不及尖山之清秀可爱，盖尖山之四围侧面，一眼看去，有黄色和青色的麦子，还有一堆一堆才割下来的麦茎，排列着好像一群着袈裟的喇嘛们，群相俯首诵经。麦子颜色不同，大概是由于方向不同，吸收日光的成分不同的缘

①拉卜塄，现作拉卜楞。不再一一注明。整理者注。

故。好些山坡上下还长着扁豆、胡麻和一些豌豆花等，其余长草的场合，聚满了成群的骡马牛羊，尖山子没有一隙空地，出产丰富，绝非荒山所可颉颃比拟。

由何家山行二十里，到达墁坪镇，这二十里路程叫做大沙沟，全沟在山峡中，尽是高低不平，曲折难行的沙滩，形势险恶，令人觳觫生畏。据驮骡的回回告诉我，从前这里是土匪出没散聚之所，两月前曾捕获匪首，伏法示众后，这才平静了。我心里想，假使这沙沟还有水，舟行之难将更甚于陆行了。

是夜宿墁坪客店，牲口和人在一堆，除睡土炕吃青油面条外，一夜无话。

二十八日，五时起身，穿着夹衣，还觉寒。骑着骡儿行了二十里，到达唐汪川，川流甚激，汩汩之声，不绝于耳，胸怀顿然开展。唐汪川亦名洮河，系从岷县经洮沙县而流至者，河北属洮县，河南属临夏，孤舟摆渡过去，稍憩于清真馆。

从汪唐川南行约二里许，道路两旁，碧柳成荫，田园茂盛，果林遍地，令人恋恋不忍遽去。再行登山，辗转而上，掉头一看，川如玉带，绿树成林，居民甚多，鸟瞰之余，较之平原一瞥，更觉有趣。山行二十里过大头湾，此处有"拱北"一所（按拱北即回教庙宇也，回教教主死后葬处，即曰拱北，以示教徒群相拱北而崇奉也），残破不堪，此盖民国十七年国民军治甘时以武力解决回汉纠纷之遗迹。

再从大头湾西南行十里，经仓房，又十里过秤钩湾，再二十里而抵销南坝，歇店在焉。一行山路四十里，沿途无足述者，惟锁南坝一带，树苗甚多，十年后当蔚然成林矣。在歇店幸遇曾在临夏税局任职之江苏人倪君大经，倪君在临数载，情形熟悉，相与畅谈，不觉寂寞。据云临夏居民，回民甚多，回民笃信回教，每日礼拜五次无间断，曰"班大"，黎明时十拜行之，曰"撒神"，下午一时九拜行之，曰"地盖"，下午五时六拜行之，曰"沙莫"，日没时五拜行之，曰"活佛诞"，初更时四拜行之。

廿九日，一路歇店，都是人和牲畜厮混在一起，昨夜的微雨，引起了作客的烦恼，牲畜的不安神，驱除了睡魔，一夜没有安静、早上五时起身，就跨上骡儿向西南行去。曦曦晨光，从山峰里射出，好像羞答答的她，躲在门缝里送千里之客，毕竟不到一刻工夫，一片片乌云，遮断了她的流水似的秋波。

从锁南坝西南行二十里，到柳树湾，一片成荫的绿柳，依着湾儿，好似一条长蛇。再行二十里过中山桥，而抵临夏南关门某回回歇店，甫卸行装，而拉卜塄番兵司令部副官黄正奎来访，因同歇一店，随便闲谈，不觉寂寞。

三十日，连日驾骡，精神上稍觉疲倦，决定在临夏休息一天，上午偕黄君出东门，游览街市，道旁商店均系新筑成者，此盖民十七回汉仇杀痛史中银子作祟之残忍遗迹，东关外原为回商麇集之所。虽遭国民军焚杀殆尽，今日商业，尚称繁盛，街市上逛了一趟，复游清真大寺，由该寺管理人马君引导，并谓倘欲走进礼拜堂，须脱下鞋子。礼拜堂中没有什么设备，不过一所广阔的房屋而已，因为回教敬奉的是清真之神，所以没有任何偶像。游毕，复由马君饷以茶点，漫述回教故事，充其量不过是一类神话，我却不耐烦领教，只是微笑颔首，但偶询以教主默罕穆德创教之情形，则似茫然不甚了解，其与只知马可福音而昧于耶稣教义之所在者相远无几。

三十一日，今天早上起身比较迟些，又因为零碎事的耽搁，所以将近八点钟的时候才起程，行四十里到达双城。这四十里路程，平坦宽阔，较之以前三天所走的相差多多，毕竟用过一番坚忍迈进的精神，走过一段崎岖难行的山路，终会到达康庄大道。在双城休息片刻，继续前进，走不上二里，又慢慢地走着山路了。这山叫大庙山，顶上有个大郎庙，想必是纪念从前杨家将东征西讨的勋绩吧。由大庙航山十余里，到杨家台子，共五六个村庄，回汉杂居，据说十七年回汉仇杀的时候，这个杨家台子的回汉人民，很能相互维护，匪来，回民掩护汉民，军来，汉民掩护回民，足见回汉仇杀，不是必然的事，只是凭着素常的关系和感情。再行二三里到土门关，从双城到土门关二十里路程，竟是一片青山，而河水（夏河）湍急，令人气概舒展，山麓河旁，田亩阡陌，绿树成荫，农村居民，均忙于收割，男女操劳，耐苦精神，一望而知，天气温和，有如江浙四五月间。夹衣轻骑，几疑身在画中，将近土门关之际，忽然乌云四合，山峰糊涂，好似大雨倾盆，几在顷刻之间者。及抵土门关，因歇马，河水绕店以流，竟夜潺潺之声，入于耳鼓，倚枕思乡，不觉午夜之将至。

八月一日，昨夜狂风怒号，应和着水声，引起了内心的思潮。午夜以后，方才入梦，脚夫们纷纷起身，催赶行程，那时只上午二时许，星波颤动，一若报知为时尚早者然，因仍裹被，置若罔闻。四时余起身，穿棉衣，骑骡子径入土门关而达番境——拉卜塄，是时日光未出，寒风袭人，好似江浙冬月天气。行十里到晒经滩，相传唐僧由藏取经曾晒经于此者。滩旁有经塔一座，寺院一所。再十里抵清水，亦有寺院，该寺依山南向，景致绝佳，因憩息于清真馆稍进面条。又二十里到桥沟，亦有寺院，再十里经红墙而抵草口，沿途均有寺院。是时适值下午一时，烈日当空，炎气逼人，与晨间温度之较，相去竟至数月。再廿里经王朵滩而抵里索索坝，歇店均系回民开设，相顾之余，人畜混乱，肮脏不堪。后来找到一家稍稍清爽的店，他看黄君穿的军服，不容我们住歇，经我说了一番好话，允准多给些钱，才答应了我们。里索索坝也有寺院一所，叫沙沟寺，就是拉卜楞寺院第一世活佛嘉木样出生的寺院，沙沟寺屋宇很多，惜以精神疲乏，未能游览。今日沿途所见，除寺院外，男女番民，亦频频入目，他们都穿着不装面子的皮衣，戴着皮帽，赤着脚在田间工作，或是在河边背水，他们的装饰，充分地引起了好奇心，和兴奋的精神。

八月二日，歇店里简直没有东西吃，早晨盥洗后，就乘骡沿山麓向西南行二十里，到达山唐。一路青山绿水，胜过前几天所过的路程，尤其是离山唐不远的地方，满山树木，而山脚下的平原，也是蔚然树林，加以奇石纵横，乘骡其间，心神为之畅达。夏河水湍急，木桥两架，横过河面，虽上海黄浦滩公园，较之有逊色。既抵山唐，买二指宽面条一盘充饥，再行十里，有大石耸立山麓，高可二十丈，石顶长古松一棵，苍蔚可观，石名长石头，状似孤立而不群者。又二十里经马莲滩，而抵拉卜楞矣，由番兵司令预为筹划，宿夏河县教育局。

061~066

第十一章 众族杂居的拉卜塄

11. 众族杂居的拉卜塄

历史上曾经有过许多冲突
现虽成立县治界址尚未清

历史的探讨

拉卜塄藏族的源流及其演进，中国历史素无记载，在古时西藏是西南徼外诸羌的地方，也就是三苗盘踞之所。据一般学者考察，谓西历纪元前一百十二年西藏牧民十万曰羌人者与土耳其人相连结，攻陷黄河上流之一都市，由此附近而东入中国。自是以来，已于两种族土地之间，筑垒设防，垒状楔形，后乃形成亚西亚洲之大道。纪元前六十年，其地有乱，藏人为所征服，而建设城市以居之，即今日甘肃之兰州。三世纪至四世纪之间，西京（长安），屡为西藏武士所迫，不堪其扰，中国西陲全地，迭被攻击。五世纪西藏形势一变，俨然当保护佛教之任，拥戴称王，欲与中国皇帝相匹敌，印度亦为所辖，自是羌族之名废，而代以西藏族，民族益见复杂。至六世纪，藏族更为发达。

唐代文成公主、金城公主下嫁后，迄至德宗四年正月间，诏张镒利尚结赞立盟于清水，拉卜塄藏族，在唐代已和中国发生关系了。宋时秦州，伏羌诸地，既皆为吐蕃所占，则西邻之拉卜塄，当亦为藏族所占。元初拉卜塄属于元帅府统治范围以内，明代专以释道教化藏族，拉卜塄释教流行，寺院林立，必是当日教化的原因，演成今日必然的结果。清与藏族，关系更深，光绪年间拉卜塄藏族情形，可于平番奏议中,得其大概,"……循化番族,旧只生熟二种,熟番十八族,生番五十二族,大半皆有粮地,又与四川之松潘相近,购办川茶,自行运买,生业稍为宽裕。惟该处有拉布浪(即拉卜楞)大寺,住喇嘛不下二三万人,未免易藏奸宄……"道光二十六年六月陕甘总督布彦泰,陕西巡抚林则徐奏剿洗黑错寺喇嘛及济恶各番情形,"……窃照循化厅卡外之黑错寺地方,番族众多,素称犷悍,其在寺内为僧者,亦系该处番子,平时则率众行劫,犯案则匿犯抗官。其头目所管职事,有香佐、探勒巴、吉哇等名色,皆系该寺喇嘛轮换充当,遇有动众之事,一切号名,悉由寺内传出,各庄番族,无不听从。该寺坐落西北山谷之间,路回径窄,我兵欲攻,先须清理番庄,臣达淇河当将周围路径探确,于闰五月十一日寅刻,带兵进剿,经过番庄,随烧随进。内有索莽古鹿一处,伏贼甚多,经官兵用大炮轰洗,迨行近该寺,有马队纷出迎敌,乃分兵为两翼,一由迤南山岭进发,再稿南山岭夹击,臣达淇河由中路山沟抄入,将该寺放火烧毁,光焰彻宵。次日查点所烧番庄,共三十余处,寺内有僧院四百余所,俱成灰烬……"

历史之由来

拉卜楞前为青海黄河南亲王所管辖,嘉木样一世佛在二百多年前,从西藏学习经典回到拉卜楞来宣教,黄河南亲王就将拉卜楞送给嘉佛建筑寺院叫做拉卜楞,从此拉卜楞寺名,就渐渐变做地方名称。拉卜楞范围内的教权和政权,也就渐渐集中在嘉佛手里。但是就行政的表面管辖权说，拉卜塄地方，原属甘省西宁道循化县，就是现在青海循化县的一区，不久拉卜塄脱离循化县而成立夏河县直属于甘肃。

拉卜塄既属西宁道，所以在过去的时候，拉卜塄曾由宁海军的部队驻防，宁海军的成分，大部分是回民，而且拉卜塄境内，又是回番杂居，文化的不相等和风尚的各异，回番间的纠纷和冲突，是易发生的。在清末民初，番回的冲突，已是愈演愈烈，至民国七年，就发生了番军与宁海军的激战。民国十年，西宁方面拟派队驻防拉卜塄，适有马寿营长，熟悉番民情形，能说番话，通藏文，遂被派往拉卜塄。当时拉卜塄的番民，只知西宁道，不知甘省，所以马营长在拉卜塄，成为一个最高的军事机关，所以一切番民纠纷事件，悉由马营长裁判。其间因风俗习尚的差异，不免滋生误会。

有一天寺僧聚博，击石伤人，各番总办黄位中搜索犯徒，打算没收其财产，马寿从中调解无效，就引起民国十三年六月二十七日的番回激战。当时西宁方面，听信马寿的报告，驰派军队二十七营由甘家滩直达拉卜塄，番兵也聚集三万有零，一时啸喊杀声，枪炮子弹声，笼罩佛地，双方死伤甚多，番兵因缺乏训练，一时四处逃散，嘉佛和黄正清等均逃避兰州，黄在省竭力号呼，吁请援助，及至民十五冬间，前驻甘总司令及肃省长公署，一面应番民代表之请求，一面为促进番民文化，免除纠纷，便于行政起见，决在拉卜塄设立设治局而脱离循化县的管辖。十六年刘郁芬长甘时，派国民军保安队一大队驻拉卜塄，而拉卜塄的西宁驻军，亦于是时撤防，嘉佛和番民也就归来。民国十七年，始正式成立夏河县政府，但界址问题，迄今犹未划分清楚。

粮赋的标准

拉卜塄界限，经由省府决议，大概决定循拉界限，按照西番、南番划分，临拉界限，临潭南北番全归拉卜楞，所以夏河县的粮赋，应以临潭南北番和循化西番南番为标准。

临潭南番江木关寺，阿百寺，木多寺，买什么来寺，拉力关新寺，拉力关旧寺，双岔勿札寺，阿拉丁古寺，花来吉藏寺，洛哇寺，阿古土官，洛哇土官，吉岔土官，阿拉土官，双岔土官，西藏土官，拉力关土官等。原额粮三百十六石六斗五升，每石收钱一串四百文。北番买土官，来多麻寺土官，直格土官，那多土官，那哇土官，新寺，旧寺，多舍寺，扎益寺，播拉，来多麻寺，吉庆寺等，原额粮一百四十八石，每石收钱一串七百文，共钱六百九十四串九百十文，按时值易银批解，此项粮赋，由夏河县政府征收，县政府只知总数，花名粮册，都存在通事手内。

循化南番粮赋，拨归夏河县政府征收的，为黑错且夫寺，额粮三十七石九斗，黑错且净，十一石五斗，那力工，二石八斗，章哇，一石一斗，哈恰货胡同寨，七斗，木垛，四石七斗，常岗，四石八斗，克谢力，三.二石，小坡拉，三.二石，下哈家丁自池，二.八石，牌力，三.一石，思记寨，三.二石，其暗寨，二.三石，黑错寨，一九.七石，多尔替寨，二.九石，西力宁巴寨，一三石，常冈寨，三.七石，甘家且令端住古寨，十四.六五石，甘家塄正寨，六石，下哈多，下哈家尔，下哈只共一一.六石，大力臧寨，二一.三石，下哈家札那木寨，二.三石，下哈家洛洞多寨，四.四石，下哈家隆哇寨，三.七石，沙塘寨及上南拉寨，一七.七石，甘家嚷南寨，四石，甘家那巷寨及甘家化力且寨，一一.三石，作什黑寨，三.三石，上哈矼拭寨及达昂矼拭寨，六.五石，甘家哈什仓寨，六石，以上所述，均属南番粮赋实况。共计征粮二百七十石六斗。

循化西番粮赋，现由青海省同仁县征收，概数如后。吴屯，三一.八石，季屯，二七石，上季屯，一三石，下季屯，一一.六石，脱屯，一六.五石，以上五处，共粮九九.九石。

上隆布，九七.三五石，上隆布，四八.一七五石，上隆布，四八.一七五石，阿巴拉，四一.九八石，合尔索纳黑，一一石，贺尔瓜什济，二四.九石，贺尔多哇，一三.五石，甘家红土破岗拭，四石，以上八处，共粮二百八十八石〇八升。

067~072
第十二章　拉卜塄的活佛势力

12.
拉卜塄的活佛势力

宗教势力愈大行政权力愈小
一切政令均须听寺院的吩咐
耶教另有工作终日拍照洗片

活佛势力

拉卜塄好比是一个很美丽的处女,已经有人向她角逐了,倘使这个处女,不能勤奋自立,她必定要堕落。拉卜塄出产丰富,又处于甘肃、青海、四川的边界,虽是成立县治,界址还没有划分清楚,县内有些地方如黑错陌务等处,教权达不到,教权所达到的地方,有时又非县治境界。拉卜塄回汉藏杂居,各族间风俗宗教文化,各不相同,误会势所难免。英方曾两次派人到过拉卜塄有所活动,倘使康藏纠纷东移,势必到达拉境。拉卜塄寺所属大小寺防,计有一百〇八个,喇嘛总数不下三十万人,因为释教宣化的结果,一般番民,只知寺院,不知政府,只知活佛,不知行政长官,所以拉卜塄寺院统属愈多,宗教势力愈大,而行政力量愈觉其小了。拉卜塄的行政权,虽是有县政府和公安局的存在,还是隶属于拉卜塄寺院,一切行政,非得寺院同意,是行不通的,一切民刑案件,仍是由拉卜塄寺解决的,不管情节如何重大,甚至杀人凶案只是凭着活佛吩咐,就可立刻解决。这样宗教思想深入人心,欲兴办教育,很感困难,招收学生,更是不易。

寺院分布

拉卜塄寺有二百多年的历史,先是拉卜塄第一世佛嘉荣嘉卜,原是拉境内沙沟寺的喇嘛，在西藏研究经典多年，后来奉藏佛的命令，到拉卜塄考察地址，准备建筑寺院。考察的结果就渣悟溪、来洲、生柯滩三处，择取其一，后来决定在渣悟溪建筑寺院。渣悟溪就是拉卜塄，原名札西典，拉卜塄的意义，就是活佛的公署。

拉卜塄既经建筑竣工，嘉荣嘉卜在六十二岁的时候，就任为拉寺第一世活佛。十五年后，嘉佛七十七岁时死了，第二世活佛为嘉迷翁卜，在位六十四年。那时可算是全盛时代，因为经由二世活佛的宣传，教权深达内外蒙古、青海、西康等处。第三世活佛为迷江周，在位也是六十四年，第四世为嘉松土盾江秀，此时教权已入甘、川、青等处，第五世就是现在的嘉荣盾秘嘉贞活佛。年仅十七岁，五岁就位，初时一切事务，悉由佛父黄位中办理，去年方才开始自己办事。嘉佛精神奕奕，每日勤读经典，准备二十岁游西藏以求深造。

活佛的来源，不免有些抽象，当活佛临终时，必定说声投往哪方。然后根据方向，找寻些活佛死的时候所生的孩子们，带到寺院里，将活佛在世用的东西，如碗碟物，混合着非活佛用的东西，摆在一处，然后由小孩们认识，谁认得不差，谁就是继任的活佛。

活佛公署叫做拉卜塄，就是今日的金瓦寺。除金瓦寺外，同时建筑的，还有十八囊欠为当时十八个小佛的居所，但是迄今喇嘛多于以前，管理一切喇嘛的高等喇嘛，亦多于从前，所以囊欠数目，亦已增至三十余所。活佛住的金瓦寺及其避暑的各寺院，以及各囊欠的建筑，都是由番婆当差建筑的，四周以石为墙，上面盖以金顶，画栋雕梁，金碧辉煌，也不用工程师绘图，也没有工头监工，外表内形，无逊于洋楼。楼板由匍拜而下陷的痕迹，深有二寸，有时也有不认藏文的喇嘛，在寺院四周，转着古拉①，寺院有四只大锅，每锅能烹牛四只，容量之大，可想而知。

拉卜楞寺所属大小寺院名称，经调查如下，曼巴仓太桑木塄仓，杰巴仓，丁科仓，杰道仓（以上为五大札仓，均在拉卜楞寺），国莽仓，得当仓，桑拭仓，堪宝仓，贡汤仓，火日藏仓，德瓦仓，阿莽且仓，加仓，加那化仓，扫札仓，年札仓，花来仓，家下郎仓，祇贡巴仓，昂桑仓，襄左堪布仓，巧瓦红可仓（上为八囊欠，总称拉卜楞寺），曼祇寺，九加寺，葛伯寺，他日瓦则寺，朵清则寺，阿曲乎寺，卧空寺，卜拉寺，他瓦寺，杂由寺，黄达寺，日葛寺，加杰寺，札喜寺，曼隆寺，刚札寺，白石崖寺，甘家寺，朵麻寺，拉旦寺，杂二寺，晒经寺，陌务寺，热投寺，叉仓寺，日郎寺，麻日可寺，刚拭寺，其曷日寺，花曷寺，唐突寺，人多麻寺，只朵寺，只曾寺，高来寺，江可寺，上撤麻寺，下撤麻寺，襄拉寺，仓哥寺，协五寺，热贡寺，江胃寺，老瓦寺，南半寺，木多寺，瓦来寺，阿日高寺，唐撤寺，杰仓寺，西仓旧寺，西仓新寺，斜九寺，韦香寺，难务寺，可强寺，达寸寺，科才寺（以上均在夏河）。果麦寺，拉盖寺，金科寺，朵四香寺，色强寺，项来卡等，朵多寺，藏宁寺，五欠寺，四卜和寺，五赛寺（以上均在青海）。扯八沟寺，（临潭）协徐寺，层札寺，其卡寺，国们寺，曾大寺，年赛寺，卡秀寺，四瓦寺，康撒寺，

---

①古拉即贮藏经书的木桶，外面加以油漆，并书南无阿弥陀佛，藏文字样，上下两头，装置两抽屉，一个个地排列在寺院的四周，由男女番民旋转，相传其功效等于诵经。

康根寺，白衣寺（以上均在四川松潘），理化寺，甘普寺，朵旦寺，拭朵寺，桑伯寺，热瓦寺，阿杰寺，麻唐寺，羊丁寺，科来寺（以上均在西康），甘伯寺，只红葛莽赛吉寺，阿秀寺，项东寺（以上在西藏），阿拉佛庆寺，太麦朵庆寺，佐汉卿寺，乔老泰寺，阿子泰寺，巴年阿则寺，陶宾钱宝寺（以上均在蒙古），巴里寺，刘家寺，当郎寺（以上在临夏），甘鹫寺（北平），甘觉寺（五台）。

拉卜塄寺组织系统如后（大小活佛五百名）：

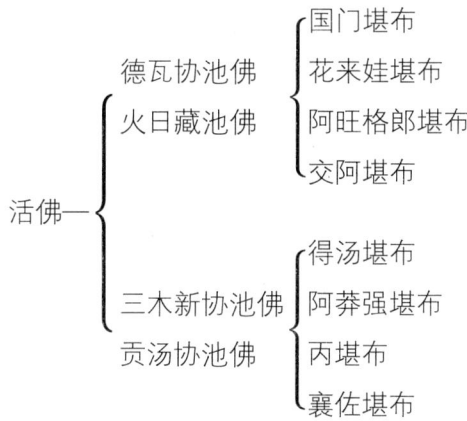

关于管理事务的僧官择其要者如后：襄佐，管理寺院财政；吉瓦，带兵兼治民事；列里瓦，管理僧人僧官；更差布，掌理外交并代表活佛；翁者儿，管理经典。

耶教的地位

除拉卜塄院崇奉佛教外，还有宣传耶稣教的教堂两所，一个叫宣道会，一个叫神召会。宣道会的牧师名叫克利必奴，一般番民均呼之为季牧师。神召会的牧师在两月前遭于匪难。两个牧师到拉卜塄都有十一年了，他们筑建居宅，似有久居之意。教徒每会虽只有七八人，而季牧师处每日往来的番民，约有三四十人。季牧师在拉卜楞照的相片很多，美国出版之地理月刊，也有拉寺和喇嘛的照片，现在又来了一个叫做福曼的人，终日忙于拍照洗片，这也是必要附带声明的。

073~076

第十三章　用牛糞擦碗的番民生活

13. 用牛粪擦碗的番民生活

虽然是个夫妇还是暗中摸索
女的辛劳工作男的闲散终日

番民的生活

生活情形，原须取决于物质的环境，环境富裕，生活也就由满足而渐渐习于奢侈，环境贫困，生活情形只可勉强求一温饱而已。拉卜塄的面积虽是很大，可是都没有垦植，大部分竟是水草平原，许多山顶，也辟为平原，长着水草，而且因为地势甚高，高出兰州二千尺，天气寒凉，米麦菜蔬，比较地难于种植，而且番民也不晓得种植的方法，所以只有拉卜塄东至土门关一带，种植些青稞，而不供给番民的需要。所以番民逐日赖以为生的炒面①，都是从临夏县运来的。从拉卜塄向西或向西南，一带竟是水草，番民的牧畜生活，大都是逐着水草，喂着牲口，张开帐篷，因以寄居。他们的帐篷，大都是黑色牛皮做成，既不透日光，又不漏雨，四面可以随便张开，流通空气，帐篷中间，砌成一尺多高的土墙，将一个帐篷，分为左右两部，一边是男的睡觉，一边是女的睡觉，就是夫妇也是分开睡的，纵然要睡在一起，也不过是帐内的暂时暗里摸索，以后还是分睡的。他们睡着不用

---

①炒面，不是肉丝炒面，也不是虾仁炒面，是将青稞的果实炒熟，然后用磨磨成粉，再用开水泡，用手指搅拌，捏成一块一块的吃。

被子，就是裹衣而眠，帐内安置铜锅一只，放些已经晒干的牛粪，做燃料。有时来了客人，就抓一把牛粪放在碗里，将碗摩擦几下，取出粪渣，也不用水洗，或是盛乳茶，泡牛油①，炒面，贮酸乳子，②以敬客。我到甘家滩帐篷里去，亲自看见过这样的干洗碗，也曾亲自用过这样的干洗的碗。他们的居住，没有定所，是以有无水草为标准的，因为牲畜繁殖，所以番民除以炒面充饥外，有时杀羊为食，名曰手抓羊肉③，或是将生牛肉晒干吹干，若干时以后，用刀一片一片地切着吃，叫做牛肉干子，这是算很好的食品了。番民的衣服，不分春夏秋冬，都着皮衣，所差别的，就是毛的长短而已。他的皮衣，是用羊皮缝成的，并不装什么布，或是绸缎的面子。最有趣的，就是不问男女老少，不问天气怎样，都戴一顶雪白的羊皮帽子，好像土耳其的式样。他们不着袜子，竟是赤脚的多，不问男女番民是绝对没有一个人抽鸦片烟。纸烟，或者水烟，都不甚高兴。番婆子没有缠脚的习俗，所以绝对的没有一个小脚女番。比较开化而富裕的番民，也着布衣、布袜、布靴，不过红色的居多。番民的生活，因为环境的支配，非常简单，也非常贫苦。

---

①牛油亦名乳油，将鲜牛奶放在木桶里再用小桶捣搅，使乳油上浮，凝结在小木桶里，然后取出慢慢使用。
②酸乳子也是用牛奶做成的，先使牛乳发酵，变为酸味，然后制成似凝固而不甚凝固如石膏豆腐一般，其味酸而凉，可以去暑。
③手抓羊肉是将生羊肉放在滚水里或生水里洗一下，也有不洗的，用挂在腰间的刀子，一片一片地割下来吃。

番民的生活，固然是很简单而贫苦，然而男子生活的优异，与女子生活的勤苦，相去殊远。男番唯一出路，是离开帐篷，进入寺院，充任喇嘛，终日拜佛诵经，既有金屋可居，又不忧衣食。可是番婆子就不然了，她们终日操劳，家庭一切任务，不问是牧畜、背水[①]、缝衣，都是她们的责任，就是没有出家留在家里的男番，也无所事事，他们的生活，只是荷枪骑马，优游郊外，从事猎狩，不过在寺院附近的地方。不问男和女，老和幼，贵和贱，贫和富，他们有一个共同的生活，就是一个有了空闲工夫，就转着番院，周围足有十里路程，口中喃喃诵经手转古拉，或者转着经塔，也有匍匐在地面上转经塔转寺院的，甚至活佛养的一只白羊每天也要转寺院两三次。他们这种共同生活的意义，就是诵经修行。

　　概括言之，番民生活，因为物质环境的不宽裕，也就很简单了。因为佛教盛行，男女诵经，转古拉，也成为极普通而必要的功课。他们的基本生活是游牧，所以番民的衣食住是完全仰给于牲畜身上的。

---

①番婆子背水，是用根绳子，两头扣起来，一面套在头颈上，一面套在水桶的中间，然后将桶底移在背后，慢慢地将桶底支在背脊后腰间，颈间的绳子，移到两前肩上，慢慢向前走，桶稳水平，没有一滴滴流出。

077~081
第十四章 女权制的番民风俗

14.
女权制的番民风俗

全部的家产都挂在身上
小孩只知有母不知有父

番民的风俗

拉卜塄的番民，比较算是开化的，他们的风俗，并不算得怎样野蛮，也不像道学先生们所咒骂的那般无耻，除非有成见、有作用的外人，或是绝无见识的人，开口就是卑鄙，闭口就是野蛮。我只晓得人类的进化，都是从原始社会来的，所以我对于番民风俗，不觉得稀奇，也不敢咒骂，而且番民风俗，有些场合，很像日本人或是西洋人，我们为什么要效法东西洋的习俗，而偏偏要鄙视番民呢？

番民大都是信奉佛教的，每个男子，都有当喇嘛的义务，享受喇嘛所惯享的权利。一家有两个或两个以上的儿子，只能留一个在家里，其余的都要送到寺院里做喇嘛，女儿留在家里承继。因为他们当了喇嘛，只是诵经拜佛，无所用其心思，所以他们的思想，比较简单，他们的知识，也比较幼稚。因为他们男子都当喇嘛，种族的生殖力比较薄弱得多，而女多男少，也成为必然的结果。

番民对于生殖器，看得非常平常的一件东西，这是没有什么稀奇的。番婆子不穿裤子，他们穿着圆领长袍，一直拖到脚面，腰间束着一根红带，有时赤足，有时穿靴子，要费去四五个钟点，将头发编成无数的小辫子（每月只梳一两次），拖在背后，装在唷哇里。这个唷哇是布做的，是番民家产的测验器，有钱的人，唷哇上装着很多的黄腊、玛瑙、珊瑚、银盾。大概要值两三千元不等。最普通的，也装上十几个银盾，值几百元。最贫乏的，装上几个铜的，就算了事。耳环很大，也有装上宝珠等等东西的。腰间挂着一铜钩或是银钩，叫着乳钩，原来是取牛乳时候，专为挂乳桶的，现在也成为装饰品了。她们为什么要将家产完全装饰在身上呢？这也是受着游牧生活的支配。她们是逐水草而居，迁徙无定，将家产变为装饰品，装在身上，迁徙帐篷的时候，可以省却一种麻烦。

男子也穿圆领长袍，比较女人的短些，腰间挂一小刀，还是为吃羊肉的时候预备下的。他们吃肉用刀子，好像西洋人用刀叉一样，喇嘛都是披的红布，不问男女，右臂时常露在外面，好似比赛裸体美一般。

番民的婚姻

绝对自由，只要男女双方同意，双方家长绝对不能干涉，所以他们从来没有受过婚姻的痛苦。男女两人相处很好，他们可以瞒着家庭，离开家庭，到山洞里试验同居一些时，就是实行野合，在这时候家长也不追求他们的下落。在外面居住了一些时，然后回到女的家里，实行同居，或是由男的央媒说合，得到对方家长形式上的同意以后，也是在女的家里成婚。在番民里没有娶妻的说法，只有嫁夫的事实。至于他们的离婚，也很便当，不要律师撰状，也不用到官厅起诉，男女任何一方不同意，便构成离婚的事实，不过是男子离开女的帐篷就是了。倘使生育了儿女，却是妇女抚育，因为在番民家庭里，女的能生产,女权高于男子,就是母权制,所以很多的番民,只知有母,不知有父。

谈到番民的丧葬,也另有一种仪式,番民生了病,只有将辛苦所得或是牧畜换来的银子,送到活佛那里,拜求活佛。活佛教医治就医治,教诵经就诵经,教转古拉就转古拉,教怎样便怎样。活佛的权力,直是高于一切,番民因病不医而死的很多。在将要死的时候,用绳子缚着头和脚,连成一体,成一圆圈,然后放在牛背上,上面覆以红布,送到天葬的山谷里,供雕鸷鹫鸟吃。倘使不多时,就被鸟类吃完了,死者的家庭非常荣幸,因为死者是一生行善,才获得这样的善果。倘使飞禽不吃,死者的家庭,必定聘延喇嘛诵经,祈祷减罪,有时用刀子将尸体解剖,必要鸟类食尽而后已。

不过有两种人是不用天葬的。活佛死了用火葬,将尸体焚成灰,然后用银质包裹,放置寺院大殿中,供僧民礼拜。还有一种生癞病的人,是用土葬,这种病据说脱落眉毛和头发,我想大概就是梅毒罢,或者就是麻风吧,因为这两种病,番民患的很多。

说也奇怪,拉卜塄天葬的山谷叫做朵寺沟,我去看过两次,一只鸟都没有看见,据说尸体一经到了朵寺沟,焚柏成烟,雕鸟就成群而来。雕鸟色白,大如小羊,在番地是不许任何人侵害,番民呼之为神鸟。

再说到番民集会的习俗,他们每年有四个集会的期间,就是古历正月、二月、七月、九月。七月初八日的集会,叫做日札会,那天我适巧在拉卜塄,所以能冒着细雨到大吉前空场参加这个大会。一忽间雨停了,日光也穿射着浮云普照着大地之上,一时男女麇集,大概有五六千人光景。据说"九·一八"以后,皮毛不得销售,商业萧条,所以比较往年的日札会，也就冷淡多多。寺院的喇嘛饰着，两个表演的喇嘛，两只野鹿，两只猎狗，和两个猎人，喇嘛尽是坐着唱，唱的是经文，猎人、鹿和狗相互地舞着，相互地歌唱，应和着音乐的节拍，首先是很凶野的样子，后来渐渐的驯良了，推其意义，无非是化装宣教，然而他们的跳舞和唱歌，也有艺术上相当的价值。番民在终年劳苦勤奋生活当中，规定了四天，作竟日的娱乐，未尝不是优良的风俗。

除这种集会以外，番民对于祭祀，也非常郑重，因为他们没有科学的常识，他们以为凡是牧畜、种植都是凭天赐予，所以他们有所谓祭天祭山的仪式，每年五、六、七三个月为祭山的时期，他们有时猎狩，终年牧畜，他们的生活，全凭山间的野兽和平原的水草。祭山神的仪式，就是在山顶上竖着很多的木杆，上面缚着布条，布条上写的经文。祭天的仪式，就是多焚柏枝。这种举动，无非是表示他们的欲望，要天神赐予他们很好的天气，要山神赐予他们很多野兽。

最后要说到一种最惹笑的习俗，一般男女番民对于活佛的尊崇，简直尊崇到一万二千分。他们要见活佛，是很不容易的事，倘使见着活佛说上一两句话，算是无上的光荣，倘使活佛在男女番民头上用木鱼槌敲了一下，那更是光荣得不得了。有时活佛骑马出了寺院，他们都要匍匐在路的两旁，向活佛磕头，还有在后面没来得及磕头的，他们就立刻赶快跑上来，用额头在活佛骑的马的脚印上，摩擦几下，也算光荣的事。他们的心理，一则是崇奉活佛，一则是以为活佛的一举一动，都能够替他们消灾降福。

082~088
第十五章 拉卜塄的教育状况

15. 拉卜塄的教育状况

番民只知诵经拜佛
视学校为极大畏途

教育的概况

拉卜塄的居民，藏民居多，回汉仅居十分之二，回汉人民大都住在拉卜塄街市上，做些买卖。因为民族的分子不同，所以学校也就不同了，在拉卜塄有两个小学校，一个是藏民文化促进会立第一小学，一个是夏河县立第一小学，两校的概况，分述在后：

拉卜塄番民，只晓得诵经、牧畜，原没有受过教育，也没有受教育的机会。他们因为宗教风俗的关系，时常和异族发生争执，甚至冲突，尤其是在明末清初，闹得更是厉害。及至民国十三年简直是愈闹愈烈，番兵失败，番民逃往各方，拉卜塄寺活佛嘉木样呼图克图也逃走了，那时各番兵共推嘉佛长兄黄正清为总代表。向省当局呼吁，并电政府，及各省当局予以援助，以求民族间之真正平等，藏民自决运动开始于此时，而藏民教育也从此萌芽了。

当时黄正清居住兰州，受着汉族文化和世界潮流的熏染，深知要发展藏民教育，才能维持藏民的生存，所以在民国十五年就在省成立了藏民文化促进会。推求该会的宗旨，是导入汉族的文化，提高藏民知识，企求民族间的平等。当时公推黄正清任会长，邵光宇、杨真如、罗占彪、黄祥及僧官多人，任该会委员。藏民文化促进会成立的第一步，就是要在藏民多的地方设立藏民学校。民国十六年拉卜塄驻军撤退，拉地的纠纷渐渐平息，拉地番民也渐渐回来了，而藏民文化促进会，也就从兰州迁移到拉卜楞，这个时候就是藏民文化促进会开始创办藏民学校的时候。

学校固然是决议了开始创办，而招生的困难，竟出乎意料之外的。藏民一向没有受过教育，没有进过学校，只晓得诵经拜佛，视学校为畏途，尤其是固执成见的番民，甚至仇视学校。用感化宣传的方法招生，既无结果，因为感化宣传不是短期间所能奏效的，用强硬的手段强迫入学又恐怕引起反动，所幸该校校长是由黄正清兼任，黄君既是呼吁的总代表。又是嘉佛的长兄，番民未敢执拗，招收了六十九个学生，就于十六年十月间开学了。

当时藏民文化促进会的计划，还算周详，预备每年招收新生三十名，十年后，就可相互教授，藏民教育也就得以进步，可是经费困难，不免发生障碍，然而能够维持到现在，也是很不容易的事呵。

该校教职员石寓玢、孙应麟辈，都能认识清楚番民生活困难情形，和番民不信任学校的思想。学生的衣服学膳宿等概由学校供给，学校的负担很重，而且每年地方情形又不甚好，所以学生渐渐减少了。

民国十七年，拉地发生匪乱，学生有遭难的，也有逃避他处不能返拉的。十八年全境遭着旱灾，经费很感困难，向省方请求，十一月得省方允许，每月补助三百元，及至十九年春间学生仅余二十余名。其实在游牧社会里，固定的学校，要招收很多的学生，当然是件困难的事，学校当局抱定宁少毋停的主张，继续办下去，可是省补助费，受着省库的影响，有时不能按期发给，所以在民国二十年三月夏河县教育局由丁明德等筹备成立，购定县立第一小学校址的时候，就将藏民学校改为藏民文化促进会立第一小学，迁入县境第一小学内。这种暂时的迁移，当然是受着经费的驱使，然而沟通汉回藏民的语言文字，也未尝不是一个机会。

藏民学校的学生，虽然只有二十一名，然而该校学生的成绩，据测验的结果，总算是在水平线以上，他们现在都能说汉话，能读汉书，都不爱做喇嘛，并且很爱替藏民办事。十三个学生的测验结果，写在下面，且从此表找出他们的思想和智力吧：

学生姓名	读汉书你懂吗	老师说的汉话你懂吗	你会说汉话吗	你要做喇嘛吗	你爱做什么	为什么做那个	你是哪国哪省人
吴振纲	懂	懂	会	不	公务长	藏族解放	中国甘肃人
万邦兴	同上	不全懂	不全会	同上	大总统	保护中国	同上
赵光华	同上	懂	会	同上	教番子读书	提倡番民教育	同上
张景华	同上	不全懂	同上	同上	当学生	多读书	同上
白瑜	同上	同上	同上	同上	同上	同上	同上
黄培德	同上	同上	不甚会	同上	同上	同上	同上
康永年	同上	同上	同上	同上	同上	番民不同化	同上
罗长奇	同上	懂	会	同上	商人或学生	同上	同上
邵德宇	同上	同上	同上	同上	干差事	同上	同上
罗永芳	同上	同上	同上	同上	同上	同上	同上
罗永恭	同上	不全懂	会	同上	同上	同上	同上
罗园南	同上	同上	不甚会	同上	同上	同上	同上
华德福	同上	懂	会	同上	同上	同上	同上
李迪民	新生						
黄文原	同上						

附注

（一）李迪民、黄文原均未测验，因为只本年入学，已测验各生，入校均为五年。

（二）番民无姓，各生入校，由教授指定之。

（三）学生父母均为番民。

当我测验每一个学生的时候，先教他写出自己的名字，然后用汉话问他，要他用汉话答，除得了他们思想和智力的标准，并且还明白他们对于汉文、汉语的程度怎样。此表虽甚简单，然而这是一个当面而实在的测验，从这个测验，我们可以决定藏民学生，是有相当成绩的。

夏河县立第一小学的学生，有父是回民母是番民，也有父是汉民母是番民的。从这里下一个详细测验，可以得到人种学和优生学上的学理，因为该校放了暑假，关于成绩方面，只好根据教师牛兆麟、邢培仁、张恒的报告，而制成一纸。

高级一年级

学生姓名	国语	算术	平均分数
丁维刚（汉）	八七	九九	甲上
夏世祥（汉）	七二	九〇	甲
绽仲科（父回母番）	六八	七七	乙
张四维（父汉母番）	六六	七九	乙
宋原德（汉）	七二	七七	乙
韩学仁（汉）	六六	六一	丙
庞建勋（汉）	六五	六八	丙
景福（汉）	八五	八二	甲

（一）汉生成绩比较回生或父汉母番或父回母番成绩优良。

（二）父汉母番学生比父回母番学生成绩比较优良。

（三）此种测验，因时间偬促，亦不敢遽以为准。

以平均成绩为标准，汉生成绩比较优良，父汉母番和父回母番学生相等。

初级四年级

学生姓名	国语	算术	平均分数
马明德（回）	六八	八〇	乙
陶又谦（回）	五六	二〇	乙
罗成勋（汉）			
马尚泽（回）	六八	八四	乙
马秉钧（回）	七三	八九	甲
马世麟（回）	六〇	六四	丙
蒋占元（回）			
马逊（回）	七二	八九	甲
王作仁（父汉母番）			
李效白（汉）	六八	九七	甲

四年级学生，回生占十分之七，本无所比较，以平均成绩看，回汉学生比较优良，而父汉母番之王作仁未与试验，无从比较。

初级三年级

学生姓名	国语	算术	平均分数
张昌（回）	五七	七九	丙
夏世斌（汉）	六二	七八	乙
丁树德（汉）	六五	九三	乙
马荣（回）			
马玉琦（回）	六〇	九六	乙

戚文仲（父回母番）	七三	七七	乙
张维宝（父回母番）	六九	八五	乙
杨化龙（汉）	七三	九九	甲
王尚元（汉）			
王荣（回）			
马尚德（回）	七〇	九二	甲
李昌明（汉）	五五		

以平均成绩看，汉回学生成绩比较优良，而汉生又略好些，父汉母番学生，成绩较之父回母番好些。

初级二年级学生以平均成绩看，汉生成绩比较优良，父汉母番或父回母番学生只各一人，而父回母番学生马又骐，未与考试，无从比较。

初级一年级，汉生居多，无从比较，父回母番学生，成绩比较父汉母番学生好些。

089~094
第十六章 县政府权力只及半条街

16. 县政府权力只及半条街

番民只知寺院不知官厅
杀了人照例是不偿命的

实业的鸟瞰

（一）商业　拉卜楞大小商店一百八十余户，大都是汉民、回民开设的，那里也有商会的组织，最大的商店就是皮毛商，因九一八中日事件发生以来，拉卜楞的皮毛运到天津的成本，比天津的市价还高些，所以拉卜楞的皮毛停滞，不能出售。全境赖以活动的皮毛商业既经停滞，全境经济情形也很枯竭，拉市交易，除各商店外，在市院前空场还设有一个市场，每天早晨，陈设很多小摊，大都是卖的佛珠，红布，麦，面，盐和马匹等。这许多东西，都是番民逐日必需的生活品，及至下午一时，各摊都拆卸了，所谓日中为市，大概就是这样的情形罢。

（二）农林　番民一向过着游牧生活，对于农业，无所研究，从拉卜楞市东至土门关一带，有种青稞的。由拉卜楞市向西或南，竟是水草平原，一个广阔的天然牧场，没有种植青稞的地田，拉卜楞全境的农产——青稞——不够番民的需要，其他农产如菜蔬等，也不种植，所以番民赖以生活的炒面，全是从临夏运来的，还有的东西从青海，西藏，印度运来的。

在拉卜塄境内，农业固然不甚发达，然而林木却很茂盛，拉卜塄境内山田很多，满山都是松柏，尤其是在拉卜塄寺（即夏河县治所在地），四周因山，更是蔚绿得有趣，每天早上步行其间，鸟语花香，殊能引人入胜。拉卜塄四周皆山，山麓下的平原，建筑着辉煌灿烂的寺院和川流不息的夏河（据地理学家说，即是离河），形成了所谓金盆养鱼的形势。山间全是森林，大都是寺院经营的，历年来砍伐的很多，然而未曾砍伐的犹是蔚然可观。在这个天然树木成林的情形之下，最感缺乏的就是农林指导机关，只知砍伐，不事种植，数十年后，拉卜塄的青山，将尽为童山了，倘能一面砍伐树木，一面种植树苗，造成用不尽取不竭的林木，那才不愧天时地利的赐予呢。

（三）*出产*　拉卜塄番民过的是游牧生活，所以拉卜塄唯一出产就是牛、羊、马匹和皮毛等。这许多出产，没有一个正确的统计，只可以从税收方面，推得来一个概数，然而这个概数，只能说是一个数目，其中有若干成分的正确，实在不敢下一断语。

民国十九年消费局的税收，算是最高额，一年中收到十一万四千几百元，后来财政厅就规定这个数目，作为比较数。据税收的章程，每二百四十斤熟羊皮，须纳四十八元五角，若以税收的半数为羊皮捐的总数，那末每年出口当为二十五万斤，已做熟的羊皮，每张估作一斤重，每年约产羊皮二十五万张，又据税收规定羊毛出口，每百斤纳四元，若以税收的余数算是羊毛的总数，那末每年出口的羊毛约为一百四十万斤。这是出口的概数，还有未曾出口留给自用的，或由四川边境松潘出口未经纳税的，又不知多少。总之，羊皮和羊毛的出产，一定在这两个概数以上。又据前设治局的调查，每年产牛二千头，产羊十万只[①]，马八百匹，麝香二百余个，鹿茸数架，牛黄四五个。这几个数目，用什么标准计算出来的，却不知道，即使有什么标准，充其量也不过是个概数，暂时写在这里，容等将来再纠正吧。总而言之，拉卜塄最丰富的出产，就是牛、羊、马匹、羊皮和羊毛。

除此以外，还有札油山产，秦艽和角麻，角麻好似小山芋，烹粥吃，味甚甜，相传就是唐僧去藏时所食的长寿果。

军队的组织

当我从临夏进土门关，拉卜塄境界，一直到拉卜塄，没有看见整队的番兵，也没有番兵查询，只是在路上遇着番民，骑着马，荷着枪，好像是去打猎的。在拉卜塄住了几天，番民司令部下令出征郭门寺一带，又没有看见整个大队向前迈进，只是看见三五个一堆，十几个一堆，或是几十个一堆，都是荷枪骑马，向前推进。他们的服装，不是一律的，好似在土门关一带看见的猎者一般，经过一番调查，这才明白，番兵的组织，最高的军事机关，就是番兵司令部，黄正清担任司令，下分三个骑兵团，番兵尽是骑兵，因为环绕皆山，而且番民富有马匹，黄正本、黄祥、杨步云分任第一团、第二团、第三团团

[①] 出产项下，每年出产羊皮二十五万张，产羊十万头，数目不符，而且不符得无理由，岂有产羊的数目，低于羊皮的数目，其中的理由，就是羊皮的数目，是据税收估计的，比较稍有标准，羊毛数是以前设治局约计的，这两个数目，不过是两个数目而已。

长。他们不是采取募兵制的，所以没有固定的兵额，平时司令部没有多少兵士，一经军事发生，只要司令部发出集合的命令，便相互带领着各庄的番民，可以立刻集合几千或几万兵马不等。番兵的组织，是兵民不分，散则为民，合则为兵，兵士的枪弹马匹粮食，都是各自预备的。不用司令部筹饷，至于粮食帐篷用具的运输，全由番妇驱牛载运的，这种组织来源，完全由于部落组织演成的。每个部落的财产（牛马骡羊牲畜等），一旦遇了外来的掠夺，全部落的人立刻配刀荷枪，由酋长带领着抵抗，所以团部和司令部就好似高级酋长，其实司令部的行动，还是受命于活佛的，番兵的非募兵制的组织，诚然很好，然而平时没有集合训练的机会，也未尝不是缺憾呵。

行政的状况

普通说，拉卜塄就是夏河县，夏河县就是拉卜塄，其实稍加研究，严格地说，这个普通说法却是发生了问题。拉卜塄是代表拉卜塄寺院教权的范围，夏河县是代表夏河县行政范围，这两个范围不是同样大小，教权的范围比较行政的范围大得多，拉卜塄教权能达到青海、新疆、内外蒙古一带，然而有几处行政范围以内的地方（黑错、陌务），也非教权所能达到。在这样情形之下，所谓拉卜塄的行政，就是指的夏河县的行政，其所以不用夏河县的字样，就是夏河县除去十分之二的回汉人民以外，尽是番民，这里用番名（拉隆渐渐变为拉卜塄的意思，就是暗示番民特别多，是无异番民的行政）。

十七年成立了县治，因为界址没有划分清楚，也没经过全境的测量，面积若干，只好大概求一个数目。该县东连临夏，东南接临潭，西南邻青海，西连贵德，南与川边相毗连，全县面积，大约三千二百余方里。在偌大面积以内，县政府的政令，只能达到拉卜塄的半条街和黑错、陌务一带。县政府邻近的十三庄①，政令都达不到，因为在夏河县范围以内，居民大都是番民，番民大都是只认识寺院，不认识政府，只认识活佛、土司、列里瓦②，不认识行政长官。所以番民尽是向寺院纳税，不会有分文纳到国家机关，所有一切案件，都是喇嘛、土司、列里瓦解决，而没有片纸只字请政府予以裁判的。所以县政府每年的丁粮，不过二千元，每月常费则定七百余元，全是藉着牲畜、屠宰两税维持的。

这种情形，是番民生活遗留下来的陈迹。游牧生活本无定处，一切行动，均受制头目或酋长的命令，而且宗教的信仰，已成为牢不可破的势力，此所以番民只知寺院，只知服从头目土司。然而官厅方面，不能循善导诱，长官不能深入番民，联络头目，未尝不是政令不通行的最大原因，而且解决番民纠纷，是不能完全应用法律的条文，必得依据他们的风俗，而有一个适当的解决办法，番民方才信服。记得有一次，寺院喇嘛打死一个番民，县府照法律条文办理，将喇嘛拘捕监禁，从事侦查杀人的动机，番民均不甚服，因为番民杀了人是不偿命的，只要估价，赔以牛羊就行了。

---

①十三庄，在藏语原无此名，称为佛属四处。所谓十三庄，是汉民以民庄共有十三处，因而呼之，但现在民庄渐次增多，已不止十三庄矣。据调查庄名为（一）上他哇，（二）下他哇，（三）满克日，（四）日渣，（五）福地，（六）洒桑麻，（七）夷群塘，（八）萨衣囊，（九）奥曲，（十）唐纳荷，（十一）来日节荷，（十二）酒朵日，（十三）来周，（十四）嘉伍，（十五）浪何日，（十六）浪克日塘，（十七）孟那贺。
②列里瓦系藏语译音，是土官的一种，比土司高一些。

095~099
第十七章 宝藏丰富之甘省矿产

宝藏丰富之甘省矿产

五金煤盐俱备
石油陶土尤富

在兰州耽搁了几天，蒙张文郁君供给了许多关于拉卜塄的资料，七月廿六日，我们已决定离开兰州而赴青海了，不料天忽大雨，未能成行，青海考察团同人只得继续在兰调查各项状况。兹再将甘省的矿产情形调查如下：

矿产的概况

甘省矿产，分布甚广，五金煤铁俱备，其最著者为皋兰之阿干镇煤矿，玉泉赤金堡石油矿，以及高台酒泉之金矿。惜交通阻塞，益以天灾人祸，未有大规模之采掘。兹将该省矿业之概要分述于次：

矿产种类

煤　皋兰，会宁，定西，榆中，洮沙，临洮，静宁，靖远，固原，隆德，红水，登县，永登，武威，永昌，山丹，东乐，张掖，酒泉，玉门，陇西，漳县，岷县，临潭，武都，天水，清水，华亭，庆县，甘谷，两当等县。

铁　庆县，两当，徽县，成县，西固，甘谷，天水，会宁，皋兰，岫县，红水，古浪等县。

金　天水，清水，临洮，榆中，皋兰，古浪，永登，东乐，张掖，酒泉，高台，玉门，安西，敦煌等县。

银　成县，西和，临洮，宁定，临夏，山丹，武山，两当，永登，等县。

铜　西和，洮沙，临潭，靖远，红水，武威，皋兰等县。

石油　玉门，酒泉，金塔，敦煌等县。

水银　文县，武都，徽县等县。

铅　靖远，永登，成县，岷县，平凉，文县，武威等县。

盐　西和，礼县，漳县，靖远，民勤，高台，敦煌等县。

陶土　华亭，皋兰，登县，永昌，山丹，高台等县。

矿业各论

（甲）皋兰阿干镇煤矿

沿革　阿干镇一带煤矿，于逊清康熙间即已采掘，嗣以花门变起，屠杀过甚，以致过去情形，无法考查。同治间汉人迁徙该处者渐众，此矿复行开采。现时小山顶采煤者共八家，皆系商营。阿干镇两洞，古城坪两洞，柳树湾两洞，均系建设厅于民国十八年开办，柳树湾煤从在陆仙槎督军时代曾凿竖坑一，深二百五十尺，卷扬机及建筑物，费款三万余元，尚未见煤，迨刘郁芬时代，改用土法，费款三万余元，而收入仅二千余元，旋即停止，矿洞租与商人开采。十八年十月起柳树湾两洞月租共十四元，阿干镇一洞，月租四元，现时开采者仅鸿丰一洞。

位置　兰州正南距小山顶四十里，柳树沟四十三里，阿干镇五十里，距兰州二十里地尚平坦，再南地势稍高。

交通　坑内运道，因见煤即挖，故曲折而小，运输困难，坑外由阿干镇至小山顶八里，每驮（约一百四五十斤）运费二角，小山顶至兰州每百斤运费三角三分（大车能装一千三百斤。车资四元）。由阿干镇至兰州，每吨运费，约五元七角。

营业 销场为临洮，洮沙，临夏，兰州等县。临洮烧煤人口约五万，临夏二万，洮沙五千，兰州十万，每年可销煤一万吨左右，其中以兰州为大宗，每年约销六七千吨。兰州煤价，末煤每百斤一元，块煤每百斤二元，煤砖（每块十四斤，末煤百斤掺黄土六十四斤，和水制成煤块）每块售洋九分。

煤层 地质时代属石岩纪，煤层厚度由二尺至三丈不等（二三十尺十余尺五六尺三四尺不等），小山顶煤层走向东北十五度，倾向东南，倾角四十五度，阿干镇煤层走向西北三十度，倾向西南，倾角三十度，煤质泥状质松有烟多灰分，不能炼焦。

煤量 沿柳树沟凉水泉而至阿干镇，长约五公里，平均斜度约三十度，厚以一五公尺计之，深以五百公尺计之比，重以一计之，应含煤量三百七十五万吨。

现状 柳树沟之泉兴洞深一百五十尺，宝兴洞深一百八十尺，阿干镇之鸿丰洞深一百尺，宝丰洞深一百五十尺。支柱用木由隆山运来，直径寸半，每三根作一架，价约一元。

现有采煤工人七十人（计小山顶六十人，阿干镇十人）。每洞设窝长二人，管辖煤夫四人，挖手四人，每挖手能带煤夫三人，管理煤工二三人，每人能用煤夫二三人，地面业主能用煤夫四人，剁架柴打眼头，捆梢子，各能用煤夫一人，每一工人能采煤二百斤，工资一元。

每吨采煤费约八元四角，运费约五元七角，运至兰州每吨成本约十四元一角，售价约十六元八角，每吨能获利二元七角左右。

（乙）玉门赤金堡石油矿

沿革 逊清同治间，赤金堡土民入山采金，在石缝中发现石油，雇工勺取，命名石油泉。土民取油，该堡驻军年抽捐二千斤。

位置 西北距玉门县治一百九十里，东北距酒泉县治二百三十里，再东至省城一千九百三十里，在赤金堡东南九十里，石油河左岸。

运输 冬春积雪油冻，不能采运，夏日采油装桶，用人力或牲口驮至崖上，由油商自备大车运至赤金堡分销，本地每百斤售十千文（每元换钱三千三四百文）。运出每担纳统捐三元，销行高台、临泽、张掖三县，膏于木轮火车，能经久不干，兰州制造厂、造币厂、织呢厂、电报局，亦购作膏机器之用。

成分 石油泉石油，含汽油百分之一六.五〇，煤油百分之七十，炭渣百分之一三.五〇。干油泉石油，含汽油百分之一四.五〇，煤油百分之七十，炭渣百分之十五.五〇。石油沟石油，含汽油百分之一五.五〇，煤油七十，炭渣百分之一四.五〇。石油热至一百五十度蒸出汽油，至三百度蒸出煤油，余系炭渣。

现况 有大小油泉十一，其中产油最旺者五，赤金堡居民合四大股采油，计张际云、杨天和各占一大股，陈芝和、茹克风、李石如、张锡五共占二大股，冬日各雇一人看守，四五月油渐外出，六七八月产油最多，每股各占二人至四人取油，每隔五日，轮流一次，九月以后，油渐减少，全年约产五万斤。

地质 石油河两岸，冲成深谷，宽二百尺高三百尺，土矿与砾石厚约二六〇尺，红色页岩厚约一〇〇尺，灰色砂岩厚约八〇〇尺，石油沿河东岸砂岩中流出，地层受压，造成一大储油背斜层，距产煤地不远。

100~106
第十八章　骑上骡背进发

18.

骑上骡背进发

历程三日始抵享堂
马粪骡尿充塞旅舍
掌柜惊愕不能煮饭
黄河南北耕事勤惰不同

廿七日上午八时半,我们一行五人,各人带着一个小小的包裹,骑上骡子,西进向青海的原野出发了。在出发前的一刹那间,省政府视察员张文郁等都来送行,当我们初骑上骡子的时候,因为有生以来还是第一次,所以大家都感觉到有些异样,并且这种载重的骡子,走路是牛步化的,因此使我们感到不痛快,可是走了几里路,我们也就逐渐地惯常起来了。出了兰州城的西门,西行二十里,就到白云观,上建着几座崇楼伟阁,景色非常美观,我们便在白云观下面,休息了片刻,再继续前进。行行重行行,我们到了黄河之滨,流水的澎湃声,又在我们的耳鼓旁,奏起激昂雄壮的前进曲。靠着黄河两岸,都是石子的田地,这里种植着大批西瓜,在烈日熏灼下流着汗喘着气赶路的我们,见了这种又肥又大的西瓜,大家不免垂涎欲滴,于是便下骡购瓜,狼吞虎咽了一下。吃罢了西瓜,疲惫的精神,竟为之一振。我们便开始和那种西瓜的农夫闲谈,据他说这种石田,每塪值价三百元(一塪田合两亩半),年可产西瓜七百五十余只,可卖得银一百六十元,每塪西瓜自己须下人工及资本约六十元,再加上捐税十元,获利不能算不大。不过这种石田,种瓜只能连种三年,三年之后，一定要换种麦子，如果石田种满了三十年，一定要把石子翻一下，然后再能生产。大概沿黄河两岸的石田，一方面因为土壤肥沃，一方面因灌溉便利，所以田价比较贵，而生产当然也较他处为丰富。我们沿着黄河的左岸前进，于下午二时到达了西柳沟，就在街上购些大饼及鸡蛋，作聊以充饥的午餐。餐罢再进，所经皆崇山峻岭，这种山岭都另具着北地雄伟的风格，虽不能及到南方山岭的秀美，但也有它特有的伟大性。黄河襟带在群山中，屈曲有致，在下午五点钟的时候，我们各人都举着疲乏的步伐，跨进了新城站的客店中。这种客店，是几所用泥和石子砌成的矮屋子，旅客住宿的房间，只有二三间，房间的对面或隔壁都是马槽，因此马粪及骡尿的臭味，时常充塞在房间中，而半夜里骡马发生打架纠纷的时候，也会使隔邻的旅客，为之坐卧不安。我们到了客店中，第一件工作，便是洗脸沐身，继着便是大吃西瓜及醉瓜，最后吃几碗汤面，吃罢，各人很疲乏的身体，躺在土炕上，昏昏地睡去。翌晨四时半，我们于睡梦中，被骡夫唤醒，擦了一下惺忪的睡眼，又跨上骡子，向前赶路。在晓风晨露中，我们走了十里路，便到黄河渡口青石关，从兰州到这里，我们沿着黄河，已经走了八十里路，沿途我们常常看到靠黄河的田地，都是利用水车来灌溉，这种水车的形态，好像和大的车轮一样，有五十二只水斗，灌溉田地，既不靠人畜的力量，也不恃风力，完全靠着水流的冲激，推动水斗，使满盛着河水的水斗，循着次序，一只只的轮转将水倒进水槽，再从那长长的水槽中，流到田中去。据当地的农民说，这种水车创始于前清光绪年间，相沿迄今，已三十余年，造成这一架水车，须费洋三四千元，大概一架水车可灌溉农田一百数十塅，如果平均计算起来，每亩田利用水车来灌溉，不过加上十元的本钱，便可免除旱灾之患。记者默察他省沿黄河两岸的农民，因不知利用水力，致常常有旱灾发生，而甘肃省境黄河流域的农田，差不多都利用水力来灌溉，所以农产的收获，也较可观。因此，我们可断言，天灾的造成，泰半因吾人不尽人力所致，在二十世纪的今日，惟有竭我们的力量来利用自然，征服自然，才能解决我们的生存问题。同时，记者复感到，如果我们能精益求精把这种水车加以改进，那么黄河水利的用途，范围必定更为广泛。由青石关渡黄河对岸，再乘骡前进，经河湾地方，沿途计有六十余里的荒地，田中仅是些荒芜的乱草，没有一些农产品，可是土地也和黄河左岸的一样地肥沃，并且也可利用水力灌溉。据当地人云，这里的田价，每垧仅售十元，尚没有人敢要，因为这一带田已经赤地千里了十五年之久，我们时常看到许多村落中杳无人烟，所剩者只是些颓垣残瓦，伤心惨目的景象，和陕西西部的各县相像。在下午五时，我们安抵永登县的黑嘴子镇，宿于一家客店中，晚上，有几个便衣的兵士来查夜，对于我们询问了几句也就走了。廿九日清晨，我们五时出发，走到距黑嘴子西二十五里的地方，发现在河的对岸，有一处大森林，占地约数百亩，里面种植着杨柳树及各种果树，远望之林木蔚然，不禁令人悠然神往。上午九时，抵红古城，略进早餐，同时并调查当地情形。该处靠河滨的水田，每垧售洋五六十元，每年可收粮食一担，食盐每元仅可购得十五斤，酱油等竟绝无仅有，土人煮菜，不过放些食盐及酸醋，所以不是咸得难以入口，便是淡而无味。鸦片土每元可购一两八钱，价格殊便宜，所以这地方的人，吸食鸦片，是认为一件极便宜的平凡事。离红古城西行，沿途两旁有许多树木，据说这些树木还是前清左宗棠所植，至今一般人尚称颂左公是对西北怀有大志的一个人物。同时，我们还看见许多果树的园林，累累的果实，满叠在枝头，其中尤以枣树为最多。十一时半抵王家口，进午餐，该处田价，水田每塌五十元，每塌田可产麦三四斗（每斗五十斤），一斗麦售价二元半，捐税每塌年约二十余元，所以农民如果种麦，尚不能维持生活，种植鸦片，则每塌可产六十两，每二两价值一元，每塌可卖得银三十元，除了应缴纳的捐税，尚可勉强敷衍糊口。这地方靠河的农田，因为农民无力装置水车，所以谈不到灌溉，因此旱荒已经有七年，今年雨水比较的多，秋收颇有希望。由王家口西行，沿途多山，每当上坡或下坡的时候，我们须得下骡步行。于下午四时，将到达青海省民和县境的享堂镇，在一座木桥上，我们碰到青海驻军的盘问和检查，我们便拿出马团长的介绍信，去会见团长，因为团长没有在，由团副延见，并殷勤慰问旅途情形，继着我们便过桥抵享堂镇。到了客店，大家席地而坐，休息了一回，便研究当夜的吃饭问题，和我们同路而行的张镇临先生送我们一些白米预备叫我们做大米饭吃，我们便很欣喜地叫客店掌柜来，吩咐他为我们烧饭。不料他见了白米，表示异常的惊愕，因为这里的人，不常见过白米，当然更不能烧白米饭，所以结果还是由团员黄伯遂先生自己动手煮饭。吃罢了这顿盛餐，我们便约几个镇上的父老来闲谈，询问当地的情形，作为我们入青海省境后第一次的调查。

享堂镇一地，共有户口一百五十家，人口一千二百余人，商店共四十家，内有二十家是客店，十数家是杂货小商店。在全镇一百五十家户口中，回教徒占九十户，非回教徒占六十户，回教徒中又有新教与旧教之分，新教派是凭经入教，旧教派是主张凭着人的信仰而进教。这里的回教徒，每天须至阿訇（回教中的掌教者）处礼拜五次，而在青海境内的阿訇，完全由省主席马麟所委派，回教徒的女子，不嫁给外教的青年，而外教的女子嫁给回教徒，也必须经过回教的隆重洗礼。普通回教徒都是在幼年时代经过割礼的，所以很容易辨别。在享堂镇附近的沙田，每坶田价八十元，年可产麦子八斗（每斗八十斤），如果种烟土，每坶可产二三百两，烟土每元可买二两。距享堂镇东北二十余里有煤矿，矿开三里多深的斜井，煤价每元三驮（一驮一百二十斤）。这个煤矿是任人自由去开掘，主人仅取费十分之二，此外漫无限制，所以乱掘乱采，不过见水即停，一些也没有补救的办法。在享堂镇附近的石田，每十年施肥一次，肥料每坶田约一百五十驮，每驮一百五十斤，施肥的时候，先将石子翻开，然后将肥料加到泥土里去。山田上施肥的方法，是先将泥土及肥料堆成像房子一样的东西，然后用火去烧，烧了以后，将这种泥土散布到田中，就算是肥料。这里自耕农很少，泰半都是佃户，田中的收获，佃户与地主各得其半，一切捐税由地主完纳，种子及人工由佃户自理。水田一坶，可产粮食一担，旱田一坶，可产七八斗。关于享堂镇各项物价，为小麦一斗四元，大麦一斗两元，煤每元八十斤，布每元六尺，青布每匹三元，食盐每元四斤，羊肉每斤两角，大饼每斤六分，菜油每斤三角半。该镇有初级小学一所，内有学生五十名，教师一人（系回教徒），每年经费一百五十元，学费一年级生每年一元，二年级二元，三年级三元，四年级四元。因为在暑假期内，所以虽然我们进去参观了一回，而结果仍一无所得。镇上尚有公安局，里面有警察十六名，经费都由镇上的民众供给，平均每家每月出银六角，作为公安捐。客店内如有一个过路投宿旅，他们要收税铜元三枚，一匹小毛驴铜元四枚，一匹骡子铜元八枚。房捐每年纳二十余元，归县政府征收。

晚上，十点钟的时候，天上突然闪着炫目的电光，隆隆的雷声，带来了一阵大雨，狂风夹着风丝，从没有纸糊的窗中打来，落在我们的头上和身上，使我们一个个从甜蜜的梦境中冷醒过来。想到明天如果被雨所阻，心中不免懊恼，但在朦胧中大家还是虔诚地默祷明天的天晴。

　　清晨醒来，淅沥的雨声仍未稍停，仰视天上的云雾，预料天晴是已告绝望，所以大家睡在炕上，都不愿意早起，到八点钟的时候，才懒洋洋地起身。吃罢早餐，雨仍旧下个不停，所以大家只是在这间泥土的房中往来踯躅，谈谈笑话，整理日记，整个的雨天，在无聊苦闷中过去。

107~112

第十九章　几疑此身在桃源

19. 几疑此身在桃源

——由享堂至高庙途中

林间逢隐者纵谈农家疾苦
水里淘金沙不许百姓染指

晚上，因为白昼是在雨中虚度过去的，身体没有一些疲劳，所以大家都转侧失眠，有的在长吁短叹，有的默不作声地在回忆他黄金时代的往事，也有人在呆呆地憧憬着光明的未来。记者自离沪以来，在旅中是第一次尝到失眠的痛苦，所以特别感觉到这漫漫长夜的难以挨过。三十一日的早上，我们起身后，精神都非常快慰，因为那隔别了一天的曙光，复照遍着大地，天上的朝霞，幻出光怪陆离的色彩，这证明今天必定是放晴，怀着急切心情的我们，又可继续赶路了。我们在客店中，洗了脸，把两个大饼装进了肚中后，大家便很兴奋地跨上骡子出发了。迎着饶有寒意的晓风，我们骑在骡上，开始引吭高歌起来，崇山间赶着羊群的牧童，也口哼着当地的民歌，同我们唱和。虽然是南腔北调，绝对的殊异，可是各人当时愉快的心情是一样的。在六点半钟的时候，我们行抵北望乡，这是一个小小的村落，所有的景色，和南方山明水秀之区完全一样。这里有许多的梨树，也有垂着枝头的柳树，有满园的西瓜和蔬菜，也有碧色的溪流，淙淙地在阡陌间曲折交流，几种异样的小鸟，在枝头跳跃欢呼，天真烂漫的乡村儿童，赤着足在路旁徜徉，这些呈现于我们眼前的景象，几使我们怀疑这里是神话中的桃花源。当我们在一个果树园中摄影的时候，碰到一位道貌岸然的老者，他知我们自远道而来，便很殷勤地招待我们到家中去休憩。他的家里，就在果树园对面的土墩上，客堂内悬挂着名人的书画，一切的陈设，都井井有条，没有丝毫流俗的气味，好像这里面的主人，一定是位僻居深山的隐士。一度寒暄之后，我们便知这位老者名李宝青，以前曾做过土司，等到土司制度撤消后，他也曾做过县长，所以是个高等的知识阶级。我们在深山僻壤之处，得能找到他询问各种社会情形，这不能不算是很好的机遇。据他说这里的农田，能下两升种子的就等于一亩，一亩的田价，约一百元，每亩可产粮食三四斗，这里的一斗，约有七十二筒斗，每斗约重一百斤。北望乡内，自耕农较佃农为多，佃农种植的田地，每年的收获与地主平均分派，由地主完粮，佃农出种子，各种捐税则地主与佃农各担负其半数。物价很便宜，面每斤三百文，煤每百斤四千文，麦秆每斤四五十文，鸡蛋每只五十文。不过年来各项捐税繁重，派粮派饷每亩须洋五六元，所以民不聊生，农村经济日趋于破产之途。离北望乡南七十里，地名杏儿洲，那里有番子三百多家，这种番子精于射击，他们能在远远的地带，发枪击中番妇手中所持的牛肋，而不伤及那位番妇的毫发。

我们和李先生谈了半小时，便欣然辞别，骑骡再进，四十分钟以后，行抵杨家店子。两旁都是险要的高岭，湟水在崇山对峙间，澎湃着奔腾的急流，在杨家店子的对岸，地名孙氏庄沟，那是一块像洲一样的肥饶地，长着青葱茂盛的森林，在森林的中间，约有五十余里的水田，每垧水田的地价，为一百余元，足见这地方的农田肥沃，所以有这样的价值。在孙氏庄沟的两旁，仍是峰峦叠起的高山，山峡间流出一条溪流，这溪流就叫孙氏庄沟，适灌溉着这一带的农田。在孙氏庄沟的出口处，水流流得逐渐的缓慢，所以常常有金沙沉淀其中，土人以前常常到那里去淘金，结果非常可观，大概每二十人每天可淘得金子三四两，因为淘得金子的数量还不错，所以当地的驻军也眼红了，便下令禁止平民淘金。此外湟水流域产金的地方，当地驻军对于一般淘金的平民，课以重税，计每人每季收税八分金子，一年共收两季，计一钱六分金子，再加上收税军人的敲诈费五厘，每个淘金的平民每年须担负一钱六分五金子的重税，因此平民对于淘金一事，也只好望而却步，而淘金的利益，只能让一般军官们专享去了。湟水流域近年产金数额的税减，原因也是为此。由杨家店西五里，就到莲花台，是民和县和乐都县的交界处，山上有喇嘛寺，因此我们便不辞跋跋地奔上山去。到了山上，果见几座建筑庄严的寺院，不过因为喇嘛适到外面去收租，寺内只剩几个年仅十余龄的小喇嘛，所以没有入内去参观，这也是一件抱憾的事。由莲花台再西行，沿途多奇山怪石，风景像陕省华山一样的壮丽。行了二十里路，便到乐都县的老鸦镇，自从杨家店子到老鸦镇的途中，我们发现两旁山上，都是火成岩和变质岩，并且不论在随便哪一座山上的石子中间，都有闪闪耀目的金属屑片，这些都是铜铅等五金矿的露头，毫无疑义地在这一带崇山中，是蕴藏着丰富的五金矿，等待着我们去开发。

到了老鸦镇，我们在一家饭店中休息了一回，同时并采访当地的情形。这镇上共有一百二十户，商店有十数家，居民中回教徒仅占十分之三。这里的农田，上等的每亩价洋四五十元，坏的田地每亩一元也没有人敢要，每担收获还百分之四十（即洋九元四角）的现金给政府，百分之六十还粮食，以小麦与青稞各占其半，除了还粮之外，尚有各项差捐杂税，大概每升田须纳洋十元，每升田年可产粮食十五升至二十升，不过年来歉收居多数，种上二十担的，收到的只有十担，今年年成稍佳，但收获的也不过十五六担，民国十七年的时候，这里蒙着大荒年的天灾，到民国十八年，人民因粮食恐慌而饿死者，数达一千余人，也没有钱埋葬，只掘了几个坑，把死尸叠积下去。

距老鸦镇西七十里，地名窑街，该处有煤矿，曾经有人去开采过，此外附近山中，尚有铜铅等矿产，惜无人去开采，致货弃于地。关于该地各项日常用品的物价，约略如下：小麦每斗三元，大麦每斗一元半，麦秆每斤三十文，雌绵羊每只三元，雄绵羊每只三元，羊毛每斤三角，鸡蛋每只六十文，猪肉每元三斤，菜油每元四斤，布每元六尺，羊皮每张一元。

该地的农产品，以大麦、小麦、豌豆、洋蕃芋、大豆、西瓜、果类为大宗，这地方造一所一丈二尺高、三丈六尺长、一丈五尺宽的房屋，须费洋二百元，松木三丈长的直径一尺的要卖四元。

由老鸦镇西行至高昌庙镇，约二十里，沿途土壤肥沃，茂林修竹，风景至佳。我们于下午五时，到达高庙镇，即找寻客店投宿。

高庙镇共有三百户口，商店六十余家，大的商店二十余家，小的商店四十余家，全镇回教徒有十余家，非回教徒三百余家。这里的农田，水田一升田前几年约值三十元，现在约值二十元，山田每升田价，仅售四五元，水田一升，年可产粮食二斗，山田一升，年可产粮食七八升，不过今年山田的收成特别好，竟可产到一斗。物价小麦每斤三元半，青稞每斤两元，大豆每斤两元半，菜子每斤三元半，菜油每元四斤，猪肉每元五斤，杀猪一只，须纳税一元二角。该镇上的肉庄，每天仅能做三元生意，镇上居民，每家每月须缴纳公安捐六角，尚有临时维持费一元二角，商民做了一元钱的交易，就要纳四分钱的印花税。有完全小学一所，设于镇之东市，内有学生八十名，教员五六人，教员薪水每月为十五六元，所用教科书，泰半为上海中华书局所出版的。

113~118

第十二章 四民杂居之乐都

20.
四民杂居之乐都

差捐频繁农将辍耕
茂密森林砍伐殆尽
蕴藏极富惜无人研究调查

八月一日，晨五时半，我们由高庙镇出发行三十里，抵乐都县县城。入城后径赴县政府谒见县长，适县长因公他出，故由王科长延见，详谈一小时，始欣然而别。今将在该县调查所得，分志于后：

历史沿革

乐都县古为湟中地，汉神爵二年置破羌县，属金城郡（即现在的兰州）。及至魏朝，仍旧维持原状，晋废为乐都郡，后魏孝昌二年，改称为西都县，后废属鄯县，周复属乐都郡，隋置县曰湟水，又曰邈川，属西平郡。唐复改属鄯县，实应初陷于吐蕃。宋时始收复，遂置湟县。宣和元年改为乐县，明初设碾伯卫，洪武十九年，移卫于西宁县，碾伯为右所，清朝初年仍设所，雍正三年置碾伯县，属西宁，民国十八年，始沿古地名，改称为乐都县。

地理形势

县城在青海东北一百二十里，东至甘肃省永登县界一百二十里，西至羊其堡穹县界四十五里，南至雪山五十里，北至胜番脑仓番族界五十里达互助县界，东南至甘池峡门八十五里达民和县，西南至高店沟雪山岭八十里达西宁县，东北至冰沟写尔定番界一百五十里达永登县界。地势北部皆山，中流湟沙，南为雪山，蜿蜒至临夏积石关，北曰松花顶，其次为瞭望顶，山脉由甘肃绵亘至民和县北境，山势有雄壮的风格，水俗称大通河，横贯于崇山间。

民族种类

县内有汉族、回民、土族、番民四种民族杂居。汉族居多数，山川各乡镇，均有住址。土番族则杂居于山顶，回民仅居于县城东关附郭一带。全县汉族有八千六百二十七户，人口为四万九千五百〇六人。土族户口有三百十二家，人口为六千三百三十人。番民有五百二十一户，人口为九千五百四十人。回民有二百二十九户，人口为一千〇四十二人。

宗教风俗

全县有天主堂一所，回教礼拜寺一处，佛教寺院十一处。汉族大抵崇尚孔教，婚姻习惯，介绍、纳币、送聘等礼节，汉回两族相似，不过迎亲时，汉族请亲友数人，于夜间往坤宅迎亲，乘马不乘舆，回教徒则男家亲友数人，偕新郎披红，亲自往女家迎亲。土番都是自由恋爱，偶有女年及笄而无夫者，名曰天头，谓其死于天也。葬礼汉回相似，回民戴孝，亦服白衣，不过番民将死者盛坐于木龛，舁诸旷野，用干柴焚化成灰，然后将灰埋在山麓，俗称火葬。

全县户口

全县共有三区。第一区，本城镇有一百六十六户，关箱镇有三百二十二户，映河乡有一百八十三户，雨润乡有二百三十九户，西平乡有一百七十九户，同化乡有一百二十户，顺治乡有三百三十七户，静觉乡有九十三户，共和乡有四百四十七户，济宏乡有二百六十一户，春和乡有一百四十户，润泽乡有一百八十六户，永丰乡有一百四十九户，引胜乡有三百〇七户，广惠乡有一百五十一户，寿洛乡有二百九十四户，综计第一区内有镇二，乡十五，村庄一百二十二，共有户口三千六百八十五。第二区石嘴乡有一百三十六户，高庙镇有二百十三户，长里乡有一百六十三户，白崖乡有三十九户，老鸦镇有二百〇五户，冰沟乡有一百五十九户，东府乡有四百八十户，双堡乡有二百〇七户，双沟乡有三百〇七户，汤官乡有一百三十二户，赵家乡有六十四户，洪水乡有一百九十三户，集鸾乡有一百八十七户，阿鸾乡有一百五十三户，芦花乡有一百五十五户，马营乡有二百八十六户，张家乡有六十七户，综计第二区，内有镇二，乡十六，村庄八十八，户口共有三千一百四十七。第三区进化乡有八十二户，亲民乡有八十一户，复兴镇有九十八户，自由乡有六十三户，独立乡有七十九户，平等乡有一百三十六户，维新乡有一百五十九户，模范乡有一百九十五户，敦厚乡有二百五十五户，保安乡有二百十一户，协和乡有九十八户，泰和乡有一百三十三户，博爱乡有一百四十六户，亲仁乡有二百〇四户，同仁乡有一百七十二户，睦善乡有一百三十五户，至善乡有二百户，瞿昙乡有二十一户，药台乡有五十六户，综计第三区内，有镇一，乡二十，村庄一百〇五，户口共有二千九百九十八。合计全县有五个镇，五十一个乡，三百十五个村庄，户口共九千八百三十。

教育情形

全县有县立中学一所，学生七十二名，女子小学二处，学生五十四名，完全小学五处，学生五百四十名，初级小学七十二处，学生千余名，民众学校十二处，每处学生二三十名不等。教员薪金，中学每月三四十元，小学每月十五六元，初级小学教员每月仅六七元，全县教育经费每年四千余元，县立中学的经费，由省款拨助三百元，其他则概由县政府负担。

矿产状况

乐都县境内多山，矿产蕴藏极富，惜无人研究调查，尤乏人开采。距县城南七十里，有煤矿，现正在开采中，距沟城东十五里，地名岗子矿，产金矿，尚未有人前往开采。森林原有数处，二十年来砍伐殆尽，所剩无几。

名胜古迹

县治北山，有三龙池，相传旱时祈雨，有奇效。老鸦村湟水附近东沅河中，有一块矶石，耸然屹立中流，称为中流砥柱，石上有八角亭，内有米颠拜否四字。县政府东隔壁，有中山公园，园内风景绝佳，有古树一株，可数抱，相传汉时所植。

农村经济

农田价格，水田一升田，从前售价二十元，现在因各项差捐杂税更重，农民耕田，非特不能赚钱糊口，反时有蚀本负债之患，故价格反跌落，每升田仅售十余元。年来歉收，农民经济恐慌程度，日益深刻化，全县田赋共四千担，农民还粮，以百分之六十折成现金交给政府（九元一担）。尚有百分之四十，交粮食，小麦和青稞各居其半。

县政情形

乐都县昔与民和县合而为一县，民和县为最近始分出者，乐都为青海省中之二等县（记者按，青海省中之头等县，仅为西宁一县），县政府经费每月七百五十元，按照规定二等县仅六百五十元，惟省政府对于该县特别重视，故除例拨六百五十元外，另加百元交际费，不过因最近省政府经济奇窘，故经费悉遵七成拨付，所以县政府的经济状况，也就更呈不景气了。县公安局有公安警士四十余名，每月经费五百元，由县政府拨付，不足处由地方负担。建设局每月经费仅五十元，所以也没有什么建设事业可做。

上午十时半，我们离乐都县城西行，途经大峡口，该处土层又变，山上有火成岩及变质岩，据团员矿学专家黄伯逵先生云，该处有五金矿，且蕴藏量极富。过了这个山势险要的大峡口，又是茂林修竹的农村，土层仍是肥沃的黄土层，田园中所产的瓜果蔬菜，较我们在南方所见者更肥大，足见这地方的农田，都是膏腴之地。

下午四时半的时候，我们平安地到达了张家镇，即入客店投宿。该处共有户口七八十家，全部居民中，无回教徒，有小学一所，学生约五十四名。农田能下一斗种子的田，就等于四亩，每斗田可产一担粮食，田价每斗田可卖二三十元，不过因为频年歉收，加以差捐杂税异常繁重，农民都不愿从事耕作，足见该地农村经济的前途，实隐伏着无限的危机。

119~124
第二十一章 行过三峡达西宁

21.
行过三峡达西宁

老鸦峡、大峡、小峡有一夫当关之险
青海的封建势力比较任何地方为大
对农民的三"派"政策派粮派草派兵

八月二日，晨光熹微中，我们又从张家镇启程西行，为了今天是从兰州到西宁途程中最后的一天，所以大众骑在骡上，格外的兴奋，每人对着西边遥远的群山，眼睛里不自主地充溢着火一样的热情。挥着鞭儿，在尘土飞扬的道上前进，不到一个钟头，已行抵白马寺。这白马寺也是一个著名的喇嘛寺院，建筑在半山上，式样非常美观，从远处遥瞩，好像是一幅艺术化的壁画，寺院的下面，便是一个拥着浓密的树荫的小村落，村中共有二十五家人家，番子占十九户，其余的都是回教徒，这里的番子，大部分已经汉族化了。都从事于耕作，在言语上，他们除了说番话之外，也能讲汉语。服装上，男的完全和汉人一样，不过女的仍衣番子的原有服装，她们有的拖着两根长长的辫子，有的拖着三条辫子，在辫的末端，缠着红白色的绳子，耳上垂着笨重的耳环，身上穿着红色的像古时袍服样的旗衫，下面赤着具有健而美的条件的天足，所以走起路来，同男子一样的方便。她们从事种种农业耕作，如打麦、负薪、锄田等艰苦的工作，非常辛勤和努力，而男的反留在家中，看管小孩，料理零碎的家事，足见在番族中，还是在女权重于男权的时期，这村庄上所有的农田房屋，完全是番子的产业，就是少数做买卖的回教徒住的房屋，也是向番子租来的。大概两间店面的房屋,每年须出租金五十元,每月缴公家的捐税五角。农田售价,每斗田约一百二三十元,每斗田可打一担五粮食,每斗麦子约七十斤,小麦售价每斤两元,可是一斗田的差捐杂税,每年须纳二十余元。这地方的农民,不堪这样重重的负担,没有一个不弄得焦头烂额,眼看着自己用汗血耕作出来的粒粒麦子,变卖了钱给公家纳税,而自己只能忍着饥饿,在那里饮泣吞声。

我们在白马寺村上进早餐后,复鼓勇再进,经唐家堡至高寨堡沿途乡村朴素的美景,予我们兴奋明晰的刺激,使我们忘记在灼耀的太阳光下赶路的痛苦。路旁的溪水,活泼地流动着,溪边树林里的鸟儿们,也正在欢乐地咕吵着,疲倦了的耕牛和耕马,蜷伏在树荫下对着炎炎的太阳微微地喘气。在正午的时候,我们行抵小峡口,过了一座木桥,我便在湟水的南岸走路,小峡口也是一个小小的市镇,有十余家店家,从东路到西宁的过路客商,都在这里略停休息,同时上馆子去进餐品茗。我们也在一家饭馆中,饱餐了几碗牛肉面,餐毕,继续西进,小峡两岸,高耸着火成岩的奇山怪石,形势非常险要。据当地人民云,自享堂镇至西宁城,必须经过三个峡口,就是老鸦峡、大峡和小峡,形势都是非常的险峻,大有一夫把守万人莫敌之慨,历代在青海境内所发生的战争中,这三处总是搏斗最剧烈最凶狠的地方。

在下午三点半钟的时候,我们骑在骡上,已经遥远地望到西宁的城墙,大家没有一个不兴高采烈。少顷,我们的五匹骡子,踏着嘚嘚的蹄声,跨进了西宁的东门。进城后第一件工作,便是找旅馆,起先有人带我们到那爿比较洁净的民生商栈去,可是因为那爿旅馆中早告客满,所以只尝了一回闭门羹,东找西寻的结果,最后找到一家在东门内的玉盛德旅店。大家举着沉重的疲乏的步伐,搬着各人的行李,进店一看,发现这旅店仍是同我们在路上所住的驴马饭店一样,因为在我们房间的对面,仍有许多驴马的芳迹,而阵阵的熏风,夹着马粪的臭味吹来,使我们感到分外的难受。当我们洗了脸,安置好了行李以后,便立刻往省政府去谒见马主席,未晤。即转往省党部,晤燕委员化棠,略谈数语,即辞出。当晚,我们很早就上炕睡觉,藉以恢复旅途中六天的劳顿。

三日上午九时,我们携带北望乡李宝清先生的介绍信,去访以前西宁城的李土司,他很殷勤地招待我们,并欣快地和我们畅谈。他告诉我们,他的祖先原是鞑靼,后为蒙古族,在唐朝的时候,曾奉命率兵攻西宁,经数月的和番兵剧战,死士卒四百七十八人,始攻进西宁城。他的祖先因功赐姓为李,而他攻下西宁后,就在西宁做土司,统治西宁一带的番子,后青海改为行省,废除土司制度,其子孙遂降为平民云云。当他谈话的时候,非常的兴奋激愤,可是我们对他的谈话,十句中仅能了解其三四,所以非常抱憾。在九时三刻的时候,我们便兴辞而出,继往省政府谒见省主席马麟。马氏年已六十余,蓄须,精神矍铄,他见了我们,表示非常欣慰,诚恳地慰问旅途间的情形,并表示对于远道跋涉的我们,异常欢迎。关于我们的考察工作,愿竭全力以相助。谈毕,他又很关心地问我们,有没有见过马师长,我们说尚未,于是他便立刻打电话给马师长,知道师长适在师部,他就叫一个留着八字须的副官,伴着我们去谒见马师长。可是当我们到师部时,师部的副官长拿了我们的名片到师长办公室去遛了一回后,竟答复我们说，师长往省政府开会去了，所以我们只好怅然返寓。下午，有许多当地的新闻记者们来访问我们，同时，也有许多其他人物，来看我们，询问我们此次考察的动机，及对于青海的一切感想。我们对于他们唯一的态度，便是诚挚和坦白，虽然他们中有些是怀着别种特殊的用意而来的。在四点钟的时候，我们到省党部去访方委员少云、李委员天民和燕委员化棠，大家畅谈得很愉快。继着他们邀我们同去游览娱民会场，并在场内娱民新饭店中，为我们设宴洗尘，到晚上七点钟的时候，宾主始尽欢而散。

是晚，当我们行将睡觉的时候，突闻门外有很急的叩门声，我们急从床上起来启门，门外站着的是一个青年。他身上穿着一件破旧的长衫，眉宇间充溢着勃勃的英气，态度非常温雅，一望而知他是受过相当的教育。他先在房门外，巡视了一下，看见四面并无人影，然后气喘喘地入内。坐上了炕，继着他便很郑重地恳挚地对我们说："我也是最近到青海来考察的，不料到了西宁，即被拘禁，在那软禁的场所中，我曾碰着许多到青海来考察的同志，也一样地受着拘囚，在前年有一个西北某日报的新闻记者，忽然失踪，有人说竟是被人活埋，确否却不可知。昨天我在友人处，偶然听到你们青海考察团到达西宁的消息，所以今天晚上我特地乘着监视人不备的时候，冒险逃出，奔到此地来忠告你们。希望你们在青海时，行动要特别地谨慎，尤其在这全省风传孙殿英军入青，而一般人对于远省人正在怀疑深重的时期，最好在你们考察的时候不要多发问、多议论，只能用眼去观察，用脑去思考，尤不能写片言只字。"继着他又用极轻微的声调对我们说："青海的封建势力，比任何地方还要大，在青海的人，或到过青海的，几是无人不知，同时也无人不畏惧这种力量。对于毁谤他的人，随便可以用残酷手段来对付。对于农民，就实行他的三派政策。所谓三派政策：就是派粮、派草、派兵。派粮，就是以前的营买粮，在西北军统治青海的时候，军队中所需用的粮食，向农民们去收货，大抵都作七成计算，可是到了后来，就减到三四成，到近来竟是一文不给地分派农民们，一定要交出粮食来供养他的军队。第二种是派草，因为他的军队中多骑兵，所以他们也把牲口所要吃的营买草，改成自由派人到四乡去强迫农民们，缴出柴草来。第三种是派兵，就是挨门踏户地硬派农民去当兵，如果有钱的人家，也可出钱来贿赂，而得免征兵额，也有些人舍不得自己的子弟生离死别，牺牲于无谓的内战，而出钱买别人去代替当兵的。这种事实，在外边的人是意想不到的，今天我乘机告诉你们，希望你们要特别地注意。"

谈毕，他便起身辞行，我们要问他姓氏，他坚决地不肯告诉我们。在他走了之后，我们再三思考，觉得他所讲的在我们初到青海，真实情形尚未考察之前，究竟有无其事，大家都未敢深信，至于种种可以引起我们恐慌的话，我们因深信自己，对于现在的政治舞台上的人物，毫无一些关系和因缘，而且这次到青海，纯粹是站在客观的立场上来考察，别无其他特殊的使命，所以惟有坦然处之而已。

125~131
第二十二章　到处莫谈国事

22.
到处莫谈国事
——饭店旅社的标语

全省各县森林极富

四日上午九时,我们访青海教育厅长杨君希尧于其私邸,蒙告以该省教育情形甚详,并对于蒙藏教育推进的办法,也和我们讨论甚久,兹将该省教育现况记述于下:

中等教育

青海以地处边陲,故文化发展,较沿海各省为迟,大学及专门学校,至今尚无一所,仅有中等学校七所,今将中等教育的调查,列表于下:

校名	校址	常年费	学生数	教职员数	经费来源
省立第一中学	省会中山西大街	一万六千五百〇九元	一百八十一名	三十八名	向省财政厅支领
省立第一师范	省会马房口	二万三千五百二十九元	二百二十名	三十四名	同上
省立第一女子师范	省会公安街	一万三千七百元	二十五名	三十二名	同上
省立第一职业	省会职业巷	一万三千二百〇九元	三十名	三十一名	同上
省立第一农校	省会模范巷	九千八百四十三元	四十名	十名	同上
省立乐都中学	乐都城内	五千六百元	七十九名	十二名	同上
青省回教促进会附设中学校	省会东关	一万一千一百六十元	七十名	二十名	同上

小学教育

关于各县高初级小学教职员人数学生数及经费的调查，特列表于下。

县别	高小数目	教职员数	学生人数	全年经费	初小数目	教职员数	学生人数	全年经费数
西宁	一〇	六六	一三四八	一三〇〇〇元	一五〇	一七一	五六九一	二一三八〇元
湟源	二	一四	三五八	二二七〇元	四六	五六	一八四八	五一三〇元
大通	二	八	二五五	一五八四元	六四	六八	三四五〇	五九七四元
贵德	一	六	四三	六五〇元	一七	三三	五七八	六〇六〇元
乐都	七	三五	七三六	一〇六七七元	九〇	一五八	一七二五	一〇六三六元
循化	三	一〇	三〇六	一九七八元	一二	一三	三八六	一二七〇元
化隆	六	一八	七五二	二六八八元	一〇	一〇	三二一	未详
互助	七	二八	五九七	三一二〇元	九〇	九七	三〇七七	八四一一元
亹源	二	六	九五	八九四元	二〇	二二	六四九	一五六〇元
民和	三	一一	三二九	一七七〇元	六一	一一七	二〇三三	六一一〇元
共和	二	六	一三五	八二〇元	一	一	二五	一五〇元
同仁					二	三	九〇	未详

合计全省各县的高级小学共有四十六所,高小教职员数为二百〇八人,学生共四千九百五十四名,全年经费为三万九千四百五十一元,初级小学共有五百六十三所,教职员数七百四十九人,学生共一万九千八百七十三名,全年经费为六万二千六百四十一元。

此外,尚有青海省回教促进会所附设的各级学校,分布于各县,今特把该会所办的教育事业概况,列表于下。

县别	校别	学生数	教职员数	全年经费
西宁	附设高小三处民众学校一处初小二十三处	一九七六	五二	三四〇〇〇元
亹源	附设高小一处初小九处	四八二	二〇	八四〇〇元
大通	附设初级小学十四处	六三一	二八	一一二〇〇元
民和	附设高小一处初小六处	三五三	一八	五二〇〇元
化隆	附设高小四处初小六处	七七二	二三	一〇四〇〇元
循化	附设高小二处初小九处	七二五	三三	一〇五六〇元
互助	附设初级小学六处	一四六	七	二四〇〇元
贵德	附设高小一处初小二处	二四	一一	四三〇〇元
湟源	附设初级小学一处	五二	二	一七〇〇元
乐都	同上	六〇	二	一八〇〇元
同仁	同上	六〇	二	六〇〇元
共和	同上	五〇	三	六〇〇元

合计学生人数共五千三百三十三名,教职员人数二百〇一人,全年经费为九万一千二百五十元。

午刻,我们一行五人,到一家饭店去进午餐。在无意中,我们在墙上发现"莫谈国事"的红色标语,记者以国家是人民组织而成的,值兹国难方殷之时,竟有人提倡禁止国民谈论国事,贴出这种标语,殊使我们百思而不解。遂唤一饭店中的掌柜来询问,始知这城里的饭店浴堂和旅社，都贴上这样的标语。餐毕，我们往建设厅去调查，晤邓秘书，据谈，该省以行政经费异常拮据，故各项建设事业迟迟尚未兴办，不过关于该省的公路，森林情形，蒙邓君陈述甚详，今将调查所得，分志于下：

宁乐路	由西宁至乐都	长一百二十里	已修筑成功
宁享路	由西宁至享堂	长二百十里	同上
宁民路	由西宁至民和	长二百五十里	同上
宁循路	由西宁至循化	长二百八十里	同上
宁同路	由西宁至同仁	长三百八十里	同上
宁化路	由西宁至化隆	长一百九十里	同上
宁大路	由西宁至大通	长一百里	同上
宁亹路	由西宁至亹源	长二百十里	同上
宁湟路	由西宁至湟源	长九十里	同上
宁共路	由西宁至共和	长五百六十里	现已修筑至大河坝
宁都路	由西宁至都兰	长七百二十里	已修筑成功
宁玉路	由西宁至玉树	长一千七百四十里	现已修筑至大河坝
宁互路	由西宁至互助	长九十里	已修筑成功
宁贵路	由西宁至贵德	长一百七十里	未成

该省的公路，大都就原有车道，加工修筑而成，故汽车虽能通行，危险殊多，并且下雨的时候，因为公路的桥梁极少，所以往往不能通行汽车，全省尚未有商营汽车，所有汽车，悉为官厅及军队方面的，所以平民旅行，舍乘马、坐夹窝（即轿子）、坐皮筏外，尚无其他交通利器。

全省森林的调查

青海地居高原，森林极富，兹将各县森林的调查列表于下：

县别	主管名称	森林地址	面积	种类	用途	私有或公有的分别
乐都	羊官寺	羊官堡	七十亩	松	本省	该寺所有
	张家寺	高庙堡	六十亩	松	本省	该寺所有
	马营寺	马营堡	三百亩	松	本省	该寺所有
	药台寺	归德堡	五十亩	松	本省	该寺所有
	瞿昙寺	瞿昙堡	四十亩	松	本省	该寺所有
	长嘴沟寺	胜番堡	三十亩	松	本省	该寺所有
	鹿角哇寺	胜番堡	三十亩	松	本省	该寺所有
贵德	歪户族	竹巴林	一万余亩	松	本县	公产
		东山林	五百四十亩	松杨	本省	公产
		野里哇	一千亩	松柏	本省	该族所有
	坡卜拉族	坡卜拉	七百四十亩	松杨	本省	该族所有
	官壮寺	官壮林	二百亩	松桦	本省	该寺所有
大通	广惠寺	鹞子沟	一万二千亩	松	本省、甘肃	该寺所有
	鲁拉浪	兴隆堡	三百亩	松	本省、甘肃	该拉浪佛私产
	朝藏寺	丰稔堡	二百六十亩	松	（护林）	该寺所有
	张家寺	硖门堡	十亩	松柏	（护林）	该寺所有
化隆	枝扎张朵两庄	年板坡	一百二十亩	杨松	（护林）	私有
	德加寺		一百三十亩	松柏	本县	私有
	他佳庄		一百二十亩	杨松		私有
	顺善四庄	东知地方	一百三十亩	杨松	（护林）	私有
循化	朵塄庄		二百六十亩	松		私有
	卑塘庄		二百五十亩	松	（护林）	私有
同仁	墨受庄		四百三十亩	松柏		私有
	暖柴庄		二百六十亩	松柏		私有
亹源	仙米寺	仙米寺	一千亩	松柏桦柳	（护林）	该寺所有
	朱固寺	朱固寺	一千亩	松柏桦柳	（护林）	该寺所有
	班固寺	班固寺	五百亩	松柏桦柳	（护林）	该寺所有
	光灵佛	八宝二寺滩		松柏	本地	该寺所有

共和	大河坝	七百八十里		松柏		公有
都兰	都兰寺附近		一千亩	柏		公有

此外，关于青海省建设厅及各县每年植树的数目、种类和地址，亦列表于下：

	地址	面积	树种	成活株数
建设厅	东郊外大教场	四十亩	杨柳	四万余株
	路口子小泉滩	二十亩	杨柳	二千余株
	惠宁桥湟水北岸	四十亩	杨柳	七千余株
	森林公园	二十亩	杨柳及松	一千七百六十株
西宁县	贾小庄河滩	七亩	杨松	二千六百株
	南山寺根	二亩余	杨柳	三百六十五株
民和县	原有苗园毗连	五亩	杨柳	一千八百株
	上川口西山坡	五亩	杨柳	一千株
互助县	磊落坡	二亩余	杨柳	六百株
	胡家湾	二亩余	杨柳	八百株
乐都县	河门外倒城根	二十亩	杨柳	三千五百八十余株
贵德县	西河滩石坡苗圃	廿三亩	杨柳榆	二千七百余株
大通县	西郊外运动场	七亩	杨柳	四千株
湟源县	孤贫地	十亩	杨柳	二千株
循化县	托坝泉	十二亩	杨柳榆	一千六百株
化隆县	西门外龙门堂	十亩	杨柳	三千余株
亹源县	城内东南角	五亩	杨柳	六百株
共和县	县门口苗圃	五亩	杨柳	一千株

132~137
第二十三章　西藏人是十足的英国籍!?

23. 西藏人是十足的英国籍！？

都兰是蕴藏极富的处女地
羊毛因税重改往四川新疆

四日下午四时，省主席马麟，在省政府设宴为我等洗尘，因是日适为星期五（回教的礼拜日），马主席须赴教堂中去礼拜，所以临时派秘书长冯国瑞招待，席间宾主欢谈，至为欣快，酒半酣，马主席做了礼拜赶回省政府，对我们说了许多的客气话。五时许席终，我们请冯秘书长转致主席，请他速为我们找一通事及骡马数匹，准备明日出发赴湟源及海滨等地去考察。蒙冯氏一口应允，我们始欣然辞别。

出了省政府，我们持着友人的介绍信，去访卸任的都兰县长梁炳麟氏，询以都兰县的种种情形，蒙详为讲述，今将其谈话，录之于后：

都兰县的面积，占全省三分之一强，为全省各县中占地最广的一个县份，全县蒙藏人民杂居，人民都过的是游牧生活，所以人口至今也无从统计。境内农田极少，农民种田，十年一耕，过了十年，他们又到别处去找地耕种，好在土地是很肥沃很广大，且所有田地都是无主的，所以尽可自由耕种。全县初级小学尚无一所，所以谈不到什么教育，人民除藏文及蒙古语外，其他都不知。出产以羊毛、羊皮、驼毛、骆驼、牛羊为大宗，以前运往湟源转省城而东下，现在因为湟源西宁等地的捐税太重，所以都改道走四川或新疆转运往他处。气候的变化都利害，最冷的时候，要到零下十几度，热的时候也极热，最奇怪的有时在一个山上，岭上在下雪，而山下正在下因热度过高而蒸发阵雨。其他矿产和森林都极丰富，如果我们去好好地开发，那实在是一块蕴藏极富而极有希望的处女地。

在梁氏处，我们复晤到一个曾做过喇嘛的姓海的藏人，他对我们谈了些西藏的情形，他说西藏现在完全在英帝国主义的势力控制之下，达赖的一切权力的行使，完全听从英国人的命令，在以前，有英国兵二千，常驻于西藏，现在英国人认为西藏可以自治了，所以把兵撤掉了，帝国主义对某一殖民地认为已经可以自治，还不是变相的征服成功的代名词吧。在西藏现有三千多学生，其间可分三类，第一种是在西藏本省受英国化的教育，第二种是在西藏受了本省的教育后，再到印度去受更进一层的英国化教育，第三种是到英国去留学，这种青年学生只知道自己是十足的英国人，不但忘了自己是一个中华民国的国民，而且有人称他藏族也不肯承认。英国人对于一般藏民，常常作种种麻醉性的反宣传。譬如曲解汉满蒙回藏五族共和的理论，硬说藏族以前的祖先是白种人，所以体格很强健，不像汉人的体质孱弱，并且禁止藏民与汉族通婚，说是要有损藏民原有强健的体格的。在几个大城市内，英国人把电影放映给藏民看，使人民无形中精神上会逐渐向往伦敦、利物浦等地物质生活的繁华。不但是一般愚昧的藏民，现在都心向英国，就是全藏几千多喇嘛中，也泰半倾向英国。至于军队，则所有发令、操法和枪械完全是英国式的，营长以上军官，都能说一口流利的英语，因为军队都是英国军官训练成的，平常行政机关的公函和布告等文件,都用藏英合璧的文字。西藏是处于这样的严重局面之下,国人若不及早注意,那末危机也许会愈弄愈大啊。

我们在梁氏处畅谈一小时余,始欣然返寓所,到了八点钟,我们都各自回到房中去睡觉。那天晚上,我又蒙到失眠的痛苦,半夜里从曚眬中醒来,隔楼歌女家中的琵琶声,又凌乱地低奏着,震动我脆弱的心弦。月华如水地洒在窗前,微风吹到我的身上,静听那凄凉的疏落的琴声,好像闻受创的征雁在塞外哀鸣,无母的孤儿在路旁号哭,这凄凉的情景,竟使我转侧不眠了一夜。此外,楼对面的几匹驴马,时常发生打架和脚踢的惨案,它们也时常引颈高鸣,发出怪难听的声音来,使人们失眠。翌晨四点钟的时候,外面有淅沥的雨声,等到我们起身时,雨仍未稍止,于是大家预料今天不能出发到湟源去了。

上午九时,省政府所派伴我们到海滨去的一位杨通事来了,他对我们说:今天因天雨,不能出发,决明日出发,一方面预备马匹、粮食及帐篷等物,以便旅途上应用。这样,我们又不得不在西宁多沉闷一天。到了下午,我们实在忍不住再坐困于驴马饭店中嗅马粪味,所以到城内中山市场的云育社戏院去观陕西剧。那天所演的是二天门,剧情是采取当地的民间故事,唱的是秦腔,所以我们都不能全部了解,不过做工非常卖力,能使观众发生紧张的情绪。据说在西北最流行的戏剧,便是这种陕西剧,它的特点就是没有一出剧中没有武打的,从这点上可以代表当地民众的民族性。该院每日观众平均百余人,票价每人一角,夜戏则售三角,在西宁城内娱乐场所,除了这家戏院,还有一家影戏院,放映的都是极陈旧的国产影片。

六日清晨,我们起身后,发现天上仍不断地下着大雨,大家心中都很懊恼。九时许,杨通事带了八匹骡马、三个师部的卫兵和一个马夫，及一切行李，到玉盛德饭店中来找我们。他问我们这样下大雨的天你们究竟出发否，我们便毫无犹豫地答复他愿意冒雨出发。九点半钟的时候，我们都披上番子穿的大红色的大氅（这时权作雨衣，天气冷的时候，这种衣服也可御寒），骑上从第九师炮兵团借来的几匹骡马，在雨丝风片中浩浩荡荡地出发了。

出了西门，所走的是一段又狭小又泥泞的乡村曲径，因为这时原有大道上有一座桥梁给山洪冲毁，故须绕道。我们骑在骡上，如果稍一不慎，随时有掉下来跌到泥沼中做泥菩萨的可能性，这时我们真感到"行路难"的苦处。心中忐忑地走了六里路，走到西门河的滩上，精于骑术的杨通事和几个兵士，都先后地涉水渡过去了，可是我们呢，看到这样大的河，而水流又非常的急，心里都不免踌躇。最后我们也咬着牙根鼓着勇气，一手勒住缰绳，一手策马加鞭，涉水前进了。当走到河中心的时候，水竟没到我们的足踝上，真是危险万状。我们中的一位汪扬先生，竟不慎从马上翻落到河中，弄得满身是水，狼狈不堪，可是我们过了河后，大家仍冒雨前进。

再走了十里路，我们循宁湟路的大道而行，道路较以前所走的小路广坦得多，那时雨也停止了，一切都好像甘露沐浴过的，路旁绿油油的青草，那丛青翠欲滴的白杨树叶，几朵鲝羞如泣的野花，和绿水涟漪的池塘，都经了雨的润湿，而益显出鲜洁和活泼。这地方的泥土，因为是黄土层，所以也逐渐地干燥了，我的精神，越发兴奋起来，大家挥着鞭儿，作飞也似的驰骋。在不到十二点钟的时候，我们已到了距西宁三十里的阴山堂，略事休息后，继续前进，渐渐地走入了岗峦起伏的山道。湟水在路旁淙淙地流着，山上的危石绝崖高耸入云，长满着碧绿色野草的山巅上，有三五牧人，驱着成群的牛羊在啮草，他们天真地歌唱着婉转而悠扬的山歌，冲破山间静穆的空气。田野的麦浪，一起一伏地随风波动，菜花闪着金黄色的光耀，在诱惑着蜜蜂和蝴蝶，和煦的凉风，轻拂着衣襟，使我们感到，好像在做春季的旅行时一样的神怡。

　　行行重行行，当走到距湟源三十里的地方，我们见许多番子住的庄寨。他们的房屋构造和当地民众是不同的，每家屋还插着一面白旗，以作标记。这种住房屋，种庄稼的番子，通常人都称他们为假番，因为他们与汉族杂居日久，生活习惯方面，已逐渐地被汉族同化了。在下午六点钟的时候，我们到达湟源，总计今天一共走了九十里路，大家精神还没有显出疲乏的模样。湟源县长麦延祺，因为事前已接到省方当局的电话，所以亲自在城外欢迎我们，招待我们到教育局下榻。是晚，麦县长在县政府欢宴我们，席间，谈及湟源的羊毛情形，九时许，我们始欣辞返教育局安睡。

138~143

第二十四章　双重捐税下的羊毛市场

24. 双重捐税下的羊毛市场

因世界的不景气贸易锐减
现在市价较从前跌落一半
汇千元至天津最高汇费须八百元

七日清晨起来，径赴县政府及商会羊毛商处，调查湟源的情形，兹将调查所得，分志于次：

该县小学校，共有四十九处，内有高等小学及女子高小各一处，其余的都是初级小学。学生人数共二千三百二十一名，教职员数七十人，每年共支经费洋六千四百八十元，教育基金共有三万余元，系凑集公益捐及人民捐而成者。小学教职员待遇，最高者每年薪给一百二十元。

全县耕地，有水田一万三千七百十三亩，旱田六万四千二百八十亩，水田售价，每亩值洋三元，旱田值洋一元，水田每亩可收粮食五升，旱田则仅收三升。雇农工资，年工每人洋二十元，月工三元，短工一角，童工八分。全县自耕农占大半，佃农仅七十六户，每户种田平均三十亩。每年至秋收时，将收获平均与地主分派，平常粮税则由地主负担，种子和人工都由佃户自理。

出产以羊毛为大宗，因为该县的民众，除少数耕作外，泰半均从事于畜牧事业，在以前，差不多青海九属番地的羊毛，都集中到湟源来，是一个很繁盛的羊毛贸易市场，一时有小北京之称。好的年份，湟源一地，每年产羊毛四百余万斤，前五年尚能产三百余万斤，可是现在呢，每年仅产一百八十万斤。羊毛市场所以衰落的原因，是因为当地捐税过重，大凡经湟源的羊毛，须纳两重捐税，一重是土产税，每百斤须纳两元，一种是产销税，每百斤七元。一般番地的羊毛商，近年遂改道转运羊毛往他处销售，北路走大通，南路走塔尔寺入四川等地，大概现在从湟源运羊毛至天津，连捐税和运费，每百斤约三十一元。运输的方法，从湟源到西宁，用骡车转运，再从西宁用皮筏溯湟水经黄河东下至兰州，再从兰州装皮筏溯黄河而运至包头，转平绥路北宁路而至天津。羊毛售价现在为每百斤十元，以前价格好的时候，每百斤要卖到二十元，羊毛售价所以跌落的原因，是受世界贸易不景气的影响，而今年华北发生战事，也不无相当的影响。湟源城内大小商店，共有五六十家，中以南货业占最多数，而每年贸易额最大的，当然要推皮货商。不过近年因为羊毛贸易锐减的缘故，现金在市面上极感缺乏。记得去年的时候，从湟源汇款到天津，一千元要收到八百元的汇费，这诚然是一件骇人听闻的怪事，今年从湟源汇一千元到天津，也要收到二百元的汇费，足见该地商业近已一蹶不振，而人民经济，也日濒于破产的绝境中去了。

上午十一时，我们在湟源调查完竣，遂再乘马西进。使我们奇异的是昨天我们所骑来的骡马，今天都已换掉了。我们即问杨通事，为什么要调换新马，他告诉我们昨天的骡马，因为被你们骑了疾驰走长途的缘故，所以都疲乏得连草料都吃不下了。我们听了这消息，心中都在暗笑，因为当我们骑上骡马时，他们都说我们不能骑快马，并且很为我们担心,可是一天奔驰下来的结果,证明南方人骑马的成绩也还不差。当离了湟源十五里路,气候逐渐变得格外寒冷,我们都穿上极厚的绒线衫,可是在路上奔驰时,还并不感到暖热。我们在山谷间曲折地走了几十里路,沿途饱览高山溪流的美景,并碰到许多番子,斜阳将隐伏到远山中去的时候,我们始到达了目的地——哈拉库图城。

　　哈拉库图是在一片广阔而静穆的高原上的一个小小的土城,城的最高处,有一座破旧的喇嘛寺,常常有锵然高鸣的钟声,和喇嘛们的诵经声,从里面传出。城的内外共有几十家人家,其中有汉人,也有番民,他们大都从事于畜牧,少数人种些庄稼。城的四周,是蜿蜒曲折的崇山,当我们到了哈城后,就找一家人家住下,那家人家还生着极热的火炕,因为该地气候尚寒,在酷暑长征的我们,今晚上到这里来居然能睡在火炕上,大家都认为诧异。可是睡在生着火的炕上,在南方人总觉得有些异样的难受。我们为免除因早睡而蒙到失眠的痛苦计,大家都主张乘着这样凉快的月夜,走出去散步。

　　恬静而凄凉的夜,是何等的耐人寻味。清丽的皓月,投射着柔和的银灰色的光芒,颗颗灿烂的群星,正睁着她们光芒的眼珠,在俯视着大地。我们踏着月的银辉,在一片广漠平坦的草原上踱过去,前面是一带高冈,好像是兀立着群魔。我们不自觉地走了几里路,看见前面有番子们的帐篷,一群男女在月光下,作那狂放的跳舞,几个女的番子,还用她们莺声呖呖的歌喉,唱出一首凄凉婉转的歌曲,冲破四周幽穆的空气。我们因不解番语,所以不能明了她们的歌词,可是静聆她们声声悱恻而动听的音调,内心不禁引起共鸣。为了生恐在这样的寒夜里受了凉,所以不敢久在这大自然的怀抱中盘桓,到八九点钟的时候，我们各人带着怅惘的心灵，归去睡觉。

　　翌晨起来，吃了一杯鲜牛奶和几个鸡蛋，又骑上骡马，浩浩荡荡地向海滨出发了。那天，大地上弥漫着白茫茫的云雾，而气候较昨日更寒，虽我们都已穿上了全部所有的衣服，可是在这晓风料峭中，翻山越岭地赶路，身子终不免有些战栗的样子。走了几里，展开在我们眼前的，是一片广漠无垠的碧草原，草原上满长着千百种芬芳的野草闲花，有的像白兰花一样的艳丽，有的作蔚蓝的颜色，有的像在江南所见的野菊花。像这些闲花，如果放在盆里做盆景，一定是很别致而美观的。野草上晶莹的露珠，炫眼地闪耀着，恰似午夜的繁星，成群的白山羊，低着头啮着嫩绿的碧草，远远地望去，好像漫山遍野布满了洁白的棉花。几只野鸟展开着它们的翅膀在半空中翱翔，还鸣出凄哀婉转的调子。我们置身于这种环境中，好像在那大自然的公园中，沐浴新鲜活跃的空气。

　　在我们前进的过程中，云雾愈来愈大，继着天上下了绵绵的细雨，当我们经过日月山时，突然来了一阵大雨，因为仍冒着狂风暴雨而前进，所以大家淋得像落汤鸡一般。午刻，到达了海滨的海神庙，这是每年青海当局祭海的地方，可是最近被匪番捣毁，里面只剩些残瓦颓垣，所有的木材，悉被他们当做柴烧，满地都是马粪。我们就在海神庙前面的草原上，搭起帐篷来，烹茶煮饭，预备进餐休息。那时，天上的雨已经停止，我们看见一片蔚蓝的汪洋，一望无垠，成群的水鸟沙鸥，展开它们璀璨的翅膀，唱着凄哀而婉转的调子，逸然地盘旋在碧波之上，汹涌澎湃的海浪，冲击到海滨的岩石下，奏起激昂悲壮的交响曲。海中的几个小岛——即海心山，屹然地呈现于烟波间。这时，我们兀立在危石累累的海滨上，呆望这神秘的伟大的青海，不禁悠然神往，最后，大家竟快乐得欢呼起来。

在海神庙的南面，有一座土城，就是有名的察罕城。在前清的时候，这里曾驻兵镇压番子，现在城内外已经没有人烟了。这时，我们的野餐，已经准备就绪，大家在帐篷外席地而坐，啃着大饼和牛羊肉，吃得津津有味，一面大家天真烂漫地谈天。

我们在海滨上盘桓了两小时，大家都感到非常有趣，不料天上突然雷声隆隆，电光闪耀，好像不久即将下倾盆的大雨。杨通事劝我们速即离开此地，因为大雨下来的时候，山洪一定暴涨，这时山间的洪水，也许会把我们不知冲淹到哪里去的。于是我们不得不放弃夜宿海滨的计划，把所有的行装装上骡子，骑马重返哈拉库图。归途中，我们看见许多番子的帐篷和他们的羊群，在哈城以北的地方，竟不见有民房一所，人烟也非常稀少。

炊烟暮霭中，我们安返哈拉库图，仍住于那家人家。这天走了百余里的长途，大家都感到分外的疲惫，所以倒在炕上，即昏昏然地睡去。

144~150

第二十五章　金碧辉煌的塔尔寺

25. 金碧辉煌的塔尔寺

八尺佛像系纯金所造
佛前还供着"当今皇帝万岁"牌

九日上午六时,我们离哈拉库图出发到塔尔寺去。那天又遇着浓重的大雾,我们在那渺茫而辽远的旷野里赶路,途中碰到几队穿着红衣绿带的番子,驱策羊群和犁牛,在铺满着丛密绿草的坦途上,蠕动着前进。因为早上我们还没有吃过东西,所以走了十里路,就到山上番子帐篷里去弄东西吃。番子的帐幕,是用白色斜布制成的,里面容积很大,上面有出烟的天窗,前面是出口,灶和后面的牛羊粪,分帐幕为左右两部分,左面专为男子住的,右面是专为妇女住的。尊严的佛像经典,高高地供置在后面,自卫的枪刀,也放在离卧处不远的地方,准备紧急时期拿起来应用。

这帐篷里的番子见到我们这般远客光临,表示热烈欢迎,就到帐篷附近拾几块石子和树枝,欣然为我们烹煮他们唯一的美味佳肴——半生半熟的羊肉。他们烧食物的工具,就是用一只羊皮袋的风箱,用手拉着,便有呼呼的风,吹燃着融融之火。这种工具可以应用于风霜雨雪的郊外,而且因为是轻巧简单,所以携带也特别便利。羊肉煮得不久,他们认为可以大嚼,于是请我们大家坐下来围而共食,他们再拿许多牛乳和羊油,同时各人拔出身畔的小刀,一块块地把肉割下,用手向那血盆似的大口中塞进去。我们看到他们这种原始人类的野蛮吃法,非常觉得有趣。我们有几个人是不喜欢吃膻味的羊肉,尤其不敢吃那种半生不熟的羊肉，所以同行中只有黄伯逵先生等尚能勉强狼吞虎咽。

吃罢了这一顿名符其实的番菜，我们又跨上驴马，在青翠柔嫩的草原上，继续我们的旅程。这时弥天遍地的大雾，逐渐地浓重，几使我们辨不出五尺以外的人，更看不到岗峦起伏的耸峙着的群山，只是闻到潺潺流声，和那嘚嘚的蹄声。我们生恐在大雾中，大家要误入歧途，所以都鞭策着快马，和杨通事一同先进，一面在小心翼翼地注意着大路。在大雾中走了一小时，就遇到一阵倾盆大雨，我们仍硬着头皮冒雨前进，这时因天上下了雨，所以雾也稍稍散开了一些，于是我们发现已经走到了一个山巅上，俯视着山的下面，却有一条大路，无疑地我们已误走入歧途中去了。于是大家下马在雨中休息了一回，一面由杨通事派两个兵到四面去问路，这两个兵去了足足有半小时，因为没有碰到人，也没有碰到羊群，所以问路的结果还是等于零。最后，我们都决定下山循大道而行，预备在路上碰到人的时候再问讯。

行了一刻，就碰到驱策羊群的番子。他告诉我们去塔尔寺的路线和方向，于是我们才安心地大胆地继续前进。当走到拉鸡山时，我们经过了好几条溪流，都是骑马涉水而过的，走上了拉鸡山巅，我们俯视着下山所必经的绝壁危崖，心中感觉惴惴，大家踌躇彷徨了一回，才鼓着无限的勇气，爬下山去，好容易脱离了险境，平安地到达了山谷。大家反顾这座矗立的危崖，不免捏了一把冷汗。再前进十余里，我们便在山谷的溪流间行，两旁都是耸峙的奇山，各色各样异常的岩石，不规则地呈现在云雾中，好像一群魔鬼伸着巨掌，怒目睁视着我们。当走到梦旦峡时，两旁的崇山更为险要，而溪流因山洪暴发的缘故，水流也格外地紧急，我们的耳朵几乎给澎湃汹涌的溪流声所震聋。

　　出了梦旦峡，再行三十里，渐渐地看见几家疏疏落落的小村庄，我们才把刚才绝望的思绪，渐渐地打消掉。大雨中在马上淋了一天，才到塔尔寺，每人身上全部，没有一处不是湿透了的。塔尔寺的市镇（番名鲁沙尔镇）在绵绵细雨的黄昏中呈现我们眼帘时，我们欣慰的心灵，真是只可神会而不能以笔墨和言语来素描。到了塔尔寺，因为天色已晚，每家屋上荡漾着丝丝袅袅的炊烟，而我们经此一天暴风雨中的疲惫，所以大家不愿意先到寺院中去参观，便一直到一家回教徒所开的客店中住下。一到客店，当然我们先找掌柜，叫他泡水买柴，给我们弄东西吃，同时把所有淋湿的衣服、被褥、毯子，用火烤干。可是出乎意料之外的，这位掌柜看见我们这种狼狈情形，非但不可怜，反而趁火打劫地大敲竹杠，我们虽然出了四角钱叫他买柴来，可是他仍不替我们把衣被烤干，害得我们各人仍穿着全湿的衣服，在黑暗的小室中枯坐终宵（因被褥上连水都挤得出，所以实在不能安卧）。这使我们对于这掌柜的异常地怀恨。

　　翌晨八时，我们随杨通事到山上去参观那佛教的圣地——塔尔寺。那时和美的阳光，投射在那森林密布一片苍翠的山冈上，塔尔寺屋顶上的金瓦，闪耀着夺目的光芒，当我们跨进那伟大庄严的寺院，发现寺内美丽新鲜的漆饰，和精巧的雕刻，艺术化的墙壁画，我们都异口同声地惊叹这种建筑的富丽和伟大。我们先去拜访该寺的堪布（即大方丈），由杨通事以藏语向他申述我们的来意，他听了，就满面笑容表示欣快，就叫一个藏名叫增加丹见错的二方丈，引导我们去参观寺的内部，先领我们到"讲康殿"（即佛教圣陵的意思）去参观。那"讲康殿"的建筑，较该寺中任何殿为完美，活跃着富丽堂皇的景象，内部分上下二层，上层的周围，用红黄色的布幔围着，非逢大的纪念日不揭去，两层都铺镶着金瓦，闪着黄的耀光，那价值真不可以计算，所以有人说该寺的财产，和庚子赔款相等。

佛教黄派首领宗喀巴的画像和他的肉体，都供置于此。那时引导我们的二方丈，指点着这幅画像，对我们说："这幅画像，就是宗喀巴用他自身的血液所绘成，当时他正在西藏拉萨，宣传其伟大的教义，与其慈母遥隔两地，他为了释慰他慈母念子的心，所以绘此像给他的母亲。"继着他又滔滔不绝地讲述一段关于宗喀巴的事迹，他说："宗喀巴生于明朝永乐十五年（即西历一千四百十七年），宗喀巴三字在藏文中的解释，宗就是皇水，喀是'皇水之滨的人'的意思，他的诞生地便是塔尔寺，当他诞生后，他的母亲埋胎衣的地方，上生一树，树叶酷似佛形，所以大家又称他做宝贝活佛，十族地方，临黄河有一寺院，名叫冲沙寺。即是宗喀巴削发虔修的所在地。他后来游历各处，并学道于后藏扎什伦布的萨加寺。当时西藏各地的僧侣，因为受朝廷优越的待遇，所以日渐腐败淫乐，趋向堕落的歧途。宗喀巴目击这种现状，就宣誓改革宗教，入大雪山（在西藏）修苦行，宣传教义，破除以前专讲魔术，和不务正道的恶习。禁娶妻，尚苦行，不几年全藏的人民，都热烈地信仰他拥护他，因为他的教徒，都是穿黄衣，戴黄帽，所以人家称他们为黄派佛教。明成化十五年（西历一千四百七十九年）这位佛教中的革命家宗喀巴死了（佛教称为圆寂）。他有两个大弟子，一名班禅，一名达赖，在他死后，这两位弟子便分驻前后藏的拉萨和扎什伦布，继为黄教宗主。因为黄教是禁娶的，所以他们另创一种续嗣法，谓班禅达赖两喇嘛，将来年老后肉体虽死，他们的精神仍附人体，世世不灭。他还有一个第三弟子，名哲布尊丹巴，在蒙古的库伦，掌理教务，位与达赖及班禅相等。"他讲完了这段历史后，便领我们去看宗喀巴的造像。这佛像为纯金所制，高达八尺余，很是辉煌而庄严，像前所有的供器，都是金银所铸，神灯数百，闪着灿烂光辉，尚有从内地及蒙藏各方信徒所绣制的旗伞数百，都悬挂在那里。不过一种很使吾人惊异的，就是殿内充塞着羊肉的膻味，大概这里面的喇嘛都是每天在宰绵羊吃羊肉的吧！

还有一种奇迹，就是宗氏宝座前的木板上，因每天必须经过数千百的信徒们叩头膜拜，木板上因日渐摩擦的缘故，所以有深深的凹痕。他们叩头时与南方僧侣不同，他们把两手伸直，然后把身子虔诚地倒下去，实行"五体投地"的膜拜礼。出了讲康殿，我们又到仙人殿（此殿名系译者所造），和大经堂里面去参观。所得的印象，便是处处都显出神权的庄严和肃穆。还有一种最令人惊异的，是每个佛像座前，有"当今皇帝万万岁"的一位木牌，据说当僧侣诵经时，必先诵"当今皇帝万万岁"数篇，然后才开始念经，足见帝制时代这般皇帝们用心深远。可是现在已经革命了，皇帝已经绝迹了，这句标语也似乎有改良的必要吧！

塔尔寺尚有藏经殿，里面藏着许多宝贵的经典，不过那天并不开放，所以我们也没有去参观。寺内喇嘛，共有三千五百余名，所以厨房内有八尺余半径的大锅三只，叫我们看了咋舌不止。堪布（即大方丈）的住宅，处在山的最高巅，红墙的周围，掩映着小小的丛林，三千五百喇嘛的宿舍是粉白色的，表现缟素清白的色彩，一层层地排列在广大山坡上。做一个喇嘛，便有这种悠然自乐的环境，所以这地方的人民，生了两个儿子，便愿派次子去做喇嘛，有的竟是两个儿子都去当喇嘛。可是这种沉浸于神权迷雾中的习惯，便是成人口减少、生殖日减的致命伤,而引起了民族前途的危机。

我们参观毕,堪布便在他的会客厅中,请我们进早餐饮茶,同时还诚恳地和我们谈话。临别时,他还送我们一幅普罗(番人的衣料),很亲切的拖着长长的袈裟,送出寺门。

出了塔尔寺,我们便从捷径回西宁去,下午三点钟的时候,我们平安地到达西宁。

151~156

第二十六章　黄金世界的青海

26.

黄金世界的青海

大通贵德都兰玉等地都产金
日月山以西之地质变动甚烈

从塔尔寺归来后,我们考察的旅程,可谓告一段落。我们的团员黄伯迻先生,对于青海的矿产和地质方面,有一概要的调查。

地质

此次考察由民和县之享堂镇入青海境,经乐都县之老鸦镇、高庙镇、大峡,互助县之张家寨,及西宁县之小峡,而至西宁城。再由西宁西行至湟源县,更南行经哈拉库图、日月山至察汗城。复由察汗城返哈拉库图,东行经拉鸡山梦旦峡,再北行至塔尔寺。由塔尔寺更北至西宁,循原道享堂镇东返。匆匆一过,于各种地质,未暇作详细之视察,姑就所见,约略言其一二。

日月山以东地质,大致与陕北及甘肃中部相当。沿途常见冲积层、黄土层、黄土层系气候干燥,大风吹来,颗粒均匀。矽质、钙质、泥质皆有,为最适宜于农业及森林之土壤。益以河流纵横,有灌溉之利,以故农产丰富,森林茂盛。黄土层之下为微红土层及红土层,高山深谷之下常能见的,再下为侏罗纪岩层,乃灰白色之页岩、板岩及砂岩所组成,中有煤层,厚由一二尺至五六尺不等,烟煤质劣。侏罗纪岩层之下为二叠三叠纪紫红色岩层,亦为页岩、板岩、砂岩所组成。二叠三叠纪岩层之下为石岩、纪岩层,乃页岩、砂岩所组成,其色黑,中有煤层,厚六尺左右,煤质较侏罗纪者为佳。再下为奥陶纪石灰岩，因地质之变动，间或露出地面，乡民烧成石灰，以作粉壁及肥田之用。

由杨家店（距享堂镇二十里）至老鸦峡三十余里间，沿途多火成岩及变质岩如花岗岩及硅石等等。中夹金属矿如金矿、铅矿、铜矿等。据土人云，老鸦峡下昔时曾盛采金矿云，大峡及小峡（大峡距享堂镇一百二十五里，小峡距西宁二十五里），皆有火成岩及变质岩露出，延长各约二里许。

日月山以西，地质变动甚烈。黄土层、微红土层及红土层，残留甚微，且有不见痕迹者。岩石凌乱，在梦旦峡页板岩等至于壁立，土色或红或黑，均系山上岩石所风化而成，土中多大小石块，不甚适宜于农业，为天然游牧之区。以故日月山以西数十百里，不见一固定住宅，但见番民帐篷，散布山中，及成群之牛羊而已。

金矿

青海原是黄金世界，大通、贵德、都兰、玉树、同仁等县，以及黄河支流、湟水流域、通天河滨，均产金。湟水流域、黄河支流及大通河各地，每年产金约七千两左右。湟水流域金矿，从前农民于农隙时淘取，现因每人每年须征淘金税，黄金一钱六分及手续费五厘，相率停工。杨家庄子对岸孙氏庄沟与湟水会合之处，沙金颇富，农民曾以二十人工淘得沙金二十两，为有权力者所阻而罢。湟水流域淘金方法如次：（一）由十余农夫组成一队，清晨在河中掘一深五六尺之沙坑，将坑内之水除尽，至下午二时许水尽，即开始掘沙，用负沙篓将所掘之沙堆积一处，以一人用木杆徐徐推下，和水，经木制溜沙器沌下，细泥陷入木板隙中，每次约需沙数十篓，费时三小时，将细泥取出，置入淘金器，淘去细泥，即得黄金。每队一日可淘三次，所得之金可值二三元，成绩不佳者仅得数角，每人每日工资约二三角左右。（二）大通河之金矿昔时多由有权威者派人强拉乡民前往淘洗，工头对于工人高利贷，低工资，层层剥削，乡民每期所得无几，甚有负债而不得归者，咸视淘金为畏途。现闻由马师长步芳派员经营，盈利若干，未能询悉。同仁、贵德等县金矿，玉树县之楞错、青错金矿，都兰县之大柴旦、小柴旦金矿，以及贡尔勒、盖岛佛沟、马沁山、雪山，等均产金，惜或为各酋所把持，或为寺院所封禁，悉弃于地，未能开辟耳。

煤矿

青海交通阻隔，本省又需煤无多，煤质亦不甚佳，煤矿只能就地销售，以供给烧酒及家用而已。享堂镇东北二十里八堡川地方，有煤窑一所，煤质有烟，斜井及巷煤深约二里许，窑主掘井至煤层，即任工人自采自运，每煤价一元，窑主得二角，工人得八角，井下支柱用木归窑主购备。现在矿山煤价每元三驮，每驮一百二十斤，享堂镇煤价每百斤五角至六角，金鹅山煤矿俗称煤窑山，界于西宁、大通两县之间，相传明洪武年间曾开采，以罗布藏丹津之乱，地方失陷，因而淹没。现有人在附近开采，兹将该矿情形，分述于次：（一）洞口，原有洞十二，近年增开三个，共有十五个。自地面至井底，深一百尺至一百五十尺。（二）用途，煤质坚硬，色纯黑，小块如拳，俗称把煤，可供围炉取暖之用，碎煤可供燃烧煮饭之用，混煤（大者如豆，与细末混合）可供煨炕取暖之用，和水制成煤块，煨烘烧炉，均能利用。（三）工人，每一井口有工人二十二人，分两班工作，每班有挖工二人（俗称窑霸），小工四人，背煤者摇辘轳四人，拉水一人，以十五井口计之，共有工人三百三十人左右，挖工每工给煤六括括（即牛皮袋，每袋装煤约六十斤）作为工资，每括括煤，山价一千五百文（每元换六千文）。挖工每日可得工资一元五角，其余工人，日给煤四括括约值洋一元，伙食均归工人自备，其余煤炭概归窑头。有窑之家，不事生产，坐享矿利。（四）产量，每一洞口额定每班拉煤八十括括，又工资煤四十八括括，共约一百三十括括，两班二百六十括括，十五洞口，每日可产煤三千九百括括，约合一百三十七吨，每年可产四万吨左右。（五）销场，本矿煤炭运销于西宁、互助、大通、乐都、贵德、湟源等县，有时运销兰州一带，然为数甚微。（六）转运，各处每日来矿购煤者，大车不下二百辆，每辆可装煤五百斤，驴骡约有一千头，每驴可驮一百斤左右，每骡可驮二百斤左右。（七）煤价，煤价因农时、气候、军事种种关系而有涨跌，大块每百斤在山售洋七角至一元，把煤每百斤一角七分至二角，混煤每百斤七分至一角二分，煤层每百斤五分至七分，四、五、六、七等月煤价较廉，九、十等月较贵，运煤人多则山价贵而市价贱，天雨则山价跌而市价涨。若遇军队强拉煤车则煤夫裹足，而山上不能销售，市价因以飞涨矣。

互助县之五山峰寺产烟煤，目下开采者有洞口两对，民国二十年由县署发给执照，洞深一百三十尺，住民集合七八人乃至十人，掘挖洞口一对，每对洞口自开工至到煤层，需时三日。到煤层后即随意采掘，冬春工作，夏秋停辍。每对洞口，仅足供两年之采掘。工人分两班工作，每班六人至八人，有股份之家，各来一人工作，不足再行雇用,每班可出煤六十背篓,每日一百二十背篓,每背篓装煤八十斤乃至一百斤,该项煤炭仅供给互助县烧酒及烧野灰之用,此外西宁之东川,小峡湟源之乌丝兔口,皆产烟煤,均未开采,大通县之樵渔堡产无烟煤,现有私人用土法开采,产量甚微。

其他贵德县之哇米勒及都兰县之柴达木产方铝矿,均已采取砂样,以备化验其含铝成分及含银成分。积石山、考鲁及大小柴旦之银、铜、铁、锡、铅各矿。木勒拉之铜矿,贵德、玛尼岭、隆冲河之银矿,汪什代海之锡矿,格吉、界杂、曲滨之翠玉,哥巴保苏莽界、玛尼岭、乌兰代克山、霍硕特北右末之煤矿,均为青海之富源。

157~161

第二十七章 青海羊毛业的检讨

青海羊毛业的检讨

青海至天津之运费超出成本一倍余

青海除蕴藏着丰富的矿产外，人民因气候和天然的环境关系，都从事于畜牧事业。在这数百万蒙藏人民所托命的畜牧事业中，占有重要地位而影响于生计最巨的，便是绵羊所产的羊毛，不仅供给他们衣住的需要，且将用以售诸毛商，转销国内外各地，为全省经济上的重要收入。据我国贸易通志上记载："青海、西宁为中国西北羊毛之集散地，每岁出口者，占全国羊毛出口百分之五十。"观此我们便知青海的羊毛，实为西北对外贸易的重要商品，与国家经济的发展，有密切的关系。值兹举国呼号开发西北的现在，我们对于青海羊毛事业，也应有注意和研究的必要。兹将记者调查所得，笔之于下：

主要产区

青海的羊毛主要产地，东区为贵德、循化、巴戎、大通、刚咱、郭密等地，西区为综峰、牙拉、娘磋诸番族地，中区为柴达木河流域、香日德、达巴苏图、哈拉呼孙等地，南区为玉树、囊谦、苏莽、猓猡及附砦江、澜沧江一带，北区则为都兰、布哈河及沿青海湖一带地方。

贸易情形

青海羊毛业的贸易日益兴盛，系近数十年来的事。在闭关时代，仅供当地人民衣住的原料，余则弃诸原野，任其腐灭而已。从五口通商以来，我国内外各地对羊毛之需求，日渐增加，外人遂远赴青海羊毛集散地，将大批银两预付专往番地收毛的"歇家"，作大量的收购。因此这种歇家,每年获利颇巨,数年而后,他们竟直接运输羊毛至天津张家口一带销售,不复转售于洋商。在民国八年至十五年的几年中,是青海羊毛业的黄金时代,那时青海的毛价,每百斤不过八两至十两。运费自青省至天津,每百斤不过三四两,纳税每百斤银三五钱,合计百斤的成本仅十五两,可是天津的毛价却激涨到四十余两,所以经营羊毛的商人,获到很大的利益。近年来因国外产毛增加,加以不景气弥漫着全世界,所以羊毛价格暴跌,营业一落千丈,益以青海省当局税收过重(每百斤须纳出产税二元八角,产销税五元四角),所以一般毛商都为之裹足不前。羊毛的出口额,因销路的广狭而增减,殊难作一精确之统计,惟据记者向该省羊毛商调查,知湟源一地,每年出品之羊毛,约二百二十万斤,大通、俄博、永安三处,合计每年约一百余万斤,玉树年约一百五十余万斤,鲁沙尔及上五庄,年约一百五十余万斤,贵德年约一百余万斤,循化及隆武,年约一百五十余万斤,其他各部落,或接连新疆南部,或邻近甘肃之北部,或毗连康藏川西一带,每年都有大量的出口,苦无统计可据,因其地与外间阂隔过远的缘故。

羊毛品质

我国羊毛的主要产区,为青海、内外蒙古、西藏及新疆西康等地,论其品质,则以青海羊毛为最优。因为毛质柔韧卷曲,富于弹性,毛丛密生长,每方寸皮肤,生毛五万余根,并且因羊体健壮,粗毛和死毛较少。染制不感困难,色泽透明,毛的纤维细柔,而长度亦很适宜，所以可以制造上等呢绒及毛织物。据一般研究羊毛的专门家说，青海羊毛的品质，虽不及美国及澳大利亚等美利奴羊毛，可是在国内羊毛中，实为首屈一指，所以如能利用科学方法去畜牧，改进毛质，那末将来定能在国际贸易占一重要地位。

羊毛分类

在青海的羊毛，种类很多，兹列分类表于下：

分法	种类 说明
春毛	春末采剪的，行之者殊少。
秋毛	秋初采剪的，行之者最多。
剪毛	以剪采刀剪者，经济而迅速。
割毛	用刀来割，费时而不整齐，毛多不能割尽，西部番民多行之。
抓毛	老羊皮制成熟皮后，由皮匠用铁抓取下者。
绒毛	质柔韧，多鳞片，可为呢织上品。
粗毛	质坚而易折，无弹力。
死毛	呈白色而无光泽，缺乏卷曲力，夹杂于粗毛中。
长毛	长约五寸至八寸许。纺织绒线最为适宜。
短毛	长三寸至寸许，仅可作下等呢绒及毡毯之用。
鞑毛	柴达木一带蒙人所售的羊毛，就叫鞑毛。
果罗毛	果罗番族所产者。
番毛	鞑毛及果罗毛以外的。悉称为番毛。

采剪方法

现在羊毛采剪的时期，分春秋两季二次，不过春剪的很少，大部分都在夏时采剪，因为那时气候暖热，羊毛剪去后，羊的体温，并不受到影响，而到严冬的时期，毛已长盛，足够御寒，而保持体温。剪毛的时候，先将羊群赶至一处，先缚其足，然后自胸部向背部剪之。手术灵敏者，十数分钟，即可剪毕一只，可是如果用新式剪刀机器，那末五分钟，便可毕事，且羊毛都很整齐，而时间又可经济。当羊毛剪毕后，由两人拧聚之，扎成一大堆，这样就可装运出去销售了。

运输方法

羊毛的运输，可分陆地与水道两种，今分述于下：（一）陆地运输，一种为牦牛运输，每当夏末秋初，这种运输羊毛的牦牛队，便浩浩荡荡，在无际的原野上缓缓活动。这种牦牛，是青海西藏的特产，力大体壮，形态雄伟，每头可载重一百五十余斤，行走很缓慢，每天只能走五六十里。另外一种的骆驼，它的载重每个可二百余斤，而忍饥耐寒的力量，较牦牛更强，不过行走迟缓，和牦牛同病。尚有驴车运输，仅能通行于青海各大县间，不能深入蒙、番内部，载重每辆可至八百斤，日行八九十里，运费每辆每日自三元至五元。（二）水道运输，水道运输，都用皮筏，这种皮筏由牦牛皮袋制成，也有用羊皮袋制成，大者每只皮筏可装毛二百余斤，约值洋十余元，由筏商将牛皮收买后，先去其毛，以油盐渍之，使之柔软，然后再加以缝制，即成皮筏。当装运羊毛时，先招雇附近贫民，从事装毛工作，再以松桦等木材，联制成筏底，然后将装就羊毛的皮筏，一一系连，即入水顺流而下，由湟水转入黄河，随波而至包头，再从包头搭平绥路车至平，由平转北宁路运送至天津。

上述两种运输方法，都是非常迟缓而不经济，而最令人痛心的，便是羊毛由青海起运至天津，运输费每较成本超过一倍余。如羊毛百斤价值十五两，运至销售地，运费须银十八两，因此吾们如果要发展青海的羊毛事业，必须改进交通，减轻各种税收，异日如能在原料和工价都很廉的西北，自设工场，制造各种羊毛货物，则可免掉每年的舶来品的经济侵略，而减去漏卮不少。

162~167

第二十八章　尝到了皮筏子的滋味

28.
尝到了皮筏子的滋味

飞机两小时半的乘坐——洋二百三十元！

我们于十日下午由塔尔寺返西宁后，即于翌日上午分赴青海省城各机关，道谢辞行。当我们到省政府时，适是日为回教礼拜日，所以富丽伟大的中山堂内，有一片回教徒的诵经声，传入我们的耳旁，马主席当然在做礼拜。所以只托冯秘书长，代致谢忱。下午，教育厅长杨希尧氏，在教育厅内设宴欢送我们，在座陪席者除教育厅内科长等属员之外，大部分是旅长、团长、参谋、副官，及当地的公安局长。是晚，冯秘书长复在其私邸欢宴我们，席间，冯氏代表马主席致其拳拳之意，并要求我们在西宁多休息几天，可是我们因沪上都有职务羁身，不能在外虚度不经济的时日，所以对于青海省当局的高情厚意，只有心领而感铭之。席终后，由冯氏介绍我们去见省政府委员及现任监察委员黎丹氏，他是一个学问深邃的长者，言词和态度，都非常恳挚，对我们纵谈研究藏文的经典政治和宗教问题，历一小时余，使我们内心都钦敬他。继着我们再往省党部去，向方燕李诸委员辞行，并感谢他们这次给予我们种种指示。当返寓时，已十时余，在油盏灯跳跃的灯光下，我们整理好简单的行装，准备明天一早就启程东返。

十二日清晨五时，我们都已起来，一切的一切都整理完竣，可是约定六时赶到的驴马和脚夫，却仍姗姗来迟，到八点钟才到。我们对于这种不守时间、行动迟缓的脚夫，都异常愤恨，可是除了报之以苦笑外，实没有其他的办法去对付他们。骑上了那种又高又大、举步笨重的驴子,在日光熏灼下走路,觉得既苦痛而不耐烦,而且这几匹驴子较以前所骑的,更为恶劣,它们时常运用技巧,使骑在上面的人,平平空空地跌下来,有时会直冲到人家去,使骑者撞得头破血流。因此我们骑在上面,都是心惊胆栗地不敢稍为懈怠。五人之中,除了记者以外,没有一个不尝到驴子所给予我们的痛苦。第一天离西宁,我们原拟赶到一百二十里而抵乐都,可是因为驴行极慢,且沿途阻碍殊多,所以走到黄昏时,尚距乐都四十余里。但我们抱定就是午夜也要赶到目的地的宗旨,所以就在茫茫的黑夜中,继续赶路,卒于十时许到达乐都县城,那时城门已经紧闭,我们在城门口叫了多时,才有人来开门,让我们进城去找客店休息。一到了客店,也无心绪洗脸进餐,就倒在炕上昏昏地睡去,因为那天实在太疲乏的缘故。

十三日上午九时,我们再从乐都出发东进,因为那天所经的山路,崎岖异常,所以逢到危险区域,不得不下马步行。那时天际密布着乌云,大有山雨欲来风满楼之势,少顷大风夹着尘土而起,使我们不敢睁着眼睛,轰隆隆的雷声,闪闪的电光,继着便是一阵像拳大样的雨点,向我们打来,我们几人只有忍着大雨湿遍全身,拼命地赶路。好容易奔到了北望乡,就在李土司家中躲雨,李土司看见我们几人这样的狼狈,便很殷勤地招呼我们休息进餐,可是天上绵绵的雨,还没有停止,我们不得不放弃原定的策略,全团五人都在享堂镇聚合,而勉强的在李土司家中住下。

翌日,晓色微露时,我们辞别了李土司,出发到享堂镇。在享堂镇我另外雇了一匹小毛驴,这样可以免除沿途的痛苦。九时许,我们几人又继续着我们的征程,沿途我们轮流地讲述笑话和故事,并大嚼西瓜和桃子。翻山越岭地走了一天,在夕阳余晖中,行抵黑嘴子,决定冒险乘羊皮筏子装奔兰州，这样我们对于西北水道的交通工具——羊皮筏子，也终算尝试过了。

"说干就干"就是我们唯一的信条，所以纵然天上密布着黑云，雷声和电光已经在半天上施威，而时间已近薄暮，但我们仍是很高兴地坐上筏子。那只筏子是用十二只羊皮袋连系而成，作正方形，上面铺了些柴草，除了我们几人外，尚有一个划筏子的人，当我们的筏子一下了水，就随着湟水的波浪，顺流而下，像风驰一样的迅速。那时天上下着倾盆似的大雨，我们在筏子上发生进退维谷的恐慌，在不到五分钟的时候，我们已走了三里路，这种速度，简直同上海黄浦江中的轮船一样。我们后来就在余家滩登陆，到一家乡下人家去躲雨。可是老天尽和我们为难似的，大雨仍没有停止，所以不得不再死心塌地住下，明晨再赶到兰州。

十五日清早，天才亮，太阳还不曾升上来，只有半天煊红的霞光，像烧起半天明亮的火把。附近乡村里都还寂寂的，只有几声从远处传来的犬吠声。我们又登上了筏子，在波浪汹涌的湟水中疾驶，温柔的晓风，吹拂到我们的身上，把我们满头长长的乱发，吹得丝丝飘舞。少顷，朝阳从山腰里崛起，那阳光闪闪地闪烁着把波粼染成了一片金色，我们坐在筏上，注视着两岸的危崖石壁，静聆那淙淙的水声，好像在梦游赤壁。有几处水流急的地方，大浪猛扑到我们的全身，几乎把这一叶小小的筏子，整个儿地吞下去。我们为减除内心的恐慌计，大家都把身子躺下来，仰视着蔚蓝的苍天，和运行无阻的白云，任这只筏子随波逐流地前进，就是撞在岩石和浅沙滩上而沉没，我们也逍遥自在地做波臣，毫无一些后悔。当九点钟的时候，我们已由湟水而驶经黄河渡口，在黄河中，行了一百五十里的路程，于午刻已安抵兰州城外的黄河铁桥旁，我们便互相紧握着手欢呼几声，庆祝此次冒险的成功。继着便到江苏旅馆去休息，翌日起，我们便闭户写稿，做埋头伏案的工作。十八日的晚上欧亚航空公司兰州站的职员来告诉我们，说是今天有飞机自新疆来的，其中尚有空位三个，明天准一早飞往西安，我们得到这样的好消息后，便决定明天我们三人——记者和黄伯迖——搭机先飞。尚有汪舒二君则于二十四日再搭飞机东返。

十九日晨三时，我们三人搭着一辆大车，在繁星闪耀中，出了兰州城，到离城二十里的飞机场去。六时半，我们登上飞机，翱翔于天空，向东飞去。在机中很平稳地坐了两小时半，便到达西安，急从飞机场雇人力车，直奔汽车站，想搭当天到潼关的汽车，可是结果因前天大雨，所以汽车道不能通车，使我们不得不在西安的西北饭店逗留了一天。在西安，我们曾赴省政府，谒见邵主席，面致这次省政府招待、保护我们的谢忱。晚上，西安报社丘社长设宴招待我们。席间，对发展西北新闻事业，我们都有极畅快的讨论。

二十日上午九时，我们由西安搭长途汽车到潼关，那天汽车上的搭客特别拥挤，可是比较我们从前到长武去的汽车却好得多，所以我们虽然乘坐在这种破烂不堪的汽车上，心中已觉十分满足。午刻，车过渭南，因连日大雨，渭水暴涨，所以前面的汽车道，为大水所冲坏，我们不得不下车步行，汽车则绕山道而行。不幸汽车复重演抛锚的惨剧，又耽误了两小时。后来走到距华阴四十里的地方，汽车竟为洪水所阻，一共有十数辆的汽车成排地等待着，不想补救的办法，我们情急生智，急放弃本来所坐的那辆坏汽车，雇乡民背负着涉水过去，搭上另一辆空的载货汽车，风驰电掣般地向东驰去。好不容易经过了几条大水，终于在下午七时半平安地到了潼关。我们急从汽车跃下，跑到潼关火车站，那时距开往徐州的夜快车的开车时间，仅十分钟，所以要是我们今天随便在什么地方，懈怠了十分钟，那么就搭不到火车，耽误了时日。因此我们深切地感觉到无论在什么地方都不应该稍为懈怠，因为那无情的时间便会一秒一秒地溜过去的啊！

　　购了票，很愉快地登车，继着火车便向着黑黝黝的山洞中，轰轰地进发。这天晚上，在车中昏昏然睡眠过去，翌日上午九时，车抵郑州，陇海路局的总务处长黄学周等都登车欢迎，他们很殷勤地邀我们下车在郑州休息一天。但是我们因归心如箭，所以很婉和地辞谢了，仍旧搭着原车于当晚八时赶到徐州，在徐州换乘津浦车南下。在车中晤及徐州新闻界数人，他们都异口同声地说我们的脸色，变得这样的黝黑，几乎使他们认不出来。值兹摩登人崇尚肤色黑的美的现在，我们对于他们这种称谓，也觉得乐于接受。

　　二十二日上午八时，我们到了南京。同行的黄伯逵先生就同我们握别径返中华矿学社，而我们呢，便渡江搭十点钟的京沪特快车返上海。下午五点钟，我们已重履十里洋场，回到那十足欧化的上海了。

　　以上种种，是我们旅途经过所得的大概情形。为使读者对青海各县获得一比较详细的概况起见，回沪后再把行箧里未经发表的资料，整理出来，作一种个别的叙述。

168~176
第二十九章　民和县之复杂种族

29. 民和县之复杂种族

回民占人口总数三分之一
农民多自耕农并无大地主

回到了上海,再把在青各县调查所得,为以前通信所未详的(除同仁、玉树二县无从下手外),分别报告。后面便是民和县的情形。

历史

民和县昔为乐都的一部分,以前的历史,和乐都县相同(见前),直至民国十八年一月,青海省政府成立,因地面辽阔,行政不便,分为两县。城东五十里,即老鸦峡,峡西俗曰硖里,硖东俗曰硖外,为天然界线。十九年四月一日,硖外新县成立,以硖中芦草沟分界,名曰民和县。县治初设上川口,十二月移于古鄯驿,此地汉为龙支县,晋为小晋兴城,明清为巴暖川,县之四境,东界永靖,南通临夏,北达永登,西至乐都巴燕,纵一百三十里,横一百十里,原为二十一堡及李土司所属,共为二十二堡。自新设县治以后,将镇堡名称,更为区乡镇。

土地

全县共分四区七十八乡镇,一区属十八乡,二区十一乡,三区十一乡一镇,四区三十五乡二镇,境内南山横亘其间,丘陵起伏,占地颇多,农地占面积四分有奇,森林占二分有奇,其余均是山陵、河流、沙石。

地分水田旱田及脑田(山中冷湿之地)三种,水田上等者颇肥沃，中等者为壤土，下等者为石灰植土，三者面积约相等，共五万三千九百十二亩。旱田上等者颇干燥，中下等为沙土，其面积约一三三之比，共为八万五千三百六十八亩。脑田上等者阴湿，中等者为泥灰植土，下等者为腐植质土，各约相等，共有十四万二千二百八十亩。以上三种土地，共二十八万四千五百六十八亩。

官荒占全县面积十分之一，约三万〇五百四十九亩，民荒占全县十分之二三，约三万九千八百六十七亩。未开垦之原因，实以山岭纵横，陡坡石壁，皆属不毛之地，且连年荒歉，农民只经营少数水田及平原旱田而已。山坡之地，均十种而九无收，即已垦之地，任其荒弃者亦多。

农田价格，水地每亩约自四十元至八十五元，旱地每亩三元至十二元，脑地五元至二十元。非农耕地，则城市地，每亩自五十元至八百五十元，普通价约三百元。乡村地自三十元至二百八十元，普通价八十元。想荒地二元至五元，普通价三元。每亩岁收，如以去年为例，则水田上等者收十八升，中等十五升，下等九升。旱地上等者五升，中等者三升，下等者一升，脑田上等者一斗，中等八升，下等五升。

无人纳税之荒地，计第一区共有四七五六亩，第二区为七一七二亩，第三区为六三七六亩，第四区为一二二三五亩，总计约三万〇五百三十九亩。有人纳税而不耕之地，以四区三十三乡合计，约共一万七千九百十七亩，因山崩河滥等原因不能耕种之地，全县共约二万一千九百五十余亩。

人口

全县户口，总计一万〇四百九十户，共计五万四千九百十三人。其中以种族计，汉族约三一五五〇人，回族约一七八一四人，土人约四五五四人。以职业计，农人约三九八二三人，占人口总数百分之八六，学界三一九人，占百分之一.七，商界约一〇一四人，占百分之五.四，工人七〇七人，约占百分之一.四，军人二四九六人，约占百分之二.二，学生约四〇四一人，占百分之一.三，平均每方里约四人或五人。以性别计，男子约二九八四九人，女子约二六九六一人。

县属汉土民族，笃信佛教，故各乡皆是喇嘛寺院。满清时代对此间寺院多准由国赋项下发给粮食，以给养之，因之各处人士，多愿投身为喇嘛，喇嘛之数，曷止千万。民七八年后，食粮免发，喇嘛生活，遂生问题，持钵他往者有之，易服返俗者有之，喇嘛之数，日渐稀少，现全县约只一百三十七人，僧道之属，亦仅二百余人。

以信仰论，国民党党员，现有七三人，佛教信徒约九二七〇人，回教信徒六三一三人，道教信徒二〇一人，天主教信徒二十八人。以教育论，受过大学教育者有三人，中学者五二人，私塾七四一人，补习学校七八人，成年识字者一七五六人，在学者四〇四一人，失学者一〇〇〇人，其他则吸食鸦片者一一三五人，缠足者一八八〇人，蓄辫者四六二人，嗜酒者六一一人，乞丐一九一人，游民一九二人，残废者六八一人。全年共生一九二七人，共死八六七人。

交通

陆路交通有省道、县道，及城内马路等。省道自莲花台至海石湾，长凡三十里，宽约二丈五尺。县道自县城至化隆县界，长凡九十里，宽一丈五尺。城内马路自西门至南门，长一百八十步，宽一丈，水路则因民和县，北有湟水，南有黄河，可通行皮筏及木筏，大皮筏能载一万八千斤，小皮筏一千余斤。河水涨时，大小皮筏，均能日行二百余里。全县有大皮筏五百六十个，小皮筏五百个，木筏用者甚少。

古鄯享堂等镇，均有邮政代办所，享堂有军用电话，直通西宁，电报局尚未设置。

农业

以一亩计，水田之上等者，每年可生产十五元，中等十三元，下等十元，旱田之上等者十二元，中等十元，下等五元，脑田之上等者十元，中等八元，下等五元，每年各种出产物之较量及种类，约如下表：

名称	产量	价值
青稞	三万余石	二元五角（以一石为单位）
大麦	三千余石	二元
小麦	八千二百余石	三元五角
山芋	五万余石	一元二角
豆类	三万二百余石	三元五角
小米	一千五百余石	二元
胡麻	一千二百余石	三元五角

农产物丰稔时常运输兰州，年约数千石。以地处阴寒，山岭高峻，四月冰雪尚未融化，八月气候即转寒。农家每年三月播种，九月始成熟，仅收获一次。南部官亭及北部川口、享堂等处，以地属川原，气候稍暖，农家工作时间较长，约二月播种，七月收获，然年亦仅收获一次。黄河虽横贯于南，湟水流经于北，但以河身低下，两岸太高，不能引水入渠，以资灌溉，只有官亭一带，沿黄河修水车四架，下川口一带，沿湟水岸，修水车二架，以灌溉邻近田亩。其余各处，多利用由南大山流出之山水，如暖只沟、巴州沟、来拉沟、松树庄、大马家沟等，皆可导渠灌溉。至所用肥料，约可分为人粪、牲畜粪、草粪等三种，人粪由农家自己储存，每石价约三角，每亩至少用

六七石，牲畜粪每石约二角上下，每亩约需八九石，草粪由农家在野地播出草块，在田地之侧焚成，每石价约一毛余，每亩须用四五石。

农村组织大抵以百户以上之村庄为一乡，不满百户者，联合附近乡庄为一乡。乡设乡公所，设正副乡长各一人，由村选举，县政府加委，下分设闾长，邻长，由区公所委任，期限一年。今因差徭纷繁，无人愿任此职，故各地方多轮流担任。

民和无大地主，计自耕农约七千七百五十户，半耕农一千三百〇三户，佃户四百四十户。纳租不以现金，而采用纳租谷法。当春耕时，佃户租种地主田亩，即将租价议决每亩纳谷五升或三升、一升不等，各就地之肥瘠而异，迨秋收后，即照所定租额，由租户送纳地主。此外尚有分租法，地主有地而无力耕种，将地分于他人，由他人耕种，不议租额，待秋收后，按该地收获之丰歉，两家以三七或四六股分之。

以连年荒旱之故，十室九空。农民生活，大都粗衣淡食，破屋陋巷，只求温饱，其他不良嗜好，无从发生。家庭多取大家庭制，生活稍裕之家，每人需费三十余元，贫乏者每年只二十余元而已。

民和民族复杂，番、汉、土、回杂居，相安无事，惟宵小之徒，入夜行窃者，年盛一年。加以赋税奇重，差徭浩繁，绅董之压迫，到处皆然，农民备受痛苦，极为惨苦。

寻常雇农之工资，除供给食用外，每月一元或二元，惟农忙时，可增至二元至二元半。间有少数资本家，积粮放债，重利盘剥，农民借洋一元，至少须付年利洋三角。

工业

主要工业为木匠、铁匠、裁缝匠、鞋匠、砖瓦匠等，其重要工业出产品，有毛织品之褐子约年产一万五千匹，毛毡约五万余条，价约五万余元，羊皮年约九万余张，牛皮年约六千余张，价共九万余元，酒醋年约产五万余斤，价约一万余元，产油年约七十余万斤，价约十余万元。每人每日所得之工资，约洋二三角左右，工作时间，并无规定。

商业

民和因交通不便，商业集合于川口镇，货物来源，皆由兰州转运。销售物以布、茶为大宗，而布匹中以洋布为最多，每年销售约值三十万元以上。全县无最大之商店，资本最雄厚者，不过一二家，每家约有资本十二万元上下，最低者约二三百元，店员薪水，每月约自二元至五元。

教育

民和县之教育行政机关为教育局，全县有完全小学三处，初级女校三处，初级小学六十四处，党特处附设民众学校三处。教育经费，年约一万九千元，来源多为学田租粮、学生学费及验粮款、称行税等。

习俗

民和县之民族既复杂，宗教亦因之而异，汉民与土民，多崇信神佛，番民纯信佛教，日以诵经拜佛为务，又有红教、黄教之分。回民则信穆教，每日参拜五次，计寅午申戌亥各一次，遵行五功，五功者念礼斋课朝是也，有高念低念默念心念之分，均为赞主赞神，因其道本一致，故曰清真。

回汉两方，宿恨未泯，地方一有变乱，即有起而互相攻杀之虞。至寺庙之数，经详细调查后，列表如下：

名称	建立时代	住持	僧数	不动产	神佛
金厥寺	民国六年	安勘布	五三	地五亩房十六间	一
温家寺	清宣统元年	康卜	十七	地七亩半房四九间	三
五什沟寺	不详	洛臧寅	十一	地五亩房十六间	三
静宁寺	明初	扎细	九	地二亩房二四间	一
静和寺	不详	洛臧	十三	地二亩房八间	三
三家寺	民四重修	洛臧	四	地三亩房十间	三
铁家寺	民四	不详	不详	地一亩房三间	不详
嘉吉寺	民二十一年	不详	不详	地三亩房三间	一
娘娘庙	清宣统元年	——	——	地二亩房三间	——
嘉吉寺	民十四年	尖锭	十	地一亩半房十一间	三
哈家寺	——	洛臧	——	地二亩半房三间	——
四郎庙	民三年	——	——	地二亩房三间	——
观音寺	清光绪三四年	——	——	地一亩房三间	——
宝光寺	民八年	——	——	地一亩半房三间	二
慈利寺	清光绪三二年	旦巴	四	地二十亩房九间	三
越圣寺	明洪武	冯心惠	三	地五亩房十间	三
莲花寺	明时	李坎布	十一	地三亩房六二间	四三
增福寺	民国元年	李哲户巴	——	地八亩房十二间	四
兴隆寺	明宣德时	范襄长	——	地八亩房六间	——
龙和寺	明洪武时	云发沧	二七	地一千亩房二十七所	五
林云寺	清康熙九年	武元洪	——	地五亩房五间	一
禅房寺	明时	朵尖羊	三三	地三亩房十五所	二
延寿寺	明时	王朵吉	十七	地三亩房十五所	六
本抗滩寺	明时	祁英巴	十五	地三亩房六所	二
瑞云寺	明时	范永修	——	地三亩房六间	一

尚有较小之寺庙二十四所从略。

迎神赛会，时有所闻，如正月十五日七里寺之跳神，二月二日总堡之朝拜，三月清明日古鄯之演戏，九月九日川口镇之迎神，六月六日药水泉之赛会，七月十五日台子赵家之二郎会等皆是。距城附近之麻子沟，倘逢丰年，即开刀山会，中备马刀一百二十把，扎成梯形，高数丈。会期在正月十五日，会前二日斋洁沐浴，观者不下数万人。

男女婚期，多在十五六岁，结婚时用古礼。寡妇如无子女，家主任其自由行动。

财赋

民和地瘠民贫，赋收不畅，缴收者仅地亩粮三千五百四十担。近因粮价衰落，财厅令本邑作为四成折价，每担以九元九角收之，油磨税可收一千五百四十元。

其他行政机关及公共团体，列表如下：

名称	职员总数	全年经费	工作情形
县政府	自县长起共四二人	七四四〇元	每日七时
教育局	自局长起共三人	六八四元	人少颇感困难
建设局	自局长起共三人	四九二元	工作甚少
财政局	局长书记共八人	一八一二元	专收地方款项
禁烟局	局长稽查共十四人	二千五百余元	专司搜查烟土
产销税局	局长稽查共三二人	四千四百余元	稽查偷漏
商会	三人	无	只摊收款项
农会	三人	无	去年改组
工会	二人	无	去年改组
教育会	二人	无	去年改组
清赋会	七人	三百余元	在各区抽丈

177~184

第三十章　乐都县一片沃野

30. 乐都县一片沃野

金银铜铁各地皆有
日货充斥奸商活跃

我们在经过乐都县时，曾报告其概况，现在再将其他详情，分述于后：

一般形势

关于乐都的历史沿革，前已说过，不再赘述。乐都县治位于湟水北岸，据全县之中央，约两方里许，全境山峰峻峙，形势险要，老鸦峡拱扼于东，大峡（汉名四望关）屏蔽于西南。老鸦峡素称天险，长约四十里，两岸石山高耸，湟水中流而下，为本省门户，系军事必争之地。气候为大陆性，寒暑俱剧，冬季漫山冰雪，重裘不暖，夏季较热，冰雪始渐溶化，农人赖以灌溉。兹将每月平均温度，分志于后（华氏表）：

一月二十五度	二月三十度	三月四十二度	四月五十六度
五月六十度	六月七十度	七月七十四度	八月七十一度
九月五十度	十月四十度	十一月三十六度	十二月二十五度

土地分析

耕地面积，共有二八三方里二亩八方（十五万二千九百七十亩），就中旱田最多，水田次之，脑田又次之。各种田亩，分为上中下三等，上等田亩，若不遇意外，尚能丰收，下等除水田、脑田略有收成外，余因年来亢旱，已成不毛之地。以土壤方面之形状与性质言,黏土、泥土居多,沙土、砾土较少。兹将土壤之色泽及组织分述之。(一)红色土壤,为红色、灰色或黄色砂石所成,表土组织坚固,心土厚重,助长力颇强,县西南区域,多属此种土壤。(二)白色土壤,分布于县中部及东部,占最大区域,色白细末成粉,疏松而黏韧,表土、心土均颇肥沃。(三)草灰色土壤,土壤色黑,亦有深褐及黄黑色者,表土轻松,下多为红色沙土。(四)灰色森林土壤,分布于水脑一带,土色灰色或黑色,表土疏松,心土厚重,但此区域内,温度较低,雨量较多。(五)黄色土壤,表土为黄色或浅黄色,颇细,心土亦系黄色,尚肥沃。荒地面积,全县约有六千○三十六方里七亩二分,虽为荒地,而夏季绿茵遍地,四野一色,土质肥沃,最宜垦殖,惟气候较低,各僧侣坚守旧习,不开辟,亦不让人,致一片沃野,徒作牛羊牧地。湟水两岸,旱滩、河滩亦多,且极平坦,旱滩无水灌溉,非待雨量较多,不能垦殖。河滩土质不良,率为沙土,且多盐质、碱质,不适耕殖。

种类	时期	最高	最低	普通
水田	现在	五十元	三元二角	二十六元六角
	十年前	三十元	十二元	二十一元
旱田	现在	十七元二角	二角	三元七角
	十年前	十五元	七元	十一元
脑田	现在	十二元	四角	八元
	十年前	一元六角	四角	一元(以亩为单位)

各种田亩价,年来增减不一,以现在及十年前的价格比较之,结果约如上。

过去雨量充足,灾害稀少,上等水田每亩年收谷二斗二升,中等一斗五升,下等一斗二升。上等旱田年可得谷二斗二升,中等一斗四升,下等九升。脑田每亩年收上等八升,中等四升,下等二升。现在上等水田可得谷二斗四升,中等一斗四升,下等二升。旱田上等可收六升,中等三升,下等一升。脑田上等二斗二升,中等一斗五升,下等九升。县中公有田间以贪污土劣,从中渔利,恶吏到乡,尤为凶狠,绳锁吊拷,习以为常,于是粮价跌落,地价日廉,民众备尝苦痛,农村已呈复乱之象。处此剥削重重之下,农民迫不得已,只有弃地流亡,纷往西宁、湟源、民和等地而去。总计去年全县因逃荒而徙移者,共三百四十户,共男女一千五百九十二人。农村经济,由是破产。

天然富源

本县富源,可分二类。其一,南北脑山森林,产鹿狼麂子狐狸等兽,过去立秋以后,猎者纷纷入山,猎取兽皮,运销他处,近因森林败落,兽类大为减少,必须予以相当保护,方可恢复原状。其二,矿产,金铜铁各矿,县内均有,北区引胜乡一带,银矿尤富,南区一带,盛产金沙,均以开采乏术,至今货弃于地。

交通与建设

城南为甘青大道,商贾行旅,即取道于此,城内街市甚狭,交通工具,多赖骡马。陆路可分为:(一)省路,可行汽车,第一段由羊官堡起至河滩寨止,共长五十五里,宽二丈,第二段由狼害湾起至石嘴堡止,共长七十里,宽二丈,为甘青大道。(二)县道有,乐民路，由县城起至莲花台，长七十里，宽一丈五尺。乐永路，由县城起至永沟堡，长六十五里，宽一丈，永克路，由县城起至克恰牙壑，长七十里，宽一丈。乐化路由县城起，至化愿寺，长八十里，宽一丈。（三）城内马路自西门至东门，约一里许，陆路建修最艰难者，首推乐民路，乐永路次之，乐民路自莲花台至老鸦堡之二十里，纯在峡内，山路崎岖如羊肠，且为石山，最难开凿。三年以来，经县长等之修筑，宽始及丈。乐永路为甘青汽车大道，中有水沟大山之阻，工程浩大，修筑不易，夏日暴雨骤来，山洪横流，屡将大路冲毁，行旅苦之。

公地，共约五一九〇亩，为学校、寺庙等机关所有，年来为雨水冲毁之地，约有五百七十八亩，为道侵占之地，共有三十一亩，均依旧缴纳赋税。关于乐都县之人口，已见前载，从略。乐都农民，占全县人数百分之九十四，而民十八以来，五谷不登，廿一年又遭涝灾，麦豆无收，政府粮款重重，催促急如星火。流亡四方，日见减少。

通行船筏之河，即湟水，一名西宁河，峡石壁立，水势湍急，船筏稍一不慎，即遭触毁漂没，极为危险。粮麦多由水道转运兰州，工具多用皮筏，每筏以三十二牛筏联成，可载粮十石，迅速异常。此外则大木及羊毛，亦均用筏输运，渡口只有两处，一在县城，一在高庙镇。

电报局尚未设置，电话虽有，亦系军人及县政府之用。县东关有三等乙级邮局一所，另在高庙镇等处设邮寄代办所五处。

农业与农村

农业产品，水田以小麦、青稞、山芋、大麦为最多，水果、蔬菜、豌豆次之，油菜大豆最少，山田产小麦、青稞、山芋较多，油菜、大麦、玉麦、燕麦、豌豆较少，旱田小麦、小米、荞麦最丰，二十一年度之农产量如后：

名称	产量	每石价	共值
小麦	五二二三三石	三十元	一五六六九九元
大麦	二七八一石	二十元	五五六二〇元
青稞	四〇六三一石	二十五元	一〇一五七七五元
豆子	一五二四九石	二十七元	五一一二三元
山芋	一九〇七〇石	七元	一三三四九元
其他	一六八六〇石	八元	一三四八八元

水田夏禾，多在三月前播种，七月中旬成熟。秋禾在五六月间播种，九月间成熟，年只收一次。山旱田每两年收获一次。灌溉器具，农民尚不知制造及运用，老鸦乡一带，仅有小水车，以牲畜力引水，每车一日可只灌田三亩。灌田之河，除湟水外，尚有胜番沟河、岗子沟河等，水渠亦有羊官等十四渠，每渠长约二三里至二十里，流量最大者为每秒钟八立方公尺，最小者二立方公尺，各渠每年必掘修一次，所用肥料仍系人粪、牲畜粪、灰粪及油渣等类。

农村组织与民和县相同，不赘。无论大、中、小农民，所有土地，多系自己耕种，但年来农村破落，原有土地，多半流入寺院富僧，及新兴地主，自耕农日益减少。兹将各种农民户数，列表于下：

地主十四户，自耕农六七五〇户，半自耕农一三〇〇户，佃农七九〇户。雇管随身携带，即在工作时间，亦不稍休。家庭组织，尚大家庭制，惟近有青年男女出而提倡家庭革命，组织新式小家庭者。每一人每年之普通生活费，约洋六十元左右。

一般农民之苦痛，不外下列数项：（一）纳税太重，凡一切军政各费，殆由穷苦之农民负担，除营买粮、营买草常年杂款外，尚有登记费，营业执照费，税契款，高等法院经费，电话费，骡价印花费等，名目繁多，不胜枚举。平均每亩地纳洋三元以上，粮二升以上，草三十余斤，兼之年来生产低落，农民除走一条死路外，别无他法。（二）役吏索诈，上述粮款，农民已无力按时交齐，而役吏等整批下乡，轻则鞭笞齐下，重则悬梁吊拷，正款之外，复肆意索诈酒肉，大烟路费，尤为余事。（三）绅董压迫，一般豪富劣绅，勾结役吏，擅作威福，欺骗剥削，为所欲为，为害人民，甚于盗匪。（四）大股匪类虽平，而零星小盗，仍横行乡里，为农民之大患。

每年二三月及九十月农忙时期，雇农每日工资除伙食外，至少洋一角五分，寻常只每日八分，女工较低，忙时一角，平时五分。本县多系年工与月工，以日计者颇少，农民无钱时，颇有高利贷之压迫，普通按月三分，但竟有大至七八分者。

工业与工人

工业只有专制桌凳等之木业，专制畚斗等之柳条业，专制草纸（包裹黄烟及制鞋之用）之纸业，专事鞣制皮革之皮革业，专门制造磨扇、碌子等之石业，专制镰刀、铲子等之铜铁业，以及铸造业，毛织业，共三一八户。

纳租方法，可分两种，一为纳租谷法，普通方法，凡该地每年应纳各种粮草税款及籽种，田地主完全负责，佃农负培养收获及普通人夫骡马零星杂款之责，租粮以三七或四六分租，即地主得该地产量十分之三四，佃农得十分之六七。近亦有粮草税款均纳，平分租粮者。二为纳租金法，与纳租谷法略同，佃农除应零星小差及民夫骡马外，视耕地之优劣，交纳租金，普通上等水田，每亩纳租金四元，但山旱尚未行此制。

乐都人民，素尚朴实，衣多布料，番土民族之妇女，仍有不着裤之旧习。

食物多麦面及各种肉类，大米则偶一食之。普通之家，上者以青稞、山芋糊口，下者草根、树皮果腹，居室构造，亦极简陋，穴居生活，迄未能免。老幼居民，对烟草大烟，颇喜吸食。男子年届双十年，烟缝衣业、业草业、油画业、染料业等，其主要工业出产品之种类及产量约如后：

名称	每年产量	价值
烟草	四〇〇担	八七九〇元
陈醋	三七〇〇〇勋	一八五〇元
畚斗	三〇〇〇对	六〇〇元
皮革	羊皮五〇〇〇张 牛皮一〇〇〇张	四五〇〇元
菜油	七〇〇〇〇勋	一四〇〇〇元
铸造	六〇〇个	六〇〇〇元

以上各项仅烟草输销贵德、湟源、西宁等处，余均本县自用，工人工资除伙食外，每日最高四角，最低二角，普通工人各学徒等约每日一二角，工作时间，约在十小时以上。

商人与商业

县内销售商品，十分之六为外货，十之四为国货，外货中尤为日货为最多，率由青岛天津转运而来，九一八后稍迟滞，近数月来，奸商继续贩运，日货又复增加。各商店之中以杂货最为发达，较大之商店资金约为二十万元，最低者自数百元至千余元不等。一般商人之借贷利率，普通为每月三分，按每月二十三日标期，或年终偿纳，信用极好，双方只需口头一言，即生效力。惟近多书立契据及抵押物，店员之工资除伙食外，最高月薪约十元，最低一元。

年来商业衰落，亏本倒闭，时有所闻，加以羊毛业一落千丈，银根绝紧，商业大受影响，而税卡林立，税捐过重，亦足使商业日就衰颓。

185~191
第三十一章 人民只知诵经拜天

31. 人民只知诵经拜天

六大灾害民十四至今为患不绝
税收复杂民力已不堪负担

教育与风化

关于本县之教育概况，已见本报，不再陈述。据最近调查，全县大学教育者有六人，中等教育者二〇五人，完全小学者三七六人，初级小学者二四二四人，私塾教育者五九八人，补习教育者五〇人，成年识字者二五八人，总计受过教育者，共三九一七人，约占全县人口百分之一七.五五。致失学儿童，尚有八九七六人之多，占全县人口十分之一强。

乐都民族之所信仰者，仍为佛教（分三派，红教、黄教及青衣教）、回教、道教及天主教等。全县共有寺庙一八六所，僧徒六九五人，庙产有二三二七〇亩。其中最大之寺为药台寺，共有僧徒二百二十七人。内活佛一名，法名朵郎，僧官二人，管家二人，庙产有脑田一百九十三亩四分五厘。其次为羊官寺，有僧侣一百二十人，脑田五百亩。昙云寺，有僧人五十二人，脑田八百五十七亩五分。

汉族多有迎神赛会之举，时期约在废历三四月及七八月，若遇天旱或神之诞日，又有跳神赛会之举。番民亦有此风，但不演戏，回族则二者俱无。其他风俗，如年节庆祝，元宵闹灯，孟春游逛，上巳踏青，端阳插柳，夏季朝山，仲秋赏月，重九登高，冬至聚会，腊八献冰等，不可胜计。

结婚年龄，普通男子为十八九岁，女子十七八岁，仪式各族不同，汉族尚依父母之命，媒妁之言，其婚姻进行程序，首为合婚，次为商定聘礼，及举行送礼吉期，双方主婚人行敬神礼，表示定婚，礼毕即会餐，新女叩头。结婚时，男家备布二匹，羊一只，小麦二斗，大洋十元，由媒妁送往女家，俗名杀羊酒礼，此礼完毕，男家即遵照阴阳家拟定相生适合青年男女之时刻，于夜间携带儿马或牛车娶亲，沿途鸣锣，以惊妖邪，新妇身着红衣，前后佩带铜镜，各乘一儿马或牛马，惟忌骑骡驴，至男女行拜天地礼，引入洞房。内设铜灯一个，中置红白灯拈各一，白色代表新妇，红色代表新郎，继续燃照三昼夜，如红色早熄，即认为将来男必早死，反是女必早死，如两者均未满三昼夜而熄，则众以为不祥。结婚初夜，置枕头一对，令新夫妇争抢之，以占男女之强弱，倘男子首先争得，新郎可以控制新娘，否则必为新娘所制服。此外尚有闹床、坐对月、回门之举，回族及番民之婚礼及丧葬概况，已略见前，从略。

社会与公安

全县仅有孤老院一处，约有三十余人，其他如丰黎社为薄利借贷、救济贫苦灾民之机关，社粮则为县政府于收地亩粮时，附征一成，预为救济灾荒等不时之需，惟以办理不善，流弊恐多。

人民团体有农工商教等会，学生自治会、回教徒促进会等，至颐养身心之场所，则有中山公园一所，广约十三亩，中有老槐一株，为汉时植物，已有一千余年，一合抱之大榆树，约三百余年，园中有著名之八景，即（一）汉槐卧龙，（二）淬亭望雪，（三）夕阳观风，（四）榆荫曲弘，（五）水榭映月，（六）耀楼引凤，（七）黄蜂奇洞，（八）凌霄耸空。此外则县东关外城壕，有正在修建中之东湖公园，有天然清泉数十处，成一小湖，湖水碧绿，波平如镜，湖旁造小林，青葱可爱。

自民国十四年以来，灾害不绝，兹略分述于后：

旱灾　十五年至十七年，雨量缺乏，天久不雨，年年歉收，十八年则终年不雨，颗粒俱无，灾民总数达七万余人，哀号遍野，惨不忍闻。十九、二十两年亦歉收，二十一年四五月间，青苗蓬勃，正需大雨，乃赤日炎炎，致禾苗大半枯死。

水灾　每当四、五、六月间。黑云骤起，霹雳一声，大雨倾盆，顷刻山谷洪水，横流而下，山脑田地，全被冲去，桥梁牲畜房木，亦皆席卷而走，川中水田又因河水暴涨，被水冲淹，一切农作物，遂无从收获。去年六月底至八月底，秋雨连绵，历数十日而不止，麦豆于以歉收。

雹灾　六、七月盛夏之时，辄雨大雹，如鸡卵胡桃大者，数见不鲜，下降时其势急猛，转眼之间，田间青苗，尽被摧残。去年六月间第一、第二、第三区，均先后被灾，田禾一扫而尽。

鼠灾　此灾近始发生，五月间田间发现灰黄色之鼠，长约四寸，高二寸。尾长四寸余，群居山穴，每穴多有四五十只，田禾将成熟时，即成群结队而出，残害麦豆，为害颇大。此种害鼠，均居于山脑旱田，水田不受其害。

黄灾　每至夏季青苗俊秀，正需大雨，而炎日如焚，天独不雨。端阳节前后数日中，天忽猛阴，黑云笼罩，降雨少许，又复云散天晴。自此以后，凡被雨之田，苗叶日渐枯死，更奇者，去年五月初，第三区长里乡等处，田中发现五色花蝴蝶，群飞阡陌间，为数极伙，逾数周后，穗叶渐成枯黄而死。

虫灾 分黑虫及蛆蟥两种。黑虫生于四五月，长约二分，居麦秆之上，专食禾穗，为农业之大害。蛆蟥生于秋后七八月间，长寸余，头背为黄色，专食谷菜之根。

以上六灾确为乐都农民之大害，当局不甚注意，人民始终以设坛诵经，乞求上天哀悯，遂致灾荒为年年不可避免之降临，可怜也已。

行政机关有县政府，约需经费一四六〇〇元，建设局全年六百元，教育局六百元，清赋处每月二百三十八元，司法机关有司法公署年需经常费二一六〇元，管狱所七百元，税收机关有产销局年需五六四〇元，禁烟分局三八〇四元，榷运分卡三百六十元。

自治机关有区公所全年经费五千元。

税收的鸟瞰

全县每年财赋征收情形约如后。

（甲）国家税，地丁粮二三〇〇〇元，地丁草一三一四七元。

（乙）地方款粮，共二四八〇〇元，亦由民众分摊，名称及数目如下，司法公署二四〇〇元，县党部八〇〇元，公安局四七〇〇元，各区公所五〇〇〇元，建设局八六〇元，粮秣柴草股八〇〇元，小学校等二〇〇〇元，修理仓院五〇〇元，电话费二〇〇元，补助师范二〇〇元，政警服装一九〇〇元，政警教练生活费八〇〇元，催款委员经费三〇〇元，乐都中学二〇〇〇元。

（丙）支应粮一〇三石。

（丁）交际费一千元。

（戊）税契款约一万元。

又民众每年负担粮草税款之名目，至为复杂，兹将二十一年负担之数目，分述于后：

名目	征收数
地丁粮	二三〇〇〇元及一四〇〇仓石
征兵费	六〇〇〇〇元
地方杂款	二四八〇〇元
营买草	四二二五二〇斤
契税款	一〇〇〇〇元
交际费	一〇〇〇元
支应柴草	草三百万斤、柴二百万斤
粮查税	二三〇〇〇元
地丁草	一九五九元
地执费	二九〇〇〇元
营买粮	二八〇〇石
印花税	八〇〇〇元
杂款	三五四〇元
支应粮	一〇三石
产销税	八六七〇〇元
支应费	七〇〇〇〇元

统计以上全县人民众，每年负担三四〇九九九元左右，粮二九〇三石，柴草尚不在内，民力已至无力担负之绝境，人人呻吟号呼于非刑吊拷之下，除呼吁苍天外，别无他道。

裁厘后青海改变名目，将旧日之厘下，改为产销局，专司征款，其主要征收之税，有皮毛税、烟酒税、绸缎税、布匹税、印花税、屠宰税及牲畜税、杂货税等，病民害民，一致于此。

鸦片公开买卖，各县设立禁烟分局，专对贩运公卖，实行征税。关于乐都禁烟分局征税情形，特述如后：（甲）对市面"禁烟售药"之官膏局，按照营业情况，分制售药执照为三等，甲等每月征收二十六元，乙等二十元，丙等十六元。（乙）乡间按照乡庄之大小，搜觅私人包售，分为三等征费，甲等每月十六元，乙等每月八元。（丙）凡由外面贩运到境后，由贩主持烟到局报告，经局检查实数，贴发四联单，凭单及标记，每百两征费二十五元。（丁）私运烟贩，一经查获，以征款之三倍或五倍罚之。（戊）每月局内收到省城禁烟局发售之烟土，分发市面，"禁烟售药"之官膏局，按照市价收款。

民族之分布

关于汉回藏土等四民族之人数，已志见章，从略。以住处论，汉族散居山川，回族稀少，沿湟水以上之大道散居，藏土分居南北各脑地，回族所居之地如春和乡、高庙镇、老鸦城、雨润乡、西平乡等，约占全面积八一方里，土族所居如东府乡、静觉乡、同化乡、西平乡等，约占八十方里，藏族所居如同仁乡、亲仁乡、明德乡、药台乡、保安乡、敦厚乡、模范乡、维新乡、平等乡等，约占九五方里，汉族所居占五八○一方里。

汉回不睦，为西北唯一问题，惟乐都则否，清同治、光绪及民国十八年，西北汉回，互相残杀，各方无不卷入漩涡，而乐都汉回两族在紧张时局之下，联合互相保卫，幸免于祸，其他藏土两族，亦相安无事。

县城之东，有天主教堂一所，神父系德国人，名娄时光，共有教徒五十二人。该教在乐都，已日就凋零，毫无力量。

192~201

第三十二章　周围方里之循化县

32. 周围方里之循化县

松柏森林尽属番民管辖
三害为患——风害狗害小儿害
三宝之———女子养子不嫌早

关于循化县之详况，分述如后：

冈陵起伏

循化处崇山环抱之中，冈陵起伏，陡峻异常。可耕之地，仅限于横贯东西之黄河南岸，统计能耕种之地，约六五八〇亩，其中红色土壤约占二三七〇七亩，黄白壤三〇四七六亩，黑土壤一一七〇五亩，以水、旱、脑三种地论，水田约占四〇三三八亩，旱田约二四六三九亩，脑田约九一一亩。本县虽地近黄河，以河岸高耸，无法引水，全县人民所赖灌溉之边都，起台，朵塄，卑塘，夕厂等沟之水，亦以雨量稀少，源流枯涸，故水田亦缺乏灌溉，其中上等地约占百之四三，中等百之三六，下等百之二一。旱田亦因土壤膏沃硗薄之不同，可分三等，上等约占百之四五，中等百之五一，下等百之四。脑田中之上等者，约占百之七三，中等百之二一，下等百之六。

全县现有荒地面积约九九〇二亩，地价则因人口增多，田亩稀少，加以不毛之地，所在皆有，以之非常暴涨。现水田上等者，每亩最高价约三十元，最低二十元，普通二十五元，中等者最高二十五元，最低十五元，普通十元，下等者最高二十元，最低十元，普通十五元。旱田上等者，最高价三十五元，最低十五元，普通二十元，中等者最高二十元，最低十元，普通十五元，下等者最高十五元，最低六元，普通十元。脑田上等者最高价二十元，最低十五元，普通二十元，中等最高十八元，最低十元，普通十五元，下等者最高价十元，最低五元，普通七元。

水田之上等者，每年可收获二次，产额四斗，中等二次，产额三斗，下等一次，产额二斗。旱田上等者每年收获一次，产额三斗，中等每年一次，产额二斗，下等隔年一次，产额平均可得一斗。脑田上等者年收一次，产额三斗，中等三年二次，产额平均三斗，下等隔年一次，产额八升。

公地只教育局所辖之学田五十八石五斗，积石关外，毗连甘肃临夏、和岐两县之川撒九族等处，约有一千二百七十亩之荒地。县城东门外一里许，有空旷平坦之地，约四百五十余亩，因地处高原，无水灌溉，遂致荒弃。又县城西查汗大寺等处，约有土地二百四十余亩，因朵塄河之水，不能普遍灌溉，亦成荒土。

人口总数

共计有五千六百五十二户，二万四千七百四十九人。以种族论，汉族为三千八百五十八人，回族三千七百八十一人，撒族（回族之另一族）一万二千八百八十二人，番族四千二百二十八人。以职业论，则农民为二二七九一人，商民九六一人，政界七〇人，兵士二四〇人，教育五四人，其他五五六人。游民共约四百〇八人，以宁静，安乐，街子，查加，马营等地为最多，乞丐共一百四十八人，均憧憧往来，行踪靡定。喇嘛一千七百八十三人，道士十三人，尼姑三人。每年生者一千五百三十六人，死者五百六十四人，计生率为死率三倍，贫民因避重税而移居他方者，一年之内，约为四百余人。

本县各民族，番民占地最广，如边都乡、朵塄乡、卑塘乡等，均接近大山，其密度约每十七人占十方里。撒族位于临城街子，查家，苏只，清水等八乡，较为仄狭，约每十九人占十方里，汉民除县城及马营镇，起台堡，川牙，思巴思各处外，其他各乡，绝无踪迹，平均每十九人占十方里。回民住丰乐红化，义化，礼化，智化等处，密度与汉民相同。

富源一斑

本县西区之朵塄、卑塘、中库等处，均有松柏森林，尽属番民管辖。又东区孟大工，亦有松柏森林，归撒民管理。其他各矿产等，无从调查，只得暂付阙如。

方里之城

循化县城市之面积，不及一方里，只有四百二十亩，内分宁静、安和二乡，共二百五十二户，一千四百六十九人。城为长方形，纯以土筑垒而成，高约五丈余，宽约一丈，又城分东、西二门，东、西、北三面，各设瞭望台，现已坍颓不堪。南面临山，故不设置。交通方面，全城大干线二，小巷十三，均须步行，无可以代步之交通工具。

水陆交通

循化赴西宁大道，仅为自县城至乙麻木庄黄河岸南之一段，长不及十里，二十一年于城西之黄河上游古什郡硖筑桥一座，嗣复筑经该桥直达西宁之公路一条，长凡五十里，宽约一丈，为康庄平坦之汽车道。又自城东至甘肃临夏县界，长约一百二十里，亦可通汽车。他如至同仁、民和等县之道路，崎岖不平，不甚宽广。至贵德之道路，因处地偏荒，野番沿途劫掠，无法修筑，旅行视为畏途，荒废不通。水路厥为黄河，在本县之一段，河身低而河岸高，水势湍急，无濬治必要,县西古石郡硖及县东小积石山两处,狭隘异常,妨碍交通,应设法濬治。交通工具,陆有驮牲,日行七十里,每日约洋二元,水路有皮筏二百座,每座可载重一万五千余斤,日行一百廿里,东至兰州,约洋五十元,有木筏二座,作渡河至化隆县之用,约半小时可达彼岸,渡价一马一千文,一人四百文。县内有邮政局、电话局、电报代寄所(在邮局内)各一处,邮差为慢班,间日一次或二日一次,每年发出包裹约二百五十件,收入约八百二十余件。

农业概况

一年中,每亩生产之价值约如后:

种类	上等	中等	下等
水田	二十元	十五元	十元
旱田	十五元	十元	五元
脑田	六元	五元	三元

全县每年重要农业之出产品约如后:

名称	每年产量	价值(每斗)
青稞	五一〇八石	一元七角八分
小麦	三六六六石	三元五角六分
小米	十八石	三元二角五分
胡麻	四四石	二元八角
大麦	五四七石	一元六角五分
芥子	四六八石	三元四角
荞麦	四〇六石	一元八角
山芋	三三七石	一元五角
豆类	四九八石	三元一角
燕麦	三七九石	一元二角
辣子	一九二〇〇斤	每百斤十五元

循化当黄河流域，温暖之气候，谷类种子，多能成熟。农产物之输出，以辣椒为大宗，次为蒜及瓜果之类，运往西宁及化隆、临夏等处。作物播种，在立春后惊蛰前即可完毕，小暑节前后即能成熟，水田于夏间收获后，尚可种荞麦，其余中等水田、旱田、脑田等一年均收获一次。

灌溉用具，多为引水入田之长木凿槽，此外尚有水渠等。综计全县灌溉，田亩之河流，西有曲卜藏沟水渠。长廿五里，朵塄渰水渠长三十里。西南有边都水渠长四十五里，南有夕厂渰水渠长四十里，东南有起台沟水渠长一百二十余里。去年四月，城西石头坡民众，在黄河内设水车一架，至田间所用肥料，则与民和、乐都等县相同。

一般农民的组织，以极少数之汉族在城镇与回族合居外，余均为番撒二族，故一旦有事，每村三百户至八百户之撒族，即于清真内集议应付。番族散居偏远之乡间，附近有喇嘛寺，所有行政及一切设施，多由喇嘛主持之。去年始，由县政府分全县为三区，第一区十乡，第二区六乡，第三区十乡，设区长及乡镇长等。

农民中以自耕为多，约三千六百八十二户，地户约六百九十二户，半自耕农一百九十三户，佃农一百六十三户，雇农一百三十八户。纳租方法，亦有二种，一为纳租谷法，每亩纳租自小麦五升至一斗不等，一为纳租金，则按当时粮价之高低以为纳租金之标准（本县不用分租法）。

汉民衣料，多用什布，撒民用毛蓝布、麻布、褐布，间有用羊皮者，番民纯用羊皮及羊毛毡等。食则汉民以小麦为主体，番撒人民以青稞、豆子及牛羊肉、酥油、炒面等为日常食品。汉撒人民，均构筑土屋，番族则携帐房逐水草而居，家庭则汉撒二族取大家庭制，番民以男多剃发为僧，女则留养家中，赘贫家子弟为婿。普通每年每人必需之生活费，约为九十七元左右。农忙时之雇农工资，每日二角半，每月六元，平时则仅每日一角半，每月四元而已。

主要工业

手工业之主要者，约有裁缝、铁器、木器、毡毯等四种，建设局内设有民生工厂一所，专制毛毡、毛袜等，仍为手工，生产率甚低，一纵四尺横二尺之毛毡，须半月之久，方能织就。厂内工人及学徒共有四人，至一年中主要之工业出品，则毛毡七十五条，毛袜五百双，羊皮袄六百余件，铜灯一百余盏，铁铫一百八十张，铜铁勺三百五十余个，盐块四千五百九十余担，酒醋四百三十担而已。每年运销各处之货物总额，约为七万九千四百余元。

民生工厂之每一工人之一年工资，约为一百二十元，其他工人，每年自四十八元至七十二元不等，月工自四元至六元，日工自一角五分至三角，食宿均由资主供给。工作无一定标准时间，大致约每日十小时。

商业状况

每年输入之商品，约值洋二六四七一元，输出商品，仅洋三九一〇元，入超之较，为二二五六一元。大部商品多来自天津、汉口等处，其中以国货为最多，约占输入商品百分之六十七，日货次之，占百分之三十。汉回民喜用国货，番民撒民则购日货颇多。每年销售之商品，国货有白粗斜布（每匹十一元），白色细布（每匹十二元），色什布（每匹二十元），湖北布（每卷八十元），白粗布（每匹十二元七角），官茶（每封二元五角）等，约值洋一万一千九百余元。日货则有花织贡呢（每匹二十四元），色什布（每匹二十元），洋线

（每捆十五元），改连纸（每盒七元），粗线（每捆十元）。土货有洋毛（每百斤十元），辣子（每百斤十五元），发菜（每百斤六十元），青胶（每百斤二十元），大黄（每百斤二十元）。外货只有杂色颜料一种（每桶一元二角）。

最发达之商店为布匹店，资本最高之商店为五万元，最低者约七八十元，店员月薪自二元至五元，若操业勤劳，可予以超过工资数倍之奖金。迩来因有种种原因，市面颇为萧条。

教育与风化

循化全县之教育行政机关，厥为教育局。全县共设小学十七处，教育经费，每年为大洋三千五百五十余元，小麦四十五石二斗，共约洋三千八百五十元。出自公家者，则有教育局基金五千〇三十余元，每年生利九百余元，又学田之租于人民者，年可得洋三百九十余元，共一千三百余元，此外统系就地筹支。每周授课三十六小时，学生多用劝招或强迫之方法得来，综计全县共有小学学生七百二十七名，教师二十五名，县中受过大学教育者三人，中等教育者七十六人，小学教育者二百七十九人，私塾教育二百五十六人，补习学校二十一人，成年识字者三百六十九人，小学毕业后，多赴兰州或西宁等处升学。全县失学儿童之数，约为三千二百三十二人，约为在学儿童之三倍。至社会教育则有民众学校、阅报室及讲演所等。

宗教有佛、穆、耶三种。穆教（即回教）每村设一清真寺，或二三村合设一清真寺等，全县计有清真寺五十八处，每寺由西宁清真大寺，委派宣扬教义之阿訇一名，招收孩童，教授穆经，并负责指导回民参拜，日共五次。早四点钟名为"索拉"，八点钟为"班大"，下午二点钟为"拍绳"，四点钟为"鸡盖"，七点钟为"火夫旦"。

每参拜前数分钟，阿訇登寺之高楼，放声高呼，召集附近回民，往寺参拜，回民即事先洗净手足，至堂门外脱鞋入内，口诵穆经，次第参拜，如番民之磕长头，并于每来复五（即回教之星期日）做主麻衣一次。番族则每沟设有寺院四五处或五六处，全县共有十五处，番族若家生三子，即送二子入寺为喇嘛，名所生之子为活佛，虽生父母亦必奉之若神，谒见时，必行跪拜礼，有病不信医药，终日向泥神磕头，或于寺周转绕行"转郭拉"礼，以期消灾。耶教有美国海映光牧师，于城内设教堂一处，信者不多。

循化除回族不饮酒、不吸烟外，番族嗜酒，汉人爱吸鸦片及饮酒，回族多纳妾，稍有资产者，纳妾至三四人不等。其他婚丧之礼，与他县大致相同，不再缕述。

旧历五月五日，无论汉回番民，麇集于城西四里许之圮坝泉举行赛会，商贾云集，颇为热闹。又正月初八日，善男信女在城西南之边沟喇嘛寺，举行晒佛会。十五日该寺又举行跳神大会，由寺中喇嘛四十人，扮作种种神鬼之相，满院跳舞，观者几近万人。

歌谣以情歌为最多，惟以土话太多，意多不解。本县有三宝三害。三宝即俗语谓："四面红山头上不长草，墙上加墙墙不倒，女子养子不嫌早。"三害即风害、狗害、小儿害。循化终年大风，迄无已时，每日午后即起，至次日日出始止，常将树木禾稼损害；又城内狗犬，滋蕃甚众，夜间数十成群，行人时常被啮；小儿常在街市巷道游行，见有新造之门或墙，则乘人未见时，尽量从事破坏。

以平均每人每年应需粮米五斗计，则循化全县共需粮一万二千三百七十四石五斗，但全年县中所产之粮食为一万〇五百四十六石二斗二升，故本地所产之粮，尚不敷自食之用，全恃西邻之化隆、东邻之临夏，予以源源之供给。

其他一切

县政府有职员十九人，全年经费六四八〇元，教育局三人，常年经费二五七元，建设局二人，经费二六〇元，产销税局二十五人，经费四五二〇元，清赋处十二人，经费三二二元，其他各商农工教各会，均约二人或三人，无经费，公安局每月二七五元，有枪十五支，共四十五人。

全县赋税，每年由县政府征收，固定粮额为三百七十三石七斗四升，磨课验契印花等费洋二千九百八十元，个中名目，有番粮、盈余陋规粮、营买粮、营买草、油梁磨费等，至为繁琐。

自裁厘后，征收局易名为产销局，其税款名称有百货统捐、牲畜统捐、屠宰税、皮毛税、木料捐等，以上各项并附加二成义务捐，其征收方法，百货捐、牲畜捐、各值百抽五，屠宰捐牛一元、羊一角、猪三角，羔皮每担（二百斤）二十二元五角，老羊皮每担七元五角，羊毛每百斤征收三元，牛皮每担六元，木料计分四等，最高每根七角，最低每根二角二分五厘。除正税外，又有印花税票、牲畜税票等。

本县番撒同胞，以言语不通，文字各别，在行政设施，常感困难。清时有所谓"歇家"者，以内地汉回民充之，凡差催纳粮征调徭赋等，皆由歇家主持，诉讼亦由歇家通语，民国成立后，撒民崛起，该民之懂汉语者，起而代之，番民起而效之。其行政区域，分全县为八工（即撒民住所），边都三沟起台三沟（番民居住所），川撒九族鸿凌二族等，每工每沟每族置大头目一人，小头目若干人，协办一切事宜。

202~210

第三十三章 化隆县之八宝山

33. 化隆县之八宝山

各矿俱有金苗大如蚕豆
居民迷信山神不敢开采
洋货中日货最多
番民宁死不读书

关于青海化隆县之调查所得,分记于后:

土地与人口

全县耕地面积,共二万四千余方里,内水田约有四千方里,旱田约为一万九千余方里,脑田在昔有百数十方里,今则恐无此数目,全县荒地面积,约四千方里,其中可垦殖者,官荒地约为一千五百余方里,民荒地约一千九百余方里。各种田亩之价格,最高者每斗(约五亩)一百八十元,最低约十余元,普通者约一百二十元。收成方面,现在因雨水不多,上等田地,下种一斗者,普通只收八九斗,中等收六斗,下等收四斗,丰年可超过此数。

黄河由正西入境,曲折东流,该河两岸各地,均高出水面三丈以上,灌溉之利益,既不可得,河水冲入之患,因之得免。

全县户口共计四千六百八十七户,共二万三千四百八十五人。其中以职业分配之,则农民约为一〇〇〇〇余人,工人约二〇〇〇余人,商人约一五〇人,政界十余人,军界二千余人,学界一千余人。以民族论,则汉族约五千余人,回族约一万五千余人,番族、撒族尚无确数。本县因风俗淳朴,人民多有正当职业,以故游民及乞丐非常稀少，不过数十人而已。

民众方面信仰黄教之喇嘛，约三千五百余人，信红教之本卜子，约九百五十余人，信道教之阴阳家约十五人，信仰回教之阿訇及学徒约一千五百人，基督教徒约十数人。巫人亦有七八，但均在城市，他处则无。

天然富源

第一区之八宝山，曾发现金、银、铜、铁、锡、朱砂等矿，试行开采后，一般番民，以为此山有神存在，为卫护地方之安宁计，力事反对，致引起一度之剧烈械斗。科彦沟有金矿一处，清末曾开采五六年之久，金苗极旺，大如蚕豆，惜当时无甚组织，随意掘掏，所有矿工，多来自湟源，最盛时代，每日工作，不下万人，后因番民反对，以为有伤山脉元气中止。迄今沟西沿岸，犹有无数窑洞，即昔日黄金之遗迹。县西八九十里之东沟有煤矿一处，民国十七八年，犹多采掘，以作驻军燃料，惟煤质不甚优良，又第三区甘都、堂堡、谷群峡，曾发现煤矿一处，开采二次。此外群山重叠，尚无其他发现。

第三区甘都、堂堡一带产发菜，年可出一万余斤，第二区下六族二塘及三塘等地，产黑羔皮，年约五千张，第一区白家一带产麝香，每年约千余枚。他如狼狐皮每年可产一二千张，羊毛可产五万斤，药材方面如党参、甘草等，以乏人采取不详。

城市素描

城系正方形，面积二方里，建于前清乾隆间，有东西二门，门上包以铁叶，上有不甚高之门楼。城垣用土筑成，雉堞以砖砌之。自东至西，有马路一条，商铺排列两旁，城中有鼓楼一座，内塑文昌神像。城内西南隅有城隍庙，现第一区区公所设立其中，旁有娘娘庙，建设局清赋处皆在内。西北隅有清真寺二，东北角为县政府，府之北半截为公安局，南半截为新建之司法公署，府之左偏北为第一高小，又有营房两院在马路之北，营房之旁，系一山神庙，教育局在焉。东南隅有昭忠祠，祠前有小教场，鼓楼之西偏北原有一财神庙，县党部在焉。后有玉皇阁，高与鼓楼相似，城东南有营房数十间，为昔驻军之地。综计城内外共有六百三十户，商号尚多。

水陆交通

陆路有省道，出西门六十里，过扎什巴折东出境至西宁之马路，长约一百八十里，宽二丈，此路又在扎巴附近，南分一支过昂思多，东行经卡尔岗工，越黄河桥，转赴临夏，又出东门北行，经达加，沿过青沙山至民和县属之峡门口，转赴兰州，长约六百里。此路虽省道，而由达加赴峡门口之一段，长九十里之山沟路，险窄仅可通骡马，兼以深谷高山，匪盗出没无常，劫掠之事，时有所闻。县道出西门北行，过克险山至乐都县之马路，长约一百二十里，宽约一丈。出东门南折东行，经拉扎山过黄河至循化县之马路，长八十余里，宽及丈。

水路则黄河由正面贵德县之松巴峡入境，流至东北甘都出境，长一百七十里。因水势湍急，船行不便，最深处约二丈，最浅处亦在一丈以上，自昔未加濬治。本县现有牛筏三百只，每只载重六万斤①，可由黄河直达兰州，运费约十八元，每小时可行二十里。

城内有邮政局，乡镇只有邮寄代办所，电报局尚付缺如。电话可通循化、西宁、贵德、湟源、大通、民和、乐都及甘肃临夏等县，除军用外，其他各界，亦可通用，营业状况不佳。

农业现状

化隆升斗，较宁升约大三分之一，凡田亩下种一升，即谓之一升，

---

① 疑为六百斤之误。整理者注。

下种一斗或一石者,即谓之一斗或一石。全年每斗地产之价值,旱田者可得二十元,山间倾斜之地,可得十二三元,水田可得三十余元。

本县全年重要之农业产量如后。

名称	产量	价值
青稞	六千余石	约十二万元
小麦	五千余石	二十余万元
小米	三十石	一千元
胡麻	一千石	三万余元
芋麦	一千石	一万五千元
荞麦	二千石	三万元
大麦	约一千石	约一万五千元
山芋	二千石	二万六千元
豆类	四千石	十二万元
燕麦	五百石	五千元
包谷	五百石	一万元

以上农产物,除本地自食外,尚运销至西宁、兰州、循化、同仁各处。

水地川一带之灌溉田亩,系用一小河,此河由昂思多发源后,随地易名,流至该地,即分开小渠,用资灌溉。甘都所赖以灌溉者,亦为一小河,河由克俭、千户两细流汇合而成,名为大河流,至黄河水车,因水涨水落,尚不能适用。

堪称大小地主者,可谓绝无仅有。农民中自耕农约为一万户,半自耕农六千余户,佃农约一千户,雇农约七百户。纳租有缴纳租金法、缴纳租谷法及分租法等三种,衣食问题,汉回均同,番族男女冬季均衣大领皮袍,盛暑时则着粗褐长衫,女不着裤,男女四季,皆穿长袍皮靴。饮食至为简陋，早餐以牛乳和茶调青盐少许，用罐头煨滚，与炒面或馍，同时并进，晚餐或有与汉回相同食面者。若遇佳节，则食羊肉，食时以大盘盛满大块，以手抓之。至各民族所居房屋，大概外筑高墙，内建以屋，屋顶以泥土盖之。

番、汉民族，喜吃猪羊肉，又爱饮酒，酒以青稞自行煮酿而成，谓之酩醯，含有麻醉性，久饮能中毒。汉民嗜水烟旱烟者，十居八九，番民喜吸皮烟旱烟，回民喜食牛羊肉，嗜烟酒者绝少，女人则以着红色衣服为美观。每人每年必需之最低生活费，约洋三十元，雇农工资，平日三角，忙时增至五角，月工大概在五元左右。

工业概要

主要手工业有木、铁、石、瓦、泥、水、鞋、毡、皮、铜、袋口、屠、成衣、理发、油画等匠，中以铁工工作稍忙，工资每日自三角至五角，工作时间，率皆日出而作，日入而息，一无规定，工业之全年出产约如后。

名称	每年	产量	价值
毛织品	粗褐布	一万二千拖余	每拖四角
皮靴	五千双		每双三元
酩醯及醋	各两万斤		酩醯每斤一角半、醋五分
清油	三十万升		每勺二角
砖瓦	各三万余页		砖百页四元、瓦三元
腰刀	五千把		每把五角

商业一斑

循化县虽处边僻，而每年入超之数竟达一二万元之巨。块茶系来自湖南，绸缎绫罗、布匹杂货等，多来自湖北、陕西、三原，药材由四川及陕西汉中运来，洋货多由兰州、西宁转运，亦有直接从天津上海订购者。洋货中以日货为最多。每年销售之大宗商品，有丝织类之直贡呢、斜纹缎、花湖绉，及棉织类之斜纹布、府布、机布等，全市最发达之商店，厥为杂货店。

资金最大之商店，约为八千，最低者数十元，店员之月薪，二元至六元，膳宿由店主供给。

教育与风化

全县有完全小学六处，初级小学十五处，教育经费全年约为五千余元，其中三千四百余元，系从各校基金及学产项下生息所得，余均就地筹拨。全县共有学生一千二百二十七人，教师三十七人，民众中受过小学教育者一百四十余人，中等教育十五人，补习教育一百二十人，成年识字一百〇八人，大学教育一人。失学儿童以撒、番二族为最多，番民宁死不读书。去年回教促进会在水地川创办第五两级小学时，实行强迫教育，番民乃以小麦五斗银四十元，雇汉人子弟应读。

宗教方面，仍为佛、回、道等教，与他县相似，不再赘述。全县共有寺庙五十二所，至迎神赛会，所在多有，如（一）立春日，用竹纸制春牛，在城南拜迎，俗名迎春，是日各族男女咸往春场比赛驰马，口唱欢歌。（二）距县城数里之阴坡庄，有药水泉，传浴之可医疯头寒湿等症，于废历五月五日、六月六日及立秋之日，各族男女少长，前往举行沐浴会。（三）废历元月十五日，临城谢家滩，举行赛马迎神大会，迎时一人赤身披发，手持九节铁鞭，对神跳舞。（四）废历四月初十、五月五日昂思多之呼童寺，四月十九日加屈官巴寺，四月十六日甘都寺，六月初八日塞治官巴寺等各举观经行大会。其他类此者，不胜枚举，从略。

婚丧之礼，与民和、乐都等县相似。歌谣颇多，大致均系男女相悦之词，兹写数首于后：

（一）金山银山的八宝山，
　　　鞑子们占下的草山，
　　　你妹子阴山我阳山。

（二）对面下来唱歌少年，
　　　冰冻三尺口子开，
　　　雷响三声雨来，
　　　三股儿冤魂缠住走不开，
　　　你妹子寻着我来。

（三）黄河沿上牛吃草，
　　　鼻卷儿跌着水里，
　　　端上饭碗儿想起你，
　　　面也捞不到嘴内。

（四）麝子不吃路边草，
　　　四路云彩散了，
　　　穆桂英想起杨宗保，
　　　怀空了枕头上下了泪了。

（五）金妹银哥睡着了，
　　　李翠莲上了吊了，
　　　今日往明日休推了，
　　　成婚的时间到了。

（六）八楞碌碌满场转，
　　　花马儿拿出汗来，

三个月不见心不变，

哥哥凡闲了看来。

赋税调查

化隆县全年负担之粮草税款如后：

名称	全年负担数	征收方法
番粮	五四二石二斗	冬季由县政府出示催收
盈余陋规粮	青稞七十石五斗	征收正粮时每石加征一斗三升
营买粮	三千石（宁石）	由第九师自行征收
营买草	二十五万二千觔	由第九师自行征收
粮草串票	约七八元	完纳正粮每挈票一张征收二分
法院经费	三百〇八元七角	随粮附征
师范经费	一百五十元	由商会摊筹
油梁磨费	三百六十元	磨一座乙等征收三元、丙等二元
契税及契纸价	一百九十三元九角	按章征收
验契洋	三十九元七角一分	值百抽六
印花税费	七十八元八角四分	在禀状契据等上面贴收
当费洋	一百元	由当铺完纳
地方机关	五千一百六十八元	向民间摊派
产销局总收	九千五百四十八元	随时征收

其他种种

县政府有职员十三人，全年经费六千四百八十元，教育局三人，经费五百八十元，建设局二人，经费四百八十元，禁烟局三人，经费七百二十元，产销税局十五人，经费一千七百八十元，商会九人，经费二百元，清赋处六人，经费六千六百元，公安局三十九人，经费四千元。

211~221

第三十四章　十室九空之贵德农村

34. 十室九空之贵德农村

赋税过繁——每人年须负担四十元
役吏需索——有鞋脚马料大烟等钱

关于贵德县的调查,分记于后:

土地

全县有耕地面积一五五五三亩,除水田脑田,土地肥美,收成较好外,旱地则天道亢旱,十种九空。综计水田占八五二七〇亩,脑田、旱田共占二九六四〇亩,荒地面积,约一二九二二亩,皆系民荒,土质肥美,除极少之荒地,因水利未兴,不能垦殖,其他大多数之荒地,成为番民游牧之所。各种农田之价格如下(以亩为单位):

等级	最高价	最低价	普通价
耕地上等	三十元	十三元	二十二元
耕地中等	十三元	四元	七元
耕地下等	四元	一元二角	二元
湖塘地	二十元	九元	十三元

至无人纳税之荒地,约占全县荒地十分之三,有人纳税而不耕种之地,占全县荒地十分之八,政府督促整理之耕地,占全县耕地十分之四,水冲之地,占全县耕地百分之五,因气候雨量河水种种关系不能耕种之地,占全县耕地五分之二。

人口

全县约有五千二百十五户,共约二万七千六百八十余人。其中农民约为二万七千六百八十余人,工商一千五百十三人,游牧六千八百五十余人。除工商及农夫等,均在县城之三屯、三乡、三沟外,游牧民族,大都分布于上山、下山一带。

附近县治区域。汉回人民聚居之地,每方里约占一百三十二人,藏民居住区域,约占十七人,男子约占全县人口之三分之二,女子占三分之一,喇嘛僧道数约一千三百七十人,乞丐游民约有二百八十余人,每年约生小孩九百余口,死四百五十余人。

居民迁移者不多,每年至多不过三百余户,惟番民尚过其帐篷之生活,逐水草而居,常按气候之寒暖,移迁无常所,其时期夏为十二日,冬为一个月,此种移徙不定之民族,统计约六千八百五十余人。

富源

全县之天然富源,以羊毛、羔皮为大宗,其他一切,均在少数。就羊毛一项论,每年可出一百五六十万觔,惜本地无大规模之实业工厂,不能就地制造,致此大宗羊毛,悉以贱价出售,运输他省。

本县并无矿产等出品,至农产品每年之数量,约如后表:

名称	每年产量	价值
青稞	一千五百余石	每石二十五元
大麦	二千二百余石	每石二十二元
小麦	一万四千余石	每石二十五元
山芋	八百余石	每石十元
小米	十余石	每石十元
豆类	一千四百余石	每石二十六元

胡麻	七百余石	每石八元
菜子	七百余石	每斗三元

交通

本县城为正方形，纵横各八十丈，面积为六百四十方丈，周围四里，全城为二百三十户，一千九百六十五口。建于明洪武十三年，纯为黄土筑成，有南北二门，北名平安门，南名天启门。其交通工具，多以牛马往返运输，每牛可驮二百斤，每马可驮二百四十斤。兹分述其水陆交通及邮电设备等如后：

陆路交通 县城北五里许即黄河南岸为本县界，北岸为共和县属之下郭密，乃通省之大道，城东二百四十余里为循化县界。山路崎岖，不易行走，且盗匪出没无常，行人早已绝迹。城内马路之最长最宽者为北门至南门之街道，长凡一三里，宽一丈五尺，民国十八年七月间由县政府督促各街之居民修建而成，平时遇水冲或颓陷时，由公安局随时补葺。

水路交通 黄河横贯本县与共和两县之间，故本县在虎头崖之处设有渡头，以渡行人及货物等。河道自来就一任其自流通，从未加以人工之濬治。水上运输的工具为皮筏、木船、排子等，皮筏载重五百余斤，木船则可容一万二千余斤，排子只能用以渡人，需用方面以木船为最广，皮筏排子则仅备不时之需。

其他 本县邮局为二级三等之邮局，设有局长一人，送信员一人，邮差三人。局长专司局内一切事务，送信员送达本县各处函件，邮差则专递往来西宁的公文信件等（每人每星期行邮一次）。惟因本县尚未设电报局，故邮局并代为转送往来的电报。本县电话局，由西宁之总局分驻于此，内设司电员及帮助各一人，通话时，除军队免收电费外,其余每通话一次,收电费洋一元。

农业

(一)每年的销量及仰给:本县每年约收农产品二万一千余石,全县人口三万七千六百八十余口,每年约需十三万一千余石,由生产全数供给外,尚不敷十一万余石,须仰给于西宁、化隆、共和等县输入补充。(二)农产物种收情形:每年自三月间播种入土后,至七月间始成熟,一年只能收获一次。(三)农田灌溉情形:灌溉本县田亩之河流为东西二河,西河有刘屯渠、洛卡渠、漕渠等,东河有新隆渠、教场渠、达子渠、上高渠、览角大渠等,均为元明时代所开,每年由各该渠之农民头目督促农民逐一灌溉,用具则纯用旧式。(四)农村组织:民国十七年,因受匪患,闾阎不安,农民乃自动组织民团,保卫地方,十九年后,匪氛已平,社会安宁,该项组织遂无形瓦解。二十年十月间,始划全县为三区十八闾六十四邻八十四村,每村设村正副各一人,办理各村农业事宜。农村的自治机关,因民智未开及办理人之不明自治真义,致不特无进步之可言,竟形成摊款催粮之所,农民不但未受裨益,反受其累。(五)一般农民之纳租状况:本县逐水草而居之番民占全县人口之半,此种番民,多以游牧为生,不事农耕,自可不言,至于其余农民,自耕农五千二百余户,半耕农二千五百余户,佃农、雇农五千三百余户。其租纳方法,则有租金、租谷、分租三种,手续则先由租户央请中保请求地主租种,如地主许可时,即由三面立具合同租契,载明租金或租谷数目及租期等项,至每年秋收后,即依租数完租。如有反悔或拖欠等事情发生,则由中保人负责,地主亦惟中保是问。每年租金每亩约洋六元左右,租谷每亩约小麦一斗二升或大麦二斗,或青稞一斗七八升不等(斗升依当地标准而言)。分租则由地主与租户按收成的丰薄先行议定分谷办法,或各半,或三七,或四六,至秋收后双方依约分配谷粒。(六)一般农民的生活状况:农民因年来天道亢旱,收成歉薄,加之差徭奇重,赋税过繁,已至十室九空,不堪生活之困难。以衣食住而言,衣则冬不能御寒,夏不能蔽体,甚至终年无裹身者。比比皆是,食则每年产出之谷类,除纳租完粮、应付差赋外,余下不足全年三个月之用,其余非用树皮充饥,即用草根糊口。居则除少数之家资较好者外,大多数以草屋茅舍为栖身之所。(七)一般农民之真正痛苦:一般农民除生活上之痛苦外,又须受黑暗袭击的真正痛苦,兹亦分几项述之。

(甲)纳税太重。每年农民须缴纳地亩粮仓石一千二百五十一石有余,营买粮市升九百石,再加其他借款杂支等,总计每年全县民众须负担十二万四千余元,以全县人口二万七千余口中,除去年迈残废及幼年男女不能生产者不计外,其年壮力富者每人每年负担至四十元以上,如此苛捐重税,实为农民受苦最深者。(乙)役吏需索。近年来因杂粮杂款名目繁多,役吏之下乡者接踵而来,役吏除逐一供支充分的食品外,并须奉送鞋脚钱、马料钱、大烟钱等,真是应接不暇,稍一拂意,鞭打俱来。役吏的如此作威作福,农民对之,只能慑于气势,敢怒而不敢言,故受役吏需索的痛苦实有甚于正项赋税。(丙)绅董压迫。本县绅董之权威,非常宏大,除勾结役吏剥削农民外,并将本身应纳之粮赋,亦悉数摊给于贫苦农民,更且巧立名目,任意诈索,以饱私囊。农民畏其威力,忍痛默受,莫之敢抗。

工业

本县无工厂之可言,手工业者率以个别做工或私人经营为务,无机器之应用,需用之原料来源,或由外县购入,或由本县产出,其本额最多者为四百元,最少者则仅为四五十元,成本虽少,而盈余则尚可,至少有三七或四六之余利,若无烟酒嫖赌怠情等之恶劣行为,绝不致亏累。至其工业出产品之种类及产量,约如下表:

种类	每年出品量
五金制造类	五千三百余两
皮革类	一万三千余件(附注内分皮靴、皮衣二项,皮靴每年出产量为六千双)
毛织品类	八千二百余件(附注内主要者为毛毡毛袜二种)
烧酒类	三万五千余斤
醋类	十二万二千余碗
油酱类	六万三千余斤(附注系仅菜油一种之出产量)

上列出品,除皮毛二类由商人运至天津、上海、陕西一带销售外,其余均在本县境内销售,兹并分述其手工业之类别及其盛衰。
(一)靴匠 本县蒙番居民,需用皮靴者甚繁,故靴业较他业为发达,但习此业者多固守成法,未能加意改良,故出品不多,致需用者每感缺乏,且出品的质料亦甚粗劣。(二)木匠 近年来民众因困于赋税之繁重,故建屋谋楼者寥寥无几,此业乃日趋衰落。(三)银匠 本县妇女,习尚装饰,对于金银首饰,特别珍视,故此业颇盛。(四)铁匠 农用器具多系铣铁制成,需用甚多,故此业日渐兴盛。(五)铜匠 近来因金融的转变,以前的制钱停止流通,故操铜匠业者多将制钱改铸为日用器具,业务亦尚发达。

商业

本县商人所经营之商品,大都来自天津、上海、北平及甘肃等地,除少数之布匹杂货为国货外,大多数为英、日、俄各国之货,其中以日本货占最多数。全部之输入额,约计羊毛、羔皮输出额之十分之六。输入品抵县后,即由大商店分售于各商号,转售于小商贩,另销于街市及乡镇间。其销售各宗商品之种类及名称如后:(一)布匹 斜布、洋布、细布、附布、永字布、扣布等。(二)丝缎 斜纹缎、直贡呢、中山呢、巴黎呢、花丝葛、双丝葛、国花葛等。(三)茶 砖茶、毛尖、香片等,(四)烟 纸烟、鸦片烟、黄烟、叶卷烟、鼻烟等,(五)杂货 火柴、川线、官堆纸、改山纸、颜料等。

本县商店之资本额,最高者约为四万元,最低者为四五百元。近年来因赋税之过重,金融变化之不测,加以商品在道途上时遭股匪之抢掠,不能通畅运输,以致商业日趋萧条。今后若无妥善之补救办法,则前途将日趋恶化。

本县商人,自民国九年起,即有组织。初为商务会,内设正副会长各一人,处理一切事宜。民国十六年,由当地党部组织商人部,指导商人运动,始于十八年改商务会为商民协会,二十年又改为商会,二十一年四月间,因其组织不合法,由青海省党部特派员办事处改组,登记会员,依照中央颁布之商务法,组织县商会,即于是年十一月二十一日正式成立。

教育

本县教育行政事宜,由教育局执行教局所辖之学校,计有高级小学二处,初级小学十七处,其名称及经费等各项,列表如后:

本县全年教育经费,教育局共收皮毛,地租等一千九百八十余元,除开支该局办公费外,余为第一高小、中山小学、女子小学等三校之经费,其余各乡村小学校由各该,每年自筹一百二十元,回教促进会附设之高小及下山初小二校,其经费共三千二百元,地由各种担头息金,船费项下等筹拨,共计七千五百余元。

名称	经费数目及来源	学生数目及班次	学生年龄比较	教职员数目及资格	授课时数及课本	招生方法	附设团体
县立第一高小	由教育局每年支出六百五十元	学生一百廿二人共分四级	十岁以下者占百分卅 十五岁以下者占百分之五十 二十岁以下者占百分之二十	教员五人 师范生四人 中学生一人	每日上课六小时 用商务印书馆出版 小学课本	除自由招收外并实施强迫办法	学生自治会
回教促进会附设高小	每年由该会筹拨一千二百余元	学生八十四人共分五级	十岁以下者占百分之四十 十五岁以下者占百分之五十 二十岁以下者占百分之十	教员五人 中学生三人 阿訇二人	除采用通行课本外每星期加授四小时	纯招加教徒子弟	学生自治会
中山小学	教育局年拨一百廿余元	共四级三十二人	十岁以下者占十分之六 十五岁以下者占十分之四	觉训所毕业者一人 高小毕业生一人	每日授课六小时采用普通课本	自由招收	学生演讲会
女子小学	教育局年拨一百四十余元	共二级十六人	十岁以下者占十分之二 十五岁以下者占十分之八	老贡生一人 高小毕业生一人	无一定标准	强迫招收	无

校名	经费	级数及学生数	年龄	高小毕业生	教员	学生来源	备考
龙王庙学校	由乡区担任每年一百廿元	共三级二十五人	十岁以下者占十分之四 十五岁以下者占十分之六	高小毕业生二人	同上	附近村民自由送校	无
老祖庙学校	同上	共三级十二人	同上	同上	同上	同上	
南海殿学校	同上	共四级五十三人	同上	同上	同上	同上	
格尔家学校	同上	共四级二十一人	同上	同上	同上	同上	
大什家学校	同上	共四级二十五人	同上	同上	同上	同上	
崖头学校	同上	共三级二十五人	同上	同上	同上	同上	
刘屯学校	同上	共四级三十八人	同上	同上	同上	同上	
王屯学校	同上	共三级二十一人	同上	同上	同上	同上	
郭拉学校	同上	共四级二十一人	同上	同上	同上	同上	
蒙番学校	同上	三人	同上	同上	同上	同上	

王什料学校	同上	共三级十九人	十岁以下者占十分之二，二十岁以下者占十分之八	同上	同上	同上
固屯学校	同上	同上	同上	同上	同上
珍珠寺学校	同上	共四级四十一人	十岁以下者占十分之四，十五岁以下者占十分之五，廿岁以下者占十分之一	同上	采用普通小学课程标准	同上
马家学校	同上	共四级八十二人	同上	同上	同上	同上
下山学校	每年由回教促进会筹拨一千一百元	共三级五十一人	十岁以下者占十分之一，十五岁以下者占十分之四，廿岁以下者占十分之五	同上	偏重回文	同上

222~228
第三十五章　佛前滚蛋与油锅捞斧

35.
佛前滚蛋与油锅捞斧

为判断民间是非之唯一良法
带天头番女公开求爱

关于社会教育之设备与进行情形,亦列一表如后:

风俗

一般汉番民众,一律信奉佛教,对于红黄喇嘛教徒敬奉惟谨,每逢家中有疾病死亡等情,即请喇嘛捏酥油炒面等式,敲鼓诵经。应验与否,毫不追悔。此外尚奉泥偶特甚,番民如遇冤屈事,双方在泥偶前各以牛羊金银等约值数百元或几千不等作滚蛋儿,或在油锅捞斧头,以判决事非,如得直者,将被曲者之什物一律取去,以示胜利。其余回民则奉行回教,每星期做礼拜五次,每日至少一次。红黄喇嘛教徒,现因受种种压迫与摧残,已趋于分散之势,回教徒则现正因时兴起,组织回教促进会,除在本省设有总会外,各县亦都有分会,本县分会之会员,已达四百余人。

本县之汉民、回民,约在十七岁二十岁之间,即依普通旧式仪式,举行婚礼。番民少女之年达妙龄者,无论有无男子,即为女子上头(俗名曰带天头)。从此公开讲求恋爱,任意选择配偶。

本县汉回番各民族对于举行丧殡之礼节各异,汉民一面挂孝,一面请喇嘛诵经三日,于是即送葬,回民则不具棺椁,当日出送去穴,由阿訇集合有关者诵经送葬,番民则放弃山上,或丢落水底,或火化尸身,即俗名曰天葬、水葬、火葬,等是。

名称	主办人	内部组织	经费来源及数目	所办事业其困难情形	结果
通俗图书馆	教育局	馆长一人、管理一人	由教育局年支大洋十元	俾民众得随时阅览图书。惟经费有限，内部图书不多	尚得地方人士之注意，惟以图书缺乏，常使读者失望
讲演所	教育局	讲演员一人、助演员一人	由教育局年支大洋十元	将国家时事世界潮流逐日讲演。惟地处边隅，新闻不易得到，加以经费关系，不能聘请良好之讲演员	自民国十八年兵变后讲演停顿迄今，尚未恢复
公共体育场	教育局	场长一人	无	因经费无着，内部设施全无	自十八年兵变后，已将场改辟为农业试验所
民众书报处	教育局	管理一人	无	将教育局与县政府所阅毕之书报陈列其中，俾众阅览。惟来豢者寥晨星	开办迄今收效不宏
民众学校	贵德县党务特派员办事处	校长一人、教务员一人、训育员一人、人事务员一人、教员三人	开办费七十元，经常费六十元，共计一百三十元。由党特处筹拨	俾年长失学及贫寒无力求学者有读书识字之机会，惟因民智未开招生不易。此后拟于人多之乡镇设立五处，以期普及	自民国二十一年三月开办迄今，已一班毕业，现正筹设第二班
国民补习学校	本县各区区公所	由区长等主持	由区治费项下开支	俾一般年长失学人有补习之机会	略具形式

社会与公安

兹分几项记述：（一）团体组织。本县除教育界有教育会，农界有农会，商工界有商工会，各谋各的发展外，亦有慈善性的救济院一处，创于民国十六年间，每值冬寒，制棉衣多袭，分给饥寒民众，以资救济，但因款项无几，裨益甚鲜。（二）天时灾害。农田每年以旱雹灾为最烈，在夏季五、六、七月中常发生。大旱之后，河渠枯涸，农田无法灌溉，灾象遂成，每次至少限度，收成要减少二分之一。帐幕番民以牛羊时疫为最烈，每值冬寒久雪，或在春秋草木发动、凋零之际，发生死亡，其数动辄数千，连年有之，一无妥善之防御方法。（三）人民疾病。本县地处边塞，民气未开，故卫生及疾病防御机关，无论公私，一无设置。人民每年死于疾病者，以疟疾、天花为最多，此种时疫流行时，率皆束手待毙。（四）公安局。捍卫本县的团体，除公安局外，别无其他。公安局每月以河税三十元，店捐六元，屠捐八元，农商捐一百七十元，共计二百十四元为经费，有铁质马刀二十把，设局长一人，巡官一人，科员一人，事务员一人，警士三十名，共计三十四人。巡官、科员、事务员等，均承局长命令，执行日常事务。警士则共分三班，轮流站岗，或巡逻稽查，保卫治安，维持秩序。

财政与税收

全县每年财赋额为地亩粮（仓石）一千二百五十一石余，营买粮市升九百石，共赋十二万四千四百四十余元，此系正项财赋，全县人民，扫数完清。此外尚有另立名目之苛捐杂税，由政府强迫勒索。兹列表记其种类名称，征收数目，及其征收方法于后：

名称	征收数目	征收方法
屯粮	九九〇仓石	
番粮	一三四仓石	
其他粮	六仓石	年征瘦马一匹，羔皮四十八张，由县政府变价买收，完如左数。
盈余陋规粮	三五仓石	屯粮每石收七升四合，番粮每石收一斗二升。
百五经费粮	二二仓石	屯粮每石附加经费粮五升。
随粮带征之地方粮	六二仓石	带征警款及司法经费。
营买粮	九〇〇粟石	由第九师司令部派员直接征收。
营买草	四〇三二〇〇斤	由第九师司令部派员催收。
屯算折价洋	六七四七元	六成粮每石以上元折价征收如左数。
粮草串票洋	四〇元	本折串票各一千张，每张收洋二分，共计洋如左数。
附加法院经费洋	四三〇元	随粮带征高等法院经费，每石洋三角八分一厘，共计洋如左数。
补助师范经费	一二五元	由教育局每年筹解市平银一百两，每两百钱折洋，共计洋如左数。
油梁磨费洋	三三八元	乙等油磨三十八盘，每盘年税洋三元，丙等一百十二盘，每盘年税洋二元，共计如左数。
契税及契纸、价洋	一四九三元	契税买税每洋以六分收税，典契以三分收税，契纸费每张五角。
验契洋	四六二元	每契一张，收查验费二角，注册费二元，全年共收洋如左数。
印花税洋	三二〇〇元	
番贡马价洋	二三四〇〇元	在番族内征收，大数如此。
牙税洋	二〇元	牙行一家，年税洋十二元，皮毛牙行一家，年税洋八元。

机关名称		全年经费总数	
其他杂捐、杂税洋	二二七六元	随粮带征警察费洋一千二十元，另征政务警察年费洋一千二百五十六元。	
地方各机关全年经费	五〇四〇元		
民间全年支应人夫骡差捐失估计	五〇〇元	全年约捐骡马五头，每头值洋六十元，驴十头，每头约值洋二十元。	
产销局卡全年总收洋	七五〇二四元	皮毛每百斤抽洋五元五角，皮件每包三元五角。	
粮茶局卡全年总收洋	二七〇〇〇元	粮每斗抽收洋二角五分，茶每封抽收洋二角五分，百货值价洋一元抽收洋五分，全年共计如左数。	
榷运局卡全年总收洋	二六五〇元	每盐一斤，零售洋一角五分，全年约共收洋如左数。	

附注　上表一、二、三、为正粮，四、五、六为附征粮，七为临时供应粮，八为临时供应草。九至二十一为县政府经征之款洋，二十二、二十三、二十四，为各局卡经征之款洋。

本县的金融流通方面，则有省财政厅印发之维持券，计有十元，一元，一角等数种。

行政

兹将行政与司法之工作及划分区域情形列表于后：

机关名称	职员人数	全年经费总数	工作情形
县政府	十九人	六四八〇元	县境上下山一带之番民，因处地偏僻，向与县政府瓯脱，以致政令久难达到，对于一切自治工作，进行颇感困难。
教育局	六人	六五〇元	因经费支绌，全县教育，日就颓废。
建设局	五人	四二〇元	徒拥虚名，毫无建设，而经费较其他机关尤感困难。

禁烟局	四人	九二四元	
产销税局	二十一人	一二五四〇元	重征皮毛税收，但因东路停滞销路不旺收入税减。

本县在未举办地方自治以前，全县共分二十四里，里中一切事宜，由县政府直接办理，至于蒙番民族之王公千百户等，均系因袭清朝之制度，封建势力，仍甚雄厚，现县政府及各行政机关的政令，犹根本莫及。

本县的行政官兼办司法，弊端甚多，历任者多系贪污之徒，番汉民众，颇蒙其蹂躏。而设置方面，仅有旧式之看守所一处，屋宇狭隘，不见天日，从来未曾加以改良，真是人间地狱。

民族之分布

本县二万七千六百八十余人口中，番民占十分之七，汉回各占十分之一.五，其居留地及分布之密度，汉回则在县城附近及下山一带，每方里约一百三十二人，番民则在上山，王什料、鲁仓、高寿、独秀、囊拉、红毛卡、多加野、利哇、拉加寺等处，每方里约二十七人。各民族间之感情，汉回时有隔阂，番汉较为融洽。

宗教势力

本县亦有基督教堂及天主教堂各一处，基督教堂系于民国十一二年间由甘肃临洮移来，在南关东街，买产置屋，居牧师二人。天主教堂之设立，后于基督教，在南关西街栅门根。惟二者俱因信奉者之不多，势力甚微。

229~237
第三十六章　一切建筑不及一教堂

36.

一切建筑不及一教堂

荒地因请垦费太高
人民无力领垦

关于西宁县的各项调查，分述于后：

四邻境界

本县东界乐都，东南与化隆毗连，南邻共和，西接湟源，西北与大通接壤，东北与互助分域。由县城起，东至县境平等乡七十里，南至县境民安乡三十里，东南至县境毓英乡六十里，东北至县境中林乡十里，西南至县境明达乡七十里，西北至县境西华九十里。

面积与土壤

全县土地之面积，约为九千二百方里，耕地面积如何，现尚无详细的统计，可资考查，惟知除山丘、河流、沟洫等所占者外，约计为二千四百八十四万亩左右，其中水田约占四分之一（六百万余亩），旱地约占四分之二（一千二百万余亩），其余的四分之一则为脑田。此种耕田的土质，均系上好壤土，很适于农作物，但近来因为林政失修，旱涝频仍，遂致收成歉仄。其水田可分二等，湟水沿岸近城之地最佳，约六十万亩，南川河及北川河与湟水上游上五庄等地，水田均等，无上下之分，约有五百余万亩，至于未耕之荒地，其面积占一千万亩有余，虽说是荒田，实则都是因官荒而未加垦殖之区，从前因当地的寺院及政府的不许开垦，荒芜至今，现在改省后，虽政府已提倡垦殖，寺院不加阻止，惟因请开垦费价太高，人民无力领垦，故仍荒弃而未能尽量开垦。近年来气候已大大转变，较前温和了不少，如能乘机开垦，随时种植，其收效一定很大。兹列表记其各种地亩价于下：

种类	每亩最高价	每亩最低价	每亩普通价
水田	三百元	二十元	三十元至四十元
旱田	二十元	四、五元	十元
脑田	六元	一元（甚至无代价赠送）	三元至四元
院落	五百元（城市区）	五六元	十五元至二十元
荒地	二元余	一元（甚至无代价赠送）	一元左右

县属罗家湾滩，平原旱田三千余亩，相传为汉赵充国屯田处，近年因雨量不足，且土质含盐，不能种植，已荒多年。南川河、北川河及湟水两岸，因河堤不修，河水不循一定的流道流行，致约数千亩的地面，尽成砂砾，并时遭水患，不能耕种。

人口总数

全县人口总数为十六万三千五百余人，每方里平均约有居民十七人。人口总数中，男为九万一千一百余人，女为七万二千四百余人，两相比较，男子多一万八千七百余人。又此人口总数中为壮丁者约有三万四千三百余人，为老幼者约十二万九千二百余人。游民乞丐，男的占其二万九千三百余人，女的占其三万三千五百余人（游民乞丐总数约为六万二千八百余人，其数可惊）。为喇嘛僧道、基督教徒、回教徒及依附其他宗教者，男的占九万四千九百余人，女的占六万六千八百余人（依附宗教者总数为十六万一千八百余人，与全县人口总数相差不满二千,故西宁县可说是尽人皆教徒)。又本县人口之生殖率较死亡率为强,每年产生的约为一万五千八百余口,死亡的约为四千余口(死亡的约占产生的百分之二十强)。兹亦为表记其各区之户数及人口数:

区别	户数	男子数	女子数	人口总数
第一区	九一二〇	二五三五三	一九二一四	四四五六七
第二区	一九五九	七五〇五	六二一八	一三七二四
第三区	四七六三	一八四九九	一四七四三	三三二四二
第四区	五四四八	二二五五七	一八五三三	四一〇九〇
第五区	四七八二	一七二四七	一三七三七	二〇九八四

查本年本县人民移徙他往者已有约九百余人,由他处移来者,每年亦有一千人左右。

富源一斑

西宁县天然的富源仅有小林木矿产数处而已,兹将小林木和矿产各列一表于后:

产林地	亩数	培植方法	产品数量	产品销路	备注
西泰乡(即西拉课)	约二百余亩	听其自然不加人力	林木细小难以数量	运往城内以备造屋做椽之用	本林所产的多系松树
由义乡(即拉沙尔)	约一百余亩	同前	同前	同前	木林多杉树
治平乡(即大寺沟)	约一百余亩	同前	同前	同前	杂树很多
同仁乡(即拉尔宁)	约八九十亩	同前	同前	同前	同前
翠屏乡(即群加族)	约七八十亩	同前	同前	同前	同前

矿产名称	矿脉分布状况	质量优劣	产地	开采情形
玉	脉在山中，多为冲积岩	似石英，质甚劣	距城四十余里小南川丹马庄	居民私行采取，雕琢制器
钙	无岩脉，散布于各河床上	炭酸钙，质优，可为石灰原料	本县各处都有	业石灰者在河床上拣选之
煤	为纵竖脉，以七十余度之斜度偏东	含硫磺及堆土，质不甚佳	城东七十余里观音堂沟一带	产地居民每至秋季集股开采，至春季农兴即止
炭	为横列之平层，矿床不广	含炭质甚少，且杂硫磺。质不佳	城东三十里之小峡一带	前以土法开采，因价廉得不偿失，现已停止开掘
花岗石	在山谷中，多为冲积之平行脉	含石英甚多，质坚	距城六十里之小寺沟	由石匠采做柱石、石条之用

除上列矿物外，尚有数种，兹亦分述于后：

硝石 色白质松，制成粉状，可做泄泻之药，又可脱皮毛皮层，产临城北山寺。

科子石 色有白有青，大如豆，纹格错综，质重性硬，可做磨扇，产于距城百余里之北山保加石窝（该处亦产硝，即焰硝，可配造火药，产量足供所求）。

菜绿石 色淡绿，质坚，产西南乡之石板沟，距城约七十里，可做碑碣。

石板 色青黑，质坚硬，面平而纹格层间，剖之层薄如板，宽可尺余，长三四尺不等，做成圆盖，可覆酱瓶与醋瓮，并可做煖炕面之用。

石灰石 多含矽养，形有圆、尖圆、扁圆、椭圆不等，大小亦殊，遍地都有，足供所求。

矶石 距城百里的东川湟水，有大峡矶石，距城三十里又有小峡矶石，堪舆家称为罗喉。

交通状况

西宁为从前的府治，城池重修于前清雍正十一年，内实土，外氅砖，侬西宁府志载，高厚皆五丈，门四，角楼四，敌楼十九，四围九里一百八十步三尺，面积约五方里。人口侬去年调查计算，男为一万八千四百八十六口，女一万四千口，共计三万二千四百八十六口。城郭划分为三区二十九街，每街又分若干巷，房屋除福音堂、天主堂、第一中学校、第一女子师范学校、回教促进会，各建有洋楼外，余均系旧式房屋。各街的居民除前表所列外，其总数为七千一百九十余户。街道均系土路，无铺筑宽宏的石子马路，但可通车马汽车者，亦占及半数。自十八年青海改为行省定本县为省会后，街道之整理渐增完善，较之从前西宁道时改善了很多。街上行人除富户或官员自备轿车或骡马之外，别无代步工具，一般均系步行，故交通方面颇嫌迟滞。至于城郭以外的交通，则可分水陆二路，水路有湟水横贯全境，深浅不一，平均深约八九尺，宽约三四十丈，水流湍急，船筏不能通行，仅有羊皮筏或牛皮筏，顺水以运粮食及皮毛等土产粗货。城西有渡船一只，系绳两岸，可渡行人及牲畜货物等，然载重不能过二千斤。陆路虽均系狭径小路，却颇有四境纵横之概，兹特分别述之如后：

东路 由东城门出发，循湟水南岸的大路，经小峡直达至县属平戎驿，（按平戎驿原为汉安夷县故址），以下入乐都县境。如在小峡口渡湟水握桥，仍向东循湟水北岸行，经互助县的张家寨，过乐都县城，可直达甘肃的兰州。

西路 由西城门起点，不数步由通济桥（桥已被水冲坏，但以水浅势小，车马均由桥下涉水经过），越南川河，循湟水南岸，经阴山塘、徐家堡、镇海堡、扎麻隆，共九十里而达湟源县。由湟源县城分支，其西为小路，通都兰县（都兰北通甘肃敦煌，西通新疆，南通玉树，玉树东南通西康，向西便入西藏）。

南路 由南城门循小路沿南川河溯流而上，经共和县属之朵让，可直达贵德县城。

北路 由北城门起，渡湟水（冬日水少，架有木桩，夏日拆桥，改用渡船），并有小路四通，可达县属湟水以北之各村庄，或由城西营留堡，北折入小路五里许，过湟水之惠宁桥，溯北川河，西北行四十里入互助县界，由是北至大通县城，过亹源县界，直达甘肃之凉州、甘州一带。

上述各路其恃为交通工具者，则为大车、牛车、骡、马、驴等，亦有用人力担子及驮子等。兹为更求明了其各路的交通情形起见，另立一简明之表于后：

名称	起点	终点	长度及宽度	可通车辆	经过地方
东路	城东街门口	东营保	长八十里，宽二丈余	大车、汽车	小峡口平戎驿。
西路	西城门外	西石峡	长七十里，宽狭不一	大车、汽车	阴山塘，徐家堡，镇海堡，扎麻隆。
南路	南城门外（偏西）	腊鸡山	长九十里，宽二丈余	大车	申中，伏羌堡，上新庄。
北路	西城门以上之殷刘堡	后子河	长四十里，宽二丈余	大车、汽车	石头叠，孙家堡，长宁堡。

邮电设备

关于邮政、电报、电话等，兹亦分做三项述之。

邮政 西宁于前清光绪三十二年改驿置邮后，即设有邮局，其后逐渐进步，至今已设有二等邮局一所，代办所三处，村镇信柜二处，城市信柜四处。其代办所所在地，一为距城西九十里之上五庄，一为城南五十里之鲁沙尔，又一为城东一百二十里之扎什巴，其村镇信柜所设处则为，一，镇海堡，二，新城，至其城市信柜四所所在处，则为城关大营盘，大教场，东关大牌坊，城内新街口。二等邮局设在城内，属甘肃邮务管理局管辖，邮差均步差。宁兰、宁湟间逐日封发一次，谓之快班。宁大、宁贵、宁循等处，有二日三日，或五日封发一次者，谓之慢班。包裹则雇骡驮或大车装运，故快慢无常。限期信件往兰州者三四日可达，往湟源者一日可达，邮票每月可销售一千余元，有职员十一人。

电报 有电报局一所，设于民国十八年，属甘青宁电政管理局管辖，内设局长一人，业务长一人，报务员六人，司事一人，工匠三人，配达二人。用英尔斯单一收发机，发电区域为兰州、南京、天津、汉口、甘州、洛阳、凉州、肃州、新疆、西安、包头、张家口、宁夏、导河等处。发电件数，每月官商共计四百余件，收电件数，每月官商共计五百五十余件。电费收入，本年每月平均在四百元至五百元间，城内中央新编陆军第九师师部，有无线电机一架，可与国内各处通电，但商电不发，机关官电，或可代发，但不营业，近办电报传习所一处，学生约百人左右，将来拟在本省玉树等处增设无线电台，任用此等学生。此外青海省党部特派员办事处亦有无线电收音机一架，可收中央广播电台无线电新闻报告。

电话 城内设有电话局一处，属青海省政府管辖。各处设有交换机五十副，直接可向大通、湟源、贵德、循化、化隆、乐都、鲁沙尔等处通话，用西门子电话机及台尔皮尔电话机，每日可收电费洋一百五十元。

新的建筑 西宁城内小教场，近设有娱民大会场一处，系旧日扬武厅旧址所改建，有新建房屋六所，旧房改修的九所，新筑的亭二处，各处均以曾为该场出力者的人名为名，如子香亭、阁公厅等（子香为新编第九师马步芳号，阁公即为马阁臣为前省主席马麒之号），近正在建三层洋楼一座，即将竣工。城东二十里小峡口之河厉楼，原系颓残的握桥，前年被水冲断，现已重修完善，两岸石基天然，桥身、桥房、栏杆、柱梁等。均系尺余之大松造成，工程颇坚固而浩大，因系军队修筑，所费仅一千四百余元。又城内新建的天主堂洋楼一所，现已落成，为西宁全县，也就是青海全省最新式、最宏大的建筑物。三万余居民之城市，控制全省的中枢地点，其公私的建筑物，竟不能及于一远来传教的教堂，其可叹为何如！

238~247

第三十七章　种麦者不得食麦

37.
种麦者不得食麦

工业向不发达仅缝织利用机器
学徒有门里门外之分

农业状况

本县土地每亩生产品的价值，因种种关系，每年所产物品不同，其价值亦因之各异，大抵每亩值种小麦之年，若雨水调顺，则山田可得西宁市斗一斗七升左右，以本年市价估计，约值国币四五元，水田可得西宁市斗二斗五升左右。约值本年市价六元至七元五角余，若值种大麦、青稞、豆类、油菜、莜麦（一名燕麦）、谷子等类，价各不一，兹列表如下（西宁市斗）：

名称	山地丰年收量	山地歉年收量	水地丰年收量	水地歉年收量	民国廿一年的每斗市价
小麦	一斗七升	六升	二斗五升	一斗二升	二元五角
青稞	一斗五升	八升	三斗	一斗六升	一元五角
大麦	一斗六升	九升	三斗	一斗七升	一元五角
蚕豆	一斗五升	八升	三斗	一斗五升	一元七角
豌豆	一斗五升	七升	三斗	一斗四升	一元五角
山芋	一斗六升	九升	三斗	一斗六升	一元五角
扁豆	一斗六升	七升	四斗	一斗八升	一元三角
油菜	一斗八升	九升	四斗	二斗	三元五角
莜麦	二斗	一斗二升	四斗	二斗	一元二角
胡麻	一斗六升	八升	四斗	二斗	二元五角

西宁县属，地广人稀，并因森林较多，雨水充足，农人主要出

产为粮食，故粮食的产额，颇有可观。民国十七年以前，每年运销兰州之粮食，为数甚巨。民国十八年，因岁饥，又值改建行省，国军孙连仲部，亦于是年到宁，军政各费，需用浩繁，营买粮草，频向民间索求，富户积粮，纳销一空，于是元气大伤，粮食输出锐减。湟源亦为西宁粮食销售场所，往年西宁县属之上五庄等地，多将粮食磨成粉末，运往湟源销售于番民，近年番民亦多从事于农耕，能自产粮食，故运往者亦减少。除粮食外，其次以油菜籽或胡麻做成的青油，产量亦多，油菜种植，此种青油，既可点灯，尤堪为调食佳品，西北人视其需要与食盐相等，西宁产出者，除应本地需用外，余多运往兰州销售。

关于农田的灌溉，农产物的播种及成熟，农民的生活实况及其他各方面的情形，分述如后：

农田灌溉

农田多藉天然可达之水势灌溉，设备极为简单。每遇大旱，常请和尚或法师，设坛祈雨，殊少合理办法。其用以灌溉田亩之河流，大别之可为三。最大者为湟水，由湟源石板沟入境，东汇喇可贝得、北川、南川、小南川等河，出小峡经平戎驿而入乐都县界，横贯全境，水量颇大，惟人民不知开渠治河，以利用水利，故灌地不逾六七万顷。次则为南川河（一名麒麟河相传昔年曾有麒麟来游），发源于西宁贵德交界之拉鸡山，上游分东西两源，东源由上新庄北流经加牙城，北源自梦旦峡北流至陈家滩，会东流北折至谢家寨，汇亭堂河、碌白河、诸流至西宁城西，再北流而入湟水，河身南高北低，两岸灌田至十余万顷。西宁水利，以此为最大，惜水浅流急，两岸十三道渠坝，时有不敷分布之虞。三为北川河（一名长宁川，又名苏木运河），由县属北境，纵流南入湟水上游，其源有二，俱来自大通县的西境，所经西宁县境约四十里，两岸开渠引水，灌田三四万顷，亦不能充分利用水利。

农产物的播种及成熟时期

西宁距海面甚高，气候甚寒，所产农作物，除菜蔬外，每年仅可成熟一次。兹将播种时期及成熟时期列表如下：

种类	播种时期	成熟时期
小麦	春风节前后	大熟前后
青稞	清明节前后	同上
大麦	同上	同上
豌豆	谷雨前后	处暑前后
蚕豆	同上	白露节
莜麦	同上	同上
胡麻	同上	同上
洋芋	同上	同上
大燕麦	芒种节前后	秋分节前后
菜蒜	同上	同上

农民的纳租状况

本县拥有田地之地主，约有一百二十余户，自耕农约有一万七千八百余户，佃农、半自耕农、雇农，共计一万二千余户。除自耕农外，贫农多向地主租田务耕，以维持生活。其租纳方法如下：（一）全租。每计地先议定租价若干，佃户除按年缴纳是项租价外，与地主别无何项手续，地中生产，尽归佃户。（二）谷租。佃户于租田时即与地主议定每年纳租谷若干（有决定每年所纳全为小麦者，或依所产而代以其他谷类者），佃户于每年秋收后，即按数还清，产品无论多寡，悉归佃户。（三）伙租。每年种禾、锄草、收获、施肥等，尽归地户担任，地内出产品，地主佃户均分。（四）纳租。纳租无甚手续，大抵每年秋收后，至废历年关前缴清为限。至于租额方面，则按水田、旱田、山脑田等之等级及土壤优劣而不同，兹分别列之于表如下：

种类等别	每年每亩产品最高价	每年每亩产品最低价	每年每亩租额
上等水地	十元	六元	三元
中等水地	八元	四元	二元
下等水地	四元	三元	一元
上等旱地	八元	四元	一元五角
中等旱地	六元	二元	二元
下等旱地	四元	二元	一元
上等山地	五元	一元	一元五角
下等山地	三元	一元	一元

农民的生活实况 农民除居住城市中兼营小商者外，乡村中一般农民的生活，极为简单，全年衣食所需，大抵在十元左右，较之青海省委任四级文官的半月生活费还少，然尤不时受一般官吏的要索，真是可悲得很。

农民的衣食住 一般农民所穿之衣，大抵系白色褐子（用羊毛线手工织成者）、永吉布、老羊皮袄等粗质物品，至能服斜布、丝布者，可谓百不得一。所食则大概为青稞、豆子等类的价廉品，粗而不能适口，所谓小麦面者，农民视为最上等之食品，非有高福者不能享此，然高福者尽系自命为上层社会中人，实则农民每年所辛忙者为种小麦一事，谁知收成之后，反不能自食，只能变价以维持其饥饿生活。较好之农民，大抵都有庄院，不过非常简陋，穷农既无屋居，亦无屋租，大抵掘窑以栖，席地以卧，天寒冻死者累累，无人过问。

农民嗜好 一般农民大抵多喜赌博，每于废历年关的前后，必休息若干时日，在此时间，恒以赌博而消其无聊，常有因此荒其所业而流为游民者。其次为吸食大烟，此不仅能使他们流为游民，实能使他们化为惰民。西北的骨瘦如柴、形似鬼态者，都是他们，但他们实为西北的好主顾，因繁重的烟税都出自他们的吞云吐雾之中。所谓禁绝，有谁去禁绝？农民对于偷奸一事，则尤甘冒之而不韪，发泄性欲原是人生少不了的事，一般年富力强的农民，因格家境，不能娶妻，乡间又无娼妓，纵欲无门，放情无处，不得不在桑间濮上，偷情以暂泄其情欲。农家妇女，好于装饰，然样子古怪，不能行于城市社会，她们所认为打扮得很漂亮的，大抵是高头银钗，小脚绣鞋。

农民的家庭组织 农民的家庭组织，大抵多系直系的亲属同居，近年来因民风渐变，数世同居的已不多见，即同胞兄弟，年长之后，亦多别籍异财，甚而不相往来的。农民的副业，农民一面务农，一面多事养畜为其副业，取毛，取蛋，取粪等为其副业的收获，也有将羊毛纺织成线，抽暇而织成褐子者，或有织成绒线毡子者，但产量均不甚多，至绒线毡子一项，除南川加牙一处外，余地均无。

农民痛苦 农民所受物质上、精神上的痛苦，多至不可胜数，兹以其所受最深者三项，述之于下：（一）赋税太重。西宁原征粮二万四千三百十一石，此外又有司法经费，民众教育经费，自治经费，警费，营买粮草，及其他临时捐款，借款，禁烟罚款等，名目繁多，几难尽数。（二）役吏诈索。各经征机关的役吏，习于多年积弊，每下乡到民间时，便似虎似狼，向人民勒索，视若固然。往往政府征款一元，而人民须纳三元，勒索款项竟多至正项二倍，而人民也只能任其予取予求,盖不如是,则拷打俱来。(三)因水利的不修,林业的不讲,以致旱涝水雹,无年不有。农民因收成的歉仄,赋税的繁重,差役的勒索,于是便入不敷出,困于饥寒了。

雇农工资 雇农之法不一,有雇全年者,有雇一月者,有雇一日或数日者。雇全年的工资,最高为制钱二百串左右(西宁以五百文为一串,约合大洋三十元),最低为十元,牧羊儿童,全年为二元至五元不等,均须给以宿食。雇一月的最高为三元,最低为二元,雇一日或数日的,则视农忙时期与寻常时期而异。大抵在农忙时期,男工每日约制钱四五百文,合大洋六七分,女工每日约制钱二三百文,合大洋四五分,在寻常时期,则所给较低,但相差不甚远,都须供给饮食。

农民的借贷 农民借贷利率之高,诚堪惊人,最低者月利三分(即百分之三),而有高至十分、十五分、二十分者,甚至有三十分者。以债务人与债权人的关系不等,利率乃有上项的畸形差别,此乃因农村中无经济组织的缘故。普通借贷,期限长短不一,无一定标准,惟所谓穷民的借粮、借银纳期者,则有一定的限期,而其利息亦特重。例如在三四月借粮一斗,则在六七月清还时,便须还本利一斗二升或一斗四升不等。其次有因紧急时期借银,议定在一定时期归还时,代以麦籽或其他农产品者,届时无论价格如何涨落,概须照数偿还。至于借贷方法,则极简单,盖以乡人颇讲信用,只须口头议定利率、限期、数目等,便算了事,但亦有立契约借据或请人担保者,其借贷的种类,大抵分借银、借钱、借粮纳贷等三种。

工业调查

西宁全县的手工业,向来不甚发达,所有多系徒弟制的手工业,

用机器以增其工率者,惟少数的缝工而已。兹分别述之于后:

栽绒 南川加牙,自民国十六年设立栽绒工厂后,即聘请宁夏工人,仿效宁夏栽绒办法,每年改良出品,现在所栽褥毡等品,虽不及宁夏所产之精致,但亦相差不远。以后若能继续改良,于三五年后,定能与宁夏制品并驾齐驱。至于省垣在民国十八年间成立第一职业学校后,亦附设有栽绒工厂一所,所用工人多系由兰州聘请而来,所栽褥毡较加牙所出者犹差,加牙出品之不及宁夏的最大原因,为西宁的羊毛,质料不如宁夏来得优良。

金艺 金艺类除省垣现设有修械所及炮局等较前稍有进步外,制造生熟铜事业者亦有蓬勃之象。至于银匠一行,因近来妇女多废除银质饰物,已有萎衰之势。

缝织 缝织一业亦渐有兴盛之势,因每家缝织店大抵置有缝衣机一架或数架以代人力,其纯以手工缝纫者,则已将至绝迹。

鞋业 鞋业自十八年后亦较前为发达,因外来手艺精巧之工人甚多,所制鞋靴已日见改良,而出品亦比前为多。

皮革 皮革制造品之原料,多系来自本省的内地。经营是项事业者,在省城设店制造,制品多为皮靴及军用品等,销路仅限于本省。至皮衣、羊毛及未加制造之牛羊皮,则多运售于津沪各路,销路颇广。

木业 木业在最近数年,亦有进步,盖以所造木器已能日求进步。

兹将西宁主要工业出产品之名称、种类及产量,分别列表于后:

品名	年产量	单位时价	运销地方
毛巾	三六〇打	三元五角	本省各县
毛单	三六〇打	五元	同上

栽毛毡	九六〇方尺	一元五角	同上
毛鞋	一四〇双	八角	同上
袜子	三〇〇〇双	五角	同上
卫生衣	二四〇件	五元	同上
制革	三〇〇〇张	十五元	同上
皮箱	四〇〇〇个	二十元	同上
皮包	五〇个	三元	同上
皮鞋	三〇〇双	四元五角	同上
武装带	三〇〇根	三元五角	同上
条子布	三〇〇匹	十元	同上
帆布	三六〇匹	十元	同上
烧纸	二六〇〇盒	八分	同上
条烟	一五〇〇斤	二角	同上
烧酒	四五〇四五〇斤	三角三分	同上
酪流	七二三〇〇斤	一角	同上
黄酒	五四五〇斤	一角八分	同上
五茄皮	四三四七斤	八角	同上
醋	六三〇〇缸	一角二分	同上
胡麻油	九四五六七〇斤	四角	甘肃
菜油	八五三四二五斤	二角五分	甘肃
豆酱	六四五七斤	三角	同上
面酱	一四六七斤	二角	同上
青酱	三二四五斤	三角	同上
麻酱	六五四二斤	八角	同上
熟铜	五〇四斤	六角五分	青海各县
熟铁	二四三四斤	九角	同上

生铜	三四六斤	二角五分	同上
生铁	五七二斤	二角四分	同上
银	一四三两	一元一角	同上
砖	七六四三二五片	二分	同上
瓦	八七六四五二片	一分五厘	同上

兹关于工人受待遇的各种情形，述之于下。本县工人，除职业学校所附设的职业工厂的工人，其工资每日最高为一元，最低为八毛外，其余手工业工人，最高额每日约得五六毛，最低额每日约得一二毛不等。工作时间方面，除职校工厂内之工人，每日做工八小时外，余均为日出而作，日入而息，并无规定之工作时间。至于假期的规定，无论任何工人，尚未享受如是待遇，大抵除年节外，整年内都须做工。又一般手工业之学徒，除职校工厂每人每月有三元五毛的伙食费及约五元之工资外，其余学徒在学艺时期中（普通以三年为限）皆不给工资，不过在每年年底酌量给以十元左右的零用钱。学徒分门里、门外二种，门里徒供给吃食，门外徒则否。所谓门里门外之分，均系得师徒两方的同意后才规定的。

248~261

第三十八章　皮毛滞销商市萧条

38. 皮毛滞销商市萧条

教育比较发达成绩尚佳
汉回不睦其原因在彼此智识幼稚

商业鸟瞰

输入本县的商品,以杂货、布匹、绸缎、海菜、药材、瓷器等为大宗,据商会统计,每年约在六百二十万七千余元,输出商品以羊毛、皮革、牲畜、油木、药材为大宗,每年约计在一千五百四十九万七千余元。大部分商品之来源,除国货由国内各地运来外,外国货则以日货为最多,输出品则大抵销于国内津、沪等各地。兹关于其种类名称,及去年度(二十一年)的输出入情形,各列一表如下:

输出物名称	每年产额	价格	行销地点	每年实价
羔羊皮	二百九十余担	每担二百余元	上海天津汉口陕西两湖等处	七万一千余元
狐皮	十二担余	每担五百余元	同上	六千余元
沙狐皮	十四担余	每担二百四十余元	同上	三千三百六十余元
狼皮	二十一担余	每担四百余元	同上	八千八百余元
山羊皮	二百十余担	每担四十余元	同上	八千四百余元
老羊皮	五百余担	每担二十余元	同上	一万余元
羊毛、驼毛	一万八千一百余担	每百斤三十四元	天津	一千四百七十六万九千六百余元

马骡	一千四百七十余匹	每匹平均五十六元	本县各地及山西陕西甘肃等	八万二千三百二十余元
牛驴	一千五百余头	每头平均十五元	同上	二万二千五百余元
猪	一千五百余口	每口平均八元	同上	一万三千四百余元
羊	一万一千一百余只	每只平均二元	同上	二万二千二百余元
青油	四千二百五十余担	每担五十余元	兰州	二十一万二千五百余元
猪化油	一百十余担	每担六十余元	同上	六千六百余元
松木	二百六十余根	每根七元余	本县各地及甘肃宁夏绥远等	一千八百二十余元
柏木	九十余副	每副六元余	同上	五百四十余元
榆柳木	三百二十余车	每车四元余	同上	一千二百八十余元
鹿茸	一百二十余斤	每斤十余元	天津上海陕西甘肃等处	一千二百余元
麝香	十余斤	每斤二百余元	同上	二千余元
大黄	六千一百余斤	每斤二十余元	同上	十二万九千余元
硫磺	一万二千四百余斤	每斤十余元	同上	十二万四千余元

附注 上表一至六为皮类，其总输出额为十一万六千三百六十余元，六至十一为牲畜类，其总输出额为十三万九千四百二十余元，十二十三为油类，其总输出额为二十一万九千一百余元，十四至十六为木材类，其总输出额为三千六百四十余元，十七至二十为药材类，其总输出额为二十四万九千二百余元。又表中所列之担，其当量为二百四十斤。

输入物名称	总量	总价	备注
绸缎类	六千四百余丈、一万八千四百六十余匹、二万六千七百余板、七百余码	一百十万〇四千七百余元	多来自天津、四川、两湖、两广等处
化装品类		一万余元	各种香皂、花露水等，多系日货
梭布类	四万三千二百六十余板、五万余匹、三百余卷	九十六万〇五百余元	多来自湖北及陕西三原
瓷器类	四万四千八百余个	二万四千八百余元	多来自天津、江西等处
杂货类	一万二千五百余担	三百七十二万一千余元	多来自天津、甘肃等处
药材类		二万余元	名目繁多、数量难考，估计其总价如上
海菜类	二百五十余担	三十八万六千八百余元	多来自天津，亦有来自四川者

附注　上表所列之担，其当量仍为二百四十斤。

近年来西宁之商业情况，极其萧条，如旧日商业之繁盛情形，已不复见。推其所以致此之原因，不外为后列二点：

（一）捐税过重　青海自十八年建省以来，因驻军过多，政费浩繁，向民间征收款项，自亦日渐加多，实有加往昔十百倍而尤过之。农民供给，既不足用，自然不得不借捐于商家。除正当税捐外，额外增加的层出不穷，加以现洋流出，银根紧急，商家因亏累过巨致倒闭者时有所闻，现存的大都出于勉强支持，甚感困难。

（二）皮毛滞销　皮毛等项大宗货物，因国际发生经济恐慌，及东北事件发生波及平津以来，此间之此项大宗货物，凡昔日以平津为销售之尾闾者，今则大受影响。各商店在平津一带订购之货款，既无现洋偿还，亦乏皮毛作抵，彼此交困，坐待穷迫，而有效之解决办法，尚不知从何说起，故商业的凋疲，将愈趋不堪了。

本县商人，自民元后，已有团体的组织，惟一向徒拥虚名，甚少实际活动。去年四月初，始由青海省党部党务特派员办事处按照商会组织法，重新改组，会员登记，早已完竣，已于去年八月间正式成立，现正从事于改进商业之研究及筹划进行之办法。

教育调查

西宁县教育行政机关为西宁县教育局，设有高级小学九处，初级小学一百五十处，各校名称，依设立的先后，以数目字按次排列，例如第一高小、第二高小、第一初小、第二初小等，此外尚有天主堂附设之培英两级小学一处，及青海省回教促进会附设之高小二处，上五庄回教促进分会所办之两级小学一处，初小五处，鲁沙尔回教促进分会所立之初小二十六处。总计全县公私立之高小为十三处，初小为一百八十处。

全县教育经费除教会设立之学校每年共需费二万八千四百余元由各该教会自行筹拨外，西宁县立各学校，其经费总计为每年大洋三万四千三百五十元，其中高级小学之经费，多由原有书院、文社、义学等学款，及各校新入捐款等移作基金生息，及临时募得之款充之，其不足之数，则由教育局呈请县政府，每年分别补助。城内高小，年可得补助费二千元，乡间高小，年可得补助费一千元，至各乡镇之初级小学经费，平均每年每校约需一百元之谱，除少数学校由基金生息外，其余纯由当地农民按亩摊派。

全县教育经费之保管与清理，乡间小学，由各该校学董负责办理，城市小学，则由县教育局按照各该校原存基金生息之数分配开支，每年则由各该校造具预算决算分别呈报备案。至于基金之生息，原为每两月生利一分，近三年来，新筹之款则为每元一分五厘，其保管方面，则统由教育局收支员负责。

西宁自民国初年设立高级小学以来，其发达成绩亦有可观。现全县学生总数数倍曩昔，统计先后受过完全小学教育者约有九千四百四十余人，受过中等教育者约九百二十余人，此外曾毕业于专门学校者三人，受过大学教育者一人。又据去年户口调查，全县成年识字者约有二千三百五十余人，学龄儿童在学者约为九千四百四十余人，失学者为二万八千二百三十余人。西宁人稠地狭，生产仅足自给，人民经济，率皆枯绌，对于供给子弟读书，几竭尽全力，学生在校费用，自无宽裕可言。平均在一年间，每生约需笔墨纸张等费四元，饮食费十四五元，冬夏的服装费约十二三元，共计约在三十一二元左右。

西宁为青海省会所在地，其关于社会教育之设备，自较他县为优越。兹查得教育厅设有公共阅报室二处，省党务特派员办事处设有阅报室一处，西宁县党务特派员办事处设有公共运动场一处及民众学校八所。

西宁辖境内，关于工业之原料，以皮毛为大宗，惟以此项人才缺乏，不能直接制成熟货，以供本地人之采用，全恃外来输入，以维持当地需求。政治当局，早鉴及此，于民国十五年，乃有职业学校之设，十八年改为省立职业学校，以造就职业上之人才。去年该校添设中学两班，共计学生有一百五十余人之多，附设栽绒、纺纱、毛编物、机织、制革、制鞋及化学等八工厂，从事制造。然经费有限，一切掣肘,虽时经数年,已规模粗具,奈新式机过少,全凭手工,而学生亦以学校环境之关系,难得新巧之技能,加以此项教授人才缺乏,很难收美满的效果。县城南五十里之加牙工人,为增进编栽毡之技术起见,曾于民国十八年集资设立工业学校一处,翌年因经费无着,旋即停办。

民众信仰

本县居民,最为复杂,其信仰宗教,亦各不一。回族人信奉回教,蒙藏番民信奉佛教(有黄教、红教之别),汉人信奉完神教(即信奉火神、土神、财神、牛王、马祖、灵等者为最普遍),亦有信奉道教、佛教、天主教等。其宗教的团体组织,大概有下列数种。兹分述于后:

(一)回教　回教为西北最占势力之宗教,其教民握各地的军政之权者为数颇多,因此教民的势力雄厚,宗教组织亦随之扩张。凡回民之居住区域内,均设有清真寺一处,为该处回民之礼拜诵经之地。寺内设教长一人俗称阿訇,除教授该区回教儿童认识回文及诵经外,并为本区回民娶婚时做证婚人,及为死亡者祈祷上登天堂。其内部的组织及活动情形,多属简单,惟青海省垣东关外之清真寺,较为宏大,其教长的平日职务,除与普通各村镇回教长相同外,且教授二十或三十学员,此项学员皆称大学生,俗亦称为大学阿訇,预备将来毕业后,分派各村镇的清真寺充任教长。该寺并附设小学一处,专教回教儿童认识回文,至该寺之教长学员等每日食用所需,皆由该寺区域内回民轮流供给,其设置之经费,则由该区之公正乡绅管理。近年来回教教民为发展其民族文化起见,特设立青海省回教促进会,以普及回民教育及促进回族文化为宗旨,三年以来,已增设高级小学校三处，初级小学校三十处。凡各区回民居户在三十家以上之处，俱有小学一所，其提高回民知识以期与各民族永立平等地位之意，甚可敬佩。

（二）**佛教**　青海与西藏毗连，故佛教的寺院很多，教民也很多，历史也很久。本县西南五十里之塔尔寺为黄教始祖宗喀巴降生之地，其势力之宏大、蔓延之广远，很可惊人，惟佛教内部无甚有系统之组织。塔尔寺因僧侣众多（一千五六百人），事务繁重，故有较密的组织，以收统辖之效。寺内按照政治组织之成法，分为八部，一曰总公所，二曰总喇张，三曰秘密部，四曰秘密喇张，五曰医学部，六曰医学喇张，七曰时轮部，八曰时轮喇张。上述组织，其名称多系译音，未谙意义，至较小之寺则无之，不过多在佛爷之下，酌设藏文程度较深之管家数人，专司为活佛教授经典之责。其余僧侣，平日聚众诵经或操寺内勤务，或出外化缘，或遇区内有人死亡时被邀去诵经送殡，大抵专尚清静无为，无特别活动。

（三）**福音教**　福音教设立于西宁者，始于清光绪十七年，其内部组织亦较为完密，内设教长一人，以年高望重者充任之，下设执事会，其人数率多三人至五人，以事务之繁简为多寡之标准。该教在省城内的教堂左右，不惜巨资建筑蒙回藏各族人民福音堂各一所，内聘通晓蒙藏回各族语言者各一人，作为通使，负责招待各族人民，并介绍入堂听道，是以汉蒙回藏各族人民入教者为数颇多。

（四）**天主教**　教址在省城南大街，于前清宣统二年二月间，由康神父创设。嗣在西西墨嘴子、南区加牙等处设立分堂，会员已达一千二百九十余名。每周召集会员，宣讲道理一次。堂内附设培英小学一所，堂屋现已改为新式，洋楼高厦，规模极其宏大。

民间风状

关于本县民间的风俗情状，其较有趣味的，兹亦分述于下：

赌风 在近四五年前，此地赌风甚盛，其因聚赌负债，致结伙抢劫、藏奸、窝赌、讨赌债、打架等，形形色色，无奇不有。近年来因赋税繁难，贪污相继，人民之衣食，因层层剥削，已不能自给，平日呼寒号饥，救死惟恐不暇。是以各地的赌风，现几由因人民的自戒，以至于殆尽了。

婚嫁情形 近年各地人民多因生活所迫，为增加生产效能起见，以致男婚女嫁，多不足法定年龄。普通男女至十五六岁时，便论嫁娶，其结婚仪式，亦有因习尚时髦，举行新式者，但为数寥寥，行于普通者，则仍多旧式。大抵婚嫁之前，先定聘礼，继以两次礼物的往返，于是便择结缡之期，至期男家聘请男子二三人及妇女一人，用轿车或马星夜往女家迎娶，女家亦以同上数之男女作陪，送新娘来门。新娘进门时，由执事者四人，用红毡一条，抬之入厅，乃与新郎合拜天地，永为夫妻了，礼毕，送入洞房。次日，女家便率先前约定之人数，来男家进宴，新婚三日后，新娘下床，先为一家长辈及在家之亲友，一一磕头，以为初见之礼。

丧殡礼节 本地汉民之丧殡礼节，与其他内地人所行者无甚差别，至回族则回殊。回人死后，先由阿訇诵经一二日以至五六日，然后将尸身抬至礼拜寺，周身洗擦，富者用白绫裹殓，贫家用白布缠绕。裹缠之后，便立刻抬之坟茔，倒尸掩穴，仍将空棺抬回。回民之墓穴不如汉人之开作直下者，其底旁另有一横穴，尸埋于横穴内，然后掩之，其棺则备于每该区域之礼拜寺，每寺仅有一二口，凡区内任何回尸，皆得公用，惟埋葬后仍须归置寺中，不如汉民之与尸同埋，故其棺俗之为"舍不得"。回民无论贫富，概须依照教规，处理丧事，尸身都须先行抬到寺里洗净，也不准裹衣服，也不许焚纸钱，入土后除为之做祈祷外，一切都算完了。

　　一般迷信　此间居民，迷信甚深，迎神赛会之举，视为重且要者，是以每届神诞，各地居民，必竭其财力，为赛会演戏以敬神灵。其最盛之期当推夏秋二季，然正月的灯火会，亦为最出名者。

财政状况

西宁全县收屯粮、番粮、秋粮、耕羡粮共一万六千五百八十石（仓石），营买粮四千九百四十石（宁石），营买草一百七十二万六千八百升，屯草十万〇二百八十七束（合银一万〇五百三十元），其余杂款七万四千七百五十一元。除营买粮草由省垣驻军自收自用外，其余均由县政府及各局征收后汇解财政厅，此外又有盈余陋规粮一千八百八十九石，则归县政府自收自用。兹将全县人民负担粮草税款之名称数目及征收方法等列表如后：

名目	全年负担数	征收方法
屯粮	八五〇五仓石	由县政府派人征收
番粮	四八一四仓石	同上
其他粮	六〇仓石	同上
耕羡粮	一三一一仓石	同上
盈余陋规粮	一八八九仓石	同上
营买粮	四九四〇宁石	第九师部派人征收
营买草	一七二四八〇〇斤	同上
屯粮折价洋	一〇五三〇元	县政府派员征收
粮草串票洋	二〇元	收粮草者征收
附加法院经费	五五六〇元	县政府派员征收

补助师范经费	二四〇元	同上
油梁磨费洋	三二〇〇元	同上
契税及契纸	四七六一元	同上
验契费	三〇二六八元	同上
印花税洋	六八八元	同上
牙税洋	一七二元	同上
其他杂捐杂税	六五五〇〇元	同上
地方机关经费	三〇五八〇元	同上
民间全年支应人夫骡差损失估计	三四三四二元	同上
产销局卡全年总收	一〇四一八四元	产销局征收

附注 一、二、三为正粮，四、五为附征粮，六、七为临时供应粮草，八至十九为县府经征之款洋，统计粮为二万一千五百二十石，草为一百七十二万四千八百斤，款洋为二十九万元。

兹将裁厘后其他税款名称及征收方法，亦附表于后：

名称	征收方法
牲畜税	马每匹四元至十元，骡每只六元至十元，牛每头二元至三元，驴每只二元至三元，羊每只四角。由产销局征收。
酒税	每斤二角，由产销局卡征收。
血税	民间杀一猪，自食时，纳血税一元，杀一羊自食时纳血税四角。由产销局派人征收。
百货税	皮革类、布匹类、毛类、油类、木类、药材类等。由产销局派人征税。
卫生检验费	每一猪纳费八角，每一羊纳费四角。
车捐	每月向营业的车辆收捐一元，由公安局在四城门派人征收。
煤捐	由公安局派人征收。
灯捐	每月一户四角（仅限城市），由公安局派人征收。
商捐	每月三百元，按商号之大小。由商会分配摊收，交省会公安局。

行政组织

西宁县地方自治工作，现尚在创办之期，无特别成绩可言。至其组织情形，在县则有县政府，设县长一人，在区则有区公所，设正副区长各一人，在村则有村长一人，村长之下又有所谓闾长、邻长等，但多未选定，即选定者亦徒有虚名而已。至其行政区域的划分，则依地形面积，交通及户口等各情形而定，原有临城第一区、东川第二区、南川第三区、西川第四区、北川第五区、沙塘川第六区等六区，共三百二十四村。后以互助县成立，县境面积缩小，遂将六区改为五区，共有一百五十村。其北川、沙塘川及东川等的大部分，则已划归互助县管辖。

民族分布

西宁县属居民，约可分汉、回、番三族，统计为二五八七二户，一六三五九〇余口。汉族最多，约占百分之七十，计十万六千二百余人，回族次之，约占百分之二十六，计四万九千三百余人，番族最少，约占百分之四。汉族到处都有，住城中者，相传为明初由南京移来，但无从定其确否，居四乡者，土居、客籍各半，回族多住城关及上五庄一带，北川后子河亦多，一、二、三、四各区均有，据云自清康熙后逐渐由导河循化等地移来，番族则散居二、三、四各区，近年多被汉族同化。本系土著，自清代至今，因沉湎宗教，日渐减少，全县人口分布的密度平均每方里汉族十一人，回族五人，番族不及一人。

民族情感

民族间本无种族之争，亦无宗教之争，惟因宗教习惯的缘故，风俗遂稍有各殊之处。番民势力极微，与汉回无甚关系，多年以来，在感情上亦未发生任何变化。然汉回间每经一次的变乱，事实上便不无裂痕，推其裂痕的缘由，实缘于彼此知识的幼稚，才致演成误会。考之清同治、光绪，及民国十七年后的诸变乱，其事实的症结，都不外如此。同治之乱，及陕西回民乘中原捻匪扰攘之间，倡乱于渭南一带，及至移师西讨，是辈始煽动河州、宁夏、固原诸地的回民，作稍有政治性的行动。其次光绪之乱，乃循化撒拉回民，因新旧教争而起，当时政府处理不公，又值中日战事发生之际，遂以内部之争，而创乱于河州一带，故其终虽为含有政治意味的行动，而其实乃动机于内部的纠纷，至于最近民国十七年后甘肃之乱，乃因国民军刘郁芬部抵甘后的苛捐杂税剥削过甚而起。回民性状强悍，不甘宰割，起事导河，遂致三年之间，甘青各地，多遭糜烂。而其开始，实亦未曾有任何政治的意义。

历次创乱者固多回民，而平乱者亦多回人，如马福祥、马安良、马玄章、马麒、马麟等，皆为回籍将官，然皆平乱有功之人。故由上述情形，谓汉回之争，起于种族宗教之不同，于理固属不可通，可是事实上每经变乱一次，回汉间之感情，便多裂痕一次，推其误会之由，不外后举数点。

（一）回教本身有新旧之分，而新教又有新旧之分，派别各异，意见不同，纠纷遂起。地方官为治安计，不得不派官兵查办，然官兵皆不谙其教派之内容，自难判别其是非，往往一起斩除，玉石不分，于是引起多数回人的反感，互相联合，而与官兵相抗。官兵多为汉人，因此便起误会，指为汉回之争。

（二）回民既抗官，地方当然受其蹂躏，遭殃者则多为无教之汉民，汉民为自卫计，不得不请兵压制，或创办团练以图防御，于是复遭创乱者的迁恨，受其恣意杀戮，而汉民亦筹报复之方。彼此残杀，一往一复，祸乱之烈，不忍殚述。然攻匪者不仅汉人，回人之良善者亦有，为匪者不仅回人，汉人亦往往掺杂其间。有不肖之徒，意图取利，乘机煽动，以回汉之问题，于是误会便起。

（三）由于清朝政府政治手段恶辣之遗毒的误会，清朝入主中国，恒用政治手腕以济其力之不足，蒙古强而善射，利用之以为先驱。恐其异己，乃宠之以爵禄，诱之以女色，麻醉之以宗教，西藏远在荒服，则胁其兵威，而以黄教移其性。汉人重文，以文弱之，回人尚武，以武愚之，汉回文武殊途，思想不免异致，清朝乃复规定种种不平等条约以苛遇之，执行者多汉满官吏，回教徒不知其间之作用，故每经一度压迫，对汉人则增一层恶感。又岂知汉回同为被压迫者，积恶愈深，消除愈难。西宁后子河一带地方，至今尚有此种裂痕，民十七年变乱时，回人中之不肖者，秉此遗毒，夺取汉人之财产，十八年孙连仲部到青，汉人复将自己财物夺回，将回人控告或逐出。此种互相报复之恶剧层出不穷，愈演愈烈，实足牵动中国之大局。

262~268

第三十九章　浸沉于曲蘖中之互助县农民

39. 浸沉于曲蘖中之互助县农民

青盐佐食山芋当菜
生活贫苦惟借杯酒浇愁

关于互助县的调查，分记如后：

土地面积

全县土地面积，共为七千五百五十方里，约为二十五万三千余亩，可耕地约计十八万余亩，土壤为白、黑、红三种，平田多白壤，山田多红、黑壤。此十八万余亩中，水田占六分之一，旱田占六分之二，余皆为脑田、荒田计有六万余亩，概为公有，其私有者仍各寺院之二千余亩而已。官有的荒地准人民领照开垦，垦后三年，升科应差，所有权便归于开垦者。近年垦殖升科者已有六千余亩，其各寺院之私有者，亦得由人民领照开垦，惟垦殖三年，升科纳租后，其所有权仍归寺院。全县所有荒地，可开垦而未开者，约有二万余亩。其未垦之原因，系人民领照不清，双方争执（如此方领有前道尹公署之照，而彼方又领有请垦处之照），有待于调查解决。其不可垦殖者，为数亦有二万余亩。盖以地高气寒，且多石质，不能成熟，所以听其荒弃至今。至于各种地亩的价格，在农耕田上等者每亩最高约十二元，下等者每亩最低亦不下二元，中等者则每亩普通在七八元左右。

非农耕地——院落等——在城市每亩最高可值六十元，乡庄每亩普通值三十余元，最低亦不下二十元。

本县农耕田在过去的丰年里，下等的每亩可收青稞五斗麦子三斗，中等的收青稞三斗，麦子二斗，下等的可收青稞二斗，麦子一斗五升。惟近年旱涝不均，雹灾时见，因此上等的每亩能收青稞至多不过三斗，麦子二斗，中等的收青稞二斗，麦子一斗六七升，下等则仅能收青稞一斗四五升，麦子一斗或不及一斗而已（以上均以西宁市升计算）。

人口调查

全县人口总数约为一万三千九百五十七户，九万四千七百余人，以全县土地面积计，每方里约居十三人弱。男的计五万一千一百九十余人，女的为四万三千五百余人，除县城内外共有居民约二千外，其余共分四区。第一区计四千一百〇四户，第二区二千八百六十四户，第三区二千九百八十四户，第四区四千〇五户。其职业上之分配，则农占一万二千〇十一户，工占三百六十户，商占四百七十八户，自由职业者占一千一百〇八户，为喇嘛者八百五十余人，无职游民一百七十余人，乞丐八十余人。

全年出产

本县辖境内并无大山硕水，故天然富源绝无仅有。矿产现已开采者，仅五峰寺山后之一处炭矿而已，然品质极劣，中含硫分颇多，燃时有奇臭，且产量不多，每年只六万余斤，不敷供给五家烧酒之需。开采时期，限于冬春两季，入夏则矿内瘴气迷漫，灯火不燃，且不时出水，采掘不易，故即停止开采。至于农产品，因县境地处高原，气候寒冷，人民虽多以农为务，而对农事毫无发展，故出产亦无几。兹将种类及产量，列表如后：

产品	每年产量	价值
青稞	四万余担	四十万元
大麦	五百余石	三千余元
小麦	二万余石	三十余万元
山芋	六千余石	二万余元
豆类	一万余石	十五万元
胡麻	二千余石	三万余元
菜籽	三千余石	七万余元

其他各种手工业出产品，为数更微。兹亦列表记其名称及产量等于后：

名称	每年产量	价值	销路
砖瓦	三十余万斤	三千余元	本县
皮革	马皮百余张、牛皮五百张、羊皮三千张	二千余元	本县商贩
五金制品	银制品三百余两、铜铁制品五万余斤	一万一千余元	本县
酒类	十五万余斤	三万余元	本县、西宁
醋类	十万余碗	一千余元	本县
油酱类	六万余斤	一万余元	本县、兰州

交通建设

互助县城旧称威远堡，原属西宁县，民国十九年设县后，即以此为城。建自明天启年间，横一百二十五丈，纵一百十八丈，高二丈，城根厚二丈四尺，城顶厚一丈，由东门至西门，有街道一条，其交通工具不外大车、骡、马、驴等。

本县辖境内大路有四。其一，自县城西关起，南行经沙塘川至朱庄，西折行二十五里至西宁城，东折行四十五里至张家寨为通兰大道，宽均在二丈以上，可通大车、汽车。其二，由县城西关起，西北行经祁塔尔、五峰寺等地入大通县境，此路宽狭无度，不能通汽车。其三，由县城西关起，北行至白崖庄，由此分支为二，一折西达亹源县，二北行达甘肃永登县界，路狭不通车。其四，由县城东关起，东行二十里至梭布寺亦分支为二，一南行经小硖通省道，二东行经白马寺通省道，均不通车。

农业情形

本县自耕农占全农户百分之六十五，约七千八百余户，半自耕农占百分之十四，约一千五百余户，佃农占百分之二十一，约一千五百余户，无雇农。兹关于一般农民之租种状况，分述于后：

纳租方法 普通有纳租金、纳租谷、分租三种。纳租金者，每亩最高为一元五角，中等为一元至一元二角，最低为六角至九角，于秋收后完纳。纳租谷者，每亩最高为五升（西宁升），中等为三升半至四升，最低二升半以上，分租者，上等地多地主与佃户均分，中等地概为地主四，租户六，下等地则为地主三，租户七。近年因亢旱时见，小地主困于差徭，另有送种办法，即地主无代价借田与农户承种，由种者应差纳粮。

租纳手续 先由租户请人向地主说定租法及期限，再由租户立约交于地主，租户即可耕种，秋收后交租抽约，其议定分租者，于收割时双方即地分派。

此间因气候过寒，每年非至清明以后，地土冰冻不消，种植必待地土全消之后，大都于清明后即种小麦，其后种豆子，再种青稞，最后种菜籽、胡麻等，秋分后始成熟，先获青稞、菜籽，次获豆子，最后获麦子。年各均获一次。

  本县一般农民 对灌溉事宜，毫不讲究，专恃天然雨水的润滋，近年因旱灾频仍，多于春消时利用山中之雪水，架木槽以灌田。至于用以灌溉之河流水渠，在第一区则有沙塘川河、安定河等，第二区则有哈拉沟河、红崖子沟河等，第三区则有景阳川河、苏木运河、西沟渠等。全县河流细小，不能利用水车。

  兹将关于一般农民的生活情形，亦略述于下：本县地瘠民穷，农民生活，极为简单。其衣夏则梭布，类多破烂不堪，冬则无面老羊皮袄，一件有服至八九年者。其食则以青稞为主要食品，山芋为副食品，或代下菜，食时仅以青盐佐之，近年因盐价增高，尚有不得食者。一年中非有特别事故，或遇年节及其他例节，未尝有食麦面者。居则上等者为旧式茅屋，次则土窑矮窟。农民以其生活之贫苦，所以多嗜酒以迷惘其痛苦，且以本县盛产酒，故日沉于糟酿之间者，比比皆是。此外亦有吸食鸦片者，但为数甚少。

  一般农民除操正常之农事外，为其副业者，则为牧畜事宜。所牧者不外为猪、牛、羊等类。现全县农民，共有猪约为一万二千五百余口，牛六千三百余头，羊五万六千七百余只。每年产酪子四万余碗，酥油二千余斤。

  在寻常时期，雇工的工资每日约为大钱四百文至五百文不等，至农忙时期，每日则多至一千文。

手工状况

  本县因交通不便，产业落后，工业自无可言。为手工业者大抵半工半农，现查全县所有手工业，计有下列十一种：铁匠、木匠、银匠、梢子工（专制载酒油之器具者）、泥水工、砖瓦工、裁缝工、酒业工、油业工、醋业工、粉业工等，其制品能输出外县销售者，仅酒、油二种，酒多销售于西宁、大通、湟源、乐都、民和等处，油则多销于西宁及兰州等地。

一般工人的工资，最高者每日不过三角，最低者亦不下一角。他们既多为半工半农，其生活情形自与农民无甚相异，不过在饮食方面，则较为充裕，不致无盐无醋。

商业情形

由本县输出外县的商品，仅有烧酒、青油二种。现有烧酒房五家，多系秦晋商人，近数年来，每年销酒，平均约在十五万斤左右，约值银三万元。青油每年可销六万斤左右，值银一万元上下。总计每年输出额约为四万余元。其由外路输入之商品，仅为梭布杂货而已。向年多由兰州运来，近年则多由西宁转来，每年的输入额约为二万余元。在本县较大之商店约有六家，其资本之最高者，不过三千元，最低者则在三百元左右。

269~282

第四十章　男女相率结队觅合

40. 男女相率结队觅合

有夫之妇亦可随时与人拥抱
男子头可去发必留
土人知书讲礼——已渐汉化

　　本县大小商店，共有六十余家。其买卖情形，多系以帛易粟，如以青稞制酒，酒销得银，复以银办货物。此种循环方法，甚可补救本地金融流通之不足，且以青稞制酒，能以农产品变为工业品，销于外县，其有补于本县民生，实不浅鲜。惟近年来酒税增高，销路不畅，烧房已逐渐减少，青稞因之无用，不但商业凋敝，而赖是以为圆转之农工业，亦受其不少影响。

教育现状

　　本县现有学校九十四处，计完全小学七处，初级小学八十六处，女子小学一处。全县教育经费，除由产销税项上附加二成征收，计为三千六百元外，又由就地筹拨者为数七千六百九十一元，共计一万一千二百九十一元。此外更有教育基金（一千八百元）的利息六百四十八元，学田三千四百〇九亩，其各项经费，均随入随出，无清理保管之负责者。其出自产销税项者，则由县政府发给教育局支领。至基金一项，则并无实在基款，全系捐自地方，不收捐款仍立捐契为凭，每年按分起息，由各校自行征收开支，呈报所属机关备案而已。学田一项，现正由县政府及教育局会同清理中。

　　兹查得本县受过小学教育者九百六十七人，受过中等教育者一百五十四人，受过大学教育者三人，受过补习教育者三百余人，私塾义塾出身者七千八百余人，成年识字者四千三百余人，全县学龄儿童在学者计为三千六百七十四名，失学儿童约为一万二千余名。

本县自设治以后，经热心者之提倡，各种社会教育，亦稍具形式，但因经济关系，少有成效，现查先后设立者已有中山图书馆，民众阅报室，公共体育场，民众学校，民众问字处等。

宗教信仰

本县汉民多信神教，亦有信天主教者。回民则纯奉回教，土民则信奉佛教（每户必送一人至寺院为僧，终身不娶，专事念经礼佛，游方化斋，与藏族同）。本县除汉民外，土民之为僧者，不过数百，回民不过二千人，故宗教方面，虽各有所宗，尚无恶感。即教民与非教民之间，亦未发生冲突。至土人所信奉之佛教寺院，其数约计三百余处。此外如各乡村之土地、山神等庙，既无庙产，亦无僧道住持。兹将其较大寺院之大概，略为述之于后：

县属第二区红崖子沟，有佑宁寺者，内分五囊，一曰土观囊，土观呼图克图主之，有僧七人，都为第二区的土人，他们的生活，食则以青稞、炒面、酥油、奶茶为主，衣则以红布缝缀之袈裟为主，囊产之富，为全总寺院之第一，因为其囊产所属之土地甚多。而其附近居民，悉为耕其地之土民佃户，故每年的收入甚宏。囊建于明宣德年间，清同治乱后重建，僧之信奉者为黄教，所习诵者为梵经，而语言则多用土语并兼番语，日常除奉经叩佛外，无所事事。二曰章嘉囊，章嘉呼图克图主之。该囊乃清光绪二十一年乱后重建，有僧二人，亦属土人，生活习惯与土观囊土僧同，但章嘉佛自清季晋京后，至今二十余载，尚未归寺，现该囊之一切事务，均暂由大管家代为管理。三曰孙布囊，孙布呼图克图主之，有僧六人，亦属土人。四曰却藏囊，却藏呼图克图主之，有僧三人，亦属土人。上二囊皆与前同，其囊屋皆重建于清光绪二十一年乱后，囊僧的衣食习惯等亦如土观土僧。五曰吉娃囊，为众僧办公之所，僧刚僧官主之，有僧约五百余人，藏人少，而土人占其多数，其生活习惯等亦与前各囊僧侣同。此外又有各小囊，李家大佛、独古佛、果莽佛、加斗佛、胡尔郡佛、五世佛、林嘉佛等，皆隶属却藏囊。各囊僧众，虽习汉语，惟汉文则一人不识，其次为北山后扎隆沟之扎隆寺，主寺者为嘉义弥麻，有藏僧百余，信黄教，其生活习惯、衣服等亦与佑宁寺之僧侣同。其次为第四区之峇扎堡的阙龙寺及松番寺，均为大通县广惠寺敏珠呼图克图之所属寺院，阙龙寺有僧五十余人，松番寺七十余人，均属土人，该寺等亦均为清光绪二十一年乱后重建，与佑宁寺大同小异。

风俗人情

本县民情敦厚，勤俭耐劳，对于血汗之所得，不忍任意挥霍，惟本县以产酒过剩之地，一般人民，乃无不以此为日常应酬之物，以其取之之贱且便，故未尝有一人乐而戒之的，甚至饮酒成瘾的在在皆是。至于吸食鸦片，因系一向禁绝种植，当地无有，虽间有从外贩入的，但价贵值昂，购求不易，因此嗜者甚少。兹查知吸食成瘾者，约占全县人口总数百分之十二以上。

此间民风虽甚质朴，而对于性的需求，则很沾有番气。所谓廉耻，不甚看重，无论汉民土人，只要男女两情相悦，便随处可以野合。土人妇女，甚至在本夫之前亦不忌与其所爱者苟合，而在本夫更不以为奇。习俗每年于旧历年关，各地按例装演社伏，土人妇女，每于夜间，结队成群，往来街上，以求其悦意之男子，男子亦整装相迎，冀获巧遇，幸而彼此相值，则当场拥抱，以泄其高度之肉欲。此种风尚，在现为县城之威远堡较别处为尤甚，自设治后，因公安局之制止，稍减于昔。且闻前之公安局人员，每有藉此渔利者。

本县之土人女子，一律天足，概不裹绕，因此健而敏捷，勇于劳动。男子完全蓄发，视发如至宝，神圣不可侵犯，大有头可去，发必须留之概。汉回人民，居县城者，男子不蓄发，幼女不裹足，中年妇女，则强迫放大，居乡间者，男子三十岁以上之蓄发者尚占其半，二十岁以下之蓄发者已无，妇女完全裹足，统占全县之缠足女子，竟占妇女总数之百分之九十五，男子尚蓄发者，占男子总数约百分之三十五。

公法团体

兹关于本县的公法团体的调查，特列一表，专记其机关名称及其大略情形于后：

机关名称	职员总数	全年经费	现下的工作情形
县政府	十一人	七千八百元	一切进行，常感人才缺乏，现拟加以整顿
教育局	五人	六百二十元	缺乏人才，办事上尤感于经济的困难。
建设局			现附设于县政府，即县政府之建设科，拟于年内正式成立。
财政局			同上，即县政府的财政科。
禁烟局	九人	九百元	
产销税局	十二人	一千六百元	

商会	十四人	二百十八元	进行困难，不见团体的利益。
农会	三人		一般农民，视农会为勒款之所，惧不加入。
工会	五人	一百二十元	工人穷苦，会费不出，经费支绌，徒有虚名。
清赋处	七人	一千五百九十六元	本处为临时机关，拟清丈完竣后即行平均差徭。
公安局	三十七人	二百六十六元	本局现置局长一人，巡官一人，督察一人，科员一人。本局所司的多关于市政建设，市政卫生设施，长警训练，长警考核，道路修筑，保卫治安，及消防救济等工作。
公安队	廿五人	三千一百三十二元	现分三班，每班置长警一人，警士七人，维持地方秩序，其经费及枪支等概由公安局发给，现有枪十一支。

财政现状

本县全年财赋，计由折征项下缴收者六万九千四百八十一元七角，印花税项下缴收者一万八千六百三十元五角二分。产销税项下缴收者一万二千余元，粮茶税项下缴收者一万三千余元，盐税项下缴收者八千余元，禁烟罚款项下缴收者七千二百元，统计全年共缴收十二万八千三百十二元二角二分，全年计支出政务经费七千八百元，行政、警察、饷糈及服装费三千四百元，公安经费四千五百六十元，教育行政经费九百三十五元，党务费六百元，教育经费三千六百元，征收人薪俸五千二百元，盐税解缴权运总局八千元，禁烟罚款解缴禁烟总局五千四百元，其余悉解省财政厅，此外尚有清赋照费全年约计缴收三万余元，除清赋人员提取百分之六为其经费外，余则悉缴财厅田赋组。至于全县人民所负担之粮草税款，计有十余种，兹对其名称及征收办法等，列表于后（已见于前者不再记入）：

名称	全年负担数	征收方法
屯粮	四九六九.四〇三五一仓石	每年以每石折洋九元催收。
番粮	六七一.九二九仓石	同上
其他粮	五六仓石（二十一年度）	同上
耗羡粮	七八〇.一九六三五仓石	屯粮项下，每石附加一斗五升。
盈余陋规粮	八五七.七九四二一仓石	屯粮每石，附加一斗五升七合，番粮每石附加一斗〇七。
百五经费粮	二八四.八六六七余石	屯番百五经费，每石附加五升。
营买粮	二四〇〇宁石（即西宁市石）	由第九师部派员催收。
支应草	二〇〇〇余斤	同上
屯草折价洋	一八六九.五〇九元	每年由县政府征收十五万一千〇二十六束，每束折洋分九厘，合计如上数。
粮草串票洋	六〇元	每年由财政厅清领串票三千张，每张价洋二分。
附加法院经费	二三九四.〇一一元	屯粮每石附加洋四角四分，番粮每石附加洋三角八分。
补助师范经费	七二元	每年由民众摊收报解。
油梁磨费	一八〇〇元	乙等油磨一六四座，每座征洋三元，丙等油磨六五二座，每座征洋二元。每年由县府征收，合如上数。
契税价洋	一〇〇〇余元	由县政府征收。
验契费洋	一〇〇余元	由县政府征收
印花税洋	二四〇〇元	同上
牙税洋	四〇元	每年短期牙帖十五张，合征如上数。
民间支应人夫县差损失估计洋	九〇〇〇余元	

附注　一、二、三为正粮，四、五、六为附征粮，七、八为临时供应粮草，九至十八为县府经征之款洋。

地方自治

本县曾于民二十一年，举办户口清查一次。设治后，已将全县划分为四区七十三乡二镇。第一区分一镇（威远镇）十七乡，第二区分一镇（张家镇）二十乡，第三区分二十乡，第四区分十六乡。按：本县未划分区域之前，以堡寨为分治区域，其乡村之行政制度，汉人方面，每堡设红牌一人，土人方面，则有总管、千爷、八爷之各种名目。至于蒙藏民族之王公千百户制，因本县蒙藏居民甚少，无此种制度之设，惟特殊于各县者即所谓土司制，各处土民均受制于当地土司，与之当差纳粮，不敢反抗，惟常患"二主之苦"（政府与土司）。近来改土归流之呼声渐高，一般土民已思脱离土司关系，以就政治范围云（另有土民调查一节于后）。

本县无法院及监狱之设置，因司法行政全归西互地方法院办理。唯可奇者，即青海高等法院与互助县政府合派一管狱员驻省，该员之生活费，则领自高等法院。县政府既未兼有司法权，自无管狱可言，而此管狱员独为高法院与县政府所合派，则殊难知其意义的所在。

民族情形

全县居民，可分为汉、回、藏、土四族。汉人占百分之八十六，回人占百分之三，藏人占百分之一，土人占百分之十。汉族遍居全县各地，回族住于第三区之马圈、甘沟、钟林、刚冲、上下鲍堡及第一区之黄家湾等地，藏族仅第三区之巴圭族及第四区之扎隆寺等（土民居地另详于土民调查节）。境内民族虽复杂，然除汉族外，回藏族甚少，其余多数为土民，土民久已汉化，与汉人感情甚洽，并无若何之冲突。对于地方行政，亦无甚大障碍，惟土司制稍有影响而已。

土人调查

所谓土人者，各省种类不一，如粤、桂、滇、黔、湘、蜀之苗瑶、獞狑、猓猡、狇狭等。本为各处边境土番，不通文化，性质顽强，有时虽土官亦不能钤制。惟上述土人，智识较高，务农而外，兼能织布制陶，与汉人互市，若夫青海土人，则与上述者迥异。他们本蒙、回各族中之有实力者，在元、明、清时，率众归附，以保守边境之功，国家酬其庸劳，锡茅胙土，相沿至今。其子孙耕耨为生，生活习惯，已渐趋汉化，食秕糠，服布褐，知读书，讲礼节，与汉人甚少区别。考西宁旧府志，西宁、碾伯两县土司，自明洪武时已受世职，有祁指挥使，祁指挥同知，有李都导挥，有汪副千户，有纳副千户，有吉百户，有陈指挥，有赵千户，有乜金事（后更姓为冶），有阿百户，有甘千户，有朱千户，有剌千户等。互助县本西宁辖地，兹将土民之在互助者，按其所住乡村区域，管辖土司，详为调查，缕述于后：

（一）李土司　本西域突厥种，沙陀碛之后裔，后唐李克用，藩封晋王，有子十三人，即俗所谓十三太保。此十三人中，有李存琦者，其孙李继恭、李继捧。曾为宋代节度使，至元代有为歧王府官李赏哥者，亦为其后裔。赏哥之玄孙南哥，为元之西宁州同知，明洪武四年，授世袭都指挥，生二子，曰李英、李雄。永乐六年，李英以功封会宁伯，其后子孙世袭，谓之东伯府，住碾伯县（即乐都县）东南一百二十里之上川口。李英之从子李文，在明宣德时，为陕西行都指挥佥事，后以功封高阳伯，其子孙亦得世袭，谓之西伯府。住西宁县南三十里之乞塔城。此二伯府，各有土地，以管辖其土民，及至清时，西府土司李珍品，顺治十年授指挥同知职，东府土司李天俞，顺治十三年亦以功授指挥同知职，此两土司虽一居乐都，一居西宁，而其所管辖之土地、土民，在互助县最多。今东府土司李勷成已移住互助第二区之桑思格，而西府土司李沛霖，则仍住西宁县城内（我们青海考察团曾一度访见）。

一、汪并堡、张家庄、河东陈小庄、河西陈小庄、浑水沟、陈小庄、白多鹅、陈家台等处。均在县城六十里之附近，属第二区。旧为东伯李土司所管，汪并堡有户十四，有人二百余口，张家庄有户十五，九十余口，河东、西陈小庄共有户七十三，四百余口。浑水沟陈小庄、陈家台，共有户二十，有人二百余口，全属番族。然其风俗习惯，则与土人同，尚佛教，多业农，其子弟在校读书者，仅五人而已。

二、祁塔儿，在距县城十五里之文盛乡，有土人五十户，四百余口，为东祁土司及上下府李土司所共辖，其子弟入校读书者，已有二十余人。

三、多思代、吉家台，属第四区协力乡，旧为西祁土司辖，有户五十余，二百余人，其风俗习惯，一如塘巴堡之土民。

四、纳家庄，属第四区纳泰乡，有户五十二，二百三十人，系纳土司辖民，设有国民小学一处，已有土民学生五十余人。

五、吉小庄，在县城西南第四区之新城乡，为吉土司所管辖，有户五十二，二百四十余人。其文化之进步，较之各土民大有轩轾，在前清时，已多读书者，现毕业于中小学者亦不乏人。

（二）东祁土司　本西域缠头种，其始祖叫朵尔只失结仕，为元之甘肃行省右丞，明洪武四年，授指挥佥事世职。子端竹，洪武二十九年殁于阵，功赠骠骑将军，始赐姓祁。其十世孙祁秉忠，明万历年间，以功升蓟辽左都督，加太子少保，树碣湟中地方。至清，其子祁国屏，顺治九年袭指挥同知职，生子祁伯豸、祁仲豸，俱有武功。仲豸曾为浙江金华副总兵，今住乐都县北四里胜番沟之祁焕，即其后裔。

（三）西祁土司　本蒙古族，其始祖祁贡哥星吉，为元时甘肃省理问所官，明洪武元年，授副千户世袭。其子祁贤，以功升指挥使，明隆庆元年，其孙祁德亦以功升西宁副总兵，清顺治五年，祁德孙祁廷谏，仍授指挥使职。其后子孙世袭，今西宁县南九十里彦才沟地方之祁昌寿，即其后裔。

（四）汪土司　本亦蒙古族，明洪武四年，始祖南木哥以功授指挥佥事，其孙汪福，以功升指挥使，及至九世孙汪澄渊，在明万历年间，升土司堡守备，清顺治四年，澄渊子汪升龙，仍袭指挥佥事职。其后裔现住西宁县西四十里海子沟地方，互助县有其管辖之土地、土民。

（五）纳土司　亦蒙古族，明洪武四年，沙密率部落投诚，其子纳速剌，永乐元年，以功升副千户。嘉靖间，其六世孙纳荣，以功升指挥佥事。万历三十一年，九世孙纳如言，充固原提标游击。清顺治二年，如言子纳元标仍袭指挥职。今西宁县南十二里的纳家庄，即其后袭居住地。互助县属有其管辖之纳家、东园等庄，亦有其所属土民。

（六）陈土司　本江南山阳人，其始祖陈子明，为元淮安右丞，明洪武元年授指挥。其子陈义，明洪武十七年，以功升西宁卫指挥使，六世孙陈治，以阵亡功赠都指挥同知职，清顺治九年，其十世孙陈光先之子陈师文，仍袭指挥使职，后以功升岔口守备，其后裔今住互助县西区陈家台。

（七）吉土司　亦蒙古族，有吉保者，明洪武四年授百户，永乐二十年，孙吉祥，功升指挥佥事，清顺治十二年，其后裔吉天锡袭指挥佥事职，世代相承，以至于今。现住西宁县西六十里之吉家庄，互助县亦有其辖地。

以上为与互助县土民有关之诸土司，现仍有食爵袭禄，过其土皇帝之生活者。兹关于本县各地土民之现状，亦为缕述如后：

一、塘巴堡土民，在县城西北属第一区的联合、进化二乡，旧为东祁土司辖民，初仅塘巴大户等十三户，今则生息繁衍，已有三百五十户，一千五百余人。设有学校数所，渐知读书识字的重要，其婚嫁礼节，与汉民殊异。大抵男在十岁以上即娶妻，女在十五六岁之后即出嫁，多以妻为家主，夫依之以工作，女子皆天足，颇能耐苦。婚嫁时，男先至女家亲迎，既抵夫家，入门便拜堂，礼毕，女即入厨下做肴，女家亲属之随来者，遂踞地围宴，欢唱番曲（俗名道喇）以示祝贺。男女衣着，多以粗布与褐为之。其式样，男则与汉人同，女则一衣五色俱备，头饰有名为簸箕头及马鞍橛者，两耳戴银质之大环，其下系细小红白珠两串，脑后覆银髪如小碗状，项间戴一大圈，饰以海螺、灯颗之类。其丧葬之礼，贫者在人死后，延僧唪经，富者则请寺院有名祖师或活佛，大事超度，事后舁诸野外，以火焚之，名曰火葬。近年亦有用木棺如汉人葬者。语言方面，与蒙古语大同小异，惟浊音则大不相同。蒙古人呼茶为"却"，而土人则呼为"喀"，其信仰佛教也，每一户中如有兄弟二人以上者，必择其清净之一，从幼送入寺院为僧。此外又有修盖方神庙者，其供奉之神护为化娘娘及骡子天王等。若有人遇病时，其家人必往庙中许愿，或跳神，或请僧念经祈求，绝不信用医药。又凡富有之家，于其院之中央及门楼上，恒立长约丈余之木杆一，上挂白布，满印番经，名曰嘛呢旗。又于山顶最高处，或丫壑之上，用石块叠成一四方高台，上下左右各约六七尺，上筑木架，亦成四方形，空其中而实以乱石、柳梢、木杠、鸡羊毛等，名曰毛吉，又名嘛呢大阙。其用意谓能佑地方而避冰雹，每月初八、十五必在此种地方，焚香以警虔。土人不讲清洁，其居屋甚至粪便满堆，亦不稍加扫除，而与牛马同栖止。

二、东沟大庄、姚马庄等，均在县东十五里第一区之东瀛乡，有土民一百〇二户，三百九十七人，均归李土司管理。此处土民，因距县较近，颇知读书之要，该乡之小学中，已有土生二十余人，操汉语甚熟。男子不蓄发，其职业以农为多数，商者次之，颇通世故，重礼节，不若他处之愚蠢，其妇女之习惯与装饰，则与塘巴堡同。

三、泥忙、碾线、落少、唐拉、李家滩等，距县城二十里，属一区同化乡，系西伯府李土司辖民，有户一百三十，五百余人。其风俗习惯，一如东沟大庄，土生之入乡校读书者已有四十余人。

四、大小羊圈堡，在县城东南三十里，属第一区富有乡，亦为西伯府李土司辖民，有八十户，三百四十人，占全乡居民三分之二。

五、西华林、柳家庄、协定崖、东家庄，在县东廿五里第二区之安宁乡，有土民八十七户，三百九十六口，占全乡人口四分之三。旧亦为李土司辖民，今则除东家庄廿一户，柳家庄十三户，仍为李土司管辖外，余则已脱离土籍，而被呼之为有司（因系政府的辖民）。其语言皆与蒙人同，惟无文字，性极愚，不喜读书，男子多操畜牧、买卖等事，妇女则天足不鞋，头戴马鞍式之帽，能耐苦，操作甚勤，子弟之聪颖者，必使之为僧，盖藉以省娶婚之烦。凡能在僧侣中得较高之地位者，其家人必引为有光门第。

六、卓科庄、东柳家庄，在县东三十里之第二区民治乡，有土民三十户，一百六十口，内十四户归甘肃连城卢土司管辖，十八户归祁土司管理，余为土观囊土观管理。妇女头式有三叉头及西番头二种，男子蓄发者尚有三分之二。

七、张经寺，花岩寺，班彦北庄，在县东六十里第二区之启明乡，有土民一百七十二户，五百廿八人，班彦庄之土民归李土司管辖，张经、花岩两庄归卢祁二土司分辖，信佛教，读书识字者不及三十人。妇女用白珠缀为圆形，径约四五寸，系发间，悬于背上，形同烧饼，名曰干粮头。该乡虽亦有汉民，然不及五分之一。

八、桑思个、上土观、下土观、东院乡家，在县东五十里第二区之顺泉乡，有土民八十二户，三百七十九口，归东伯府李土司管辖。该乡土民，耐劳勤耕，衣食丰足，李土司承勷即住桑思个。

九、荷包、小演教、十八洞沟、贺尔郡，在县东四十里第二区之维新乡。十八洞沟有土民十一户，归土观囊之土观佛管辖，贺尔郡有土民廿九户，归李土司东伯府管辖，惟小演教有土民廿三户，自昔已属县政府，不受任何土司管辖，但所有诸官者即如今之乡长，在昔亦能管理土人，如土司然，但不阻抗政府之行政。

十、岔尔沟，在县东三十里第二区之凤仪乡，有土民六十八户，二百四十九人，归西伯府李土司管辖，性尚武，善骑马，又喜饮酒，每于寺院聚会，辄饮酒骑马，百里竞逐，女子服饰与安宁乡同。

283~290
第四十一章　共和县男子多栖身空门

41. 共和县男子多栖身空门

> 妇女有不着裤者
> 年出甘草十余万斤大黄五千余斤

土地面积

县治起,东至协和镇(土名江拉大庄),西至切吉,南至黄河沿,北至文博塞(土名龙保色欠),所属土地面积约二万四千余方里。耕地面积,计水田二百余方里,脑田四十余方里,旱田则因气候干燥而付阙如。荒地面积,计可垦者五千九百四十余方里,不可垦者为一万七千八百二十余方里。

共和系新设之县治,位居日月山之外,在未设县治之前,向无一官治理,以致大好土地,听其荒弃。当前清时,为羁縻边氓计,多发部照,赐予强有力之蒙古王公,以资镇守。迨后蒙古势衰,乃半为西番所占据,均领有前宁海护军使署的执照,视为己有,故虽土壤肥沃,五谷咸宜,惟因土地所有权悉操于蒙番等王公千百户之手,彼等专事畜牧,不务农耕,内地农民,欲移往垦殖者,乃至尽被各部酋长蛮横驱逐,甚至惨遭击毙。现彼等仍保守数千年不进化之游牧生活,而弃膏腴于荒芜,其可惜孰甚。共和县的土地权既尽被王公千百户等所操纵,即公家亦不能丝毫占用,当设治之际,各机关所用地,全系用款购买而置。

全县户口

全县土房，统计为一千〇二十五户，人数为四千〇二十余人。蒙民帐房约七十架，人数约三百五十余名，番民帐房约二千九百三十余架，人数约一万四千六百余人，全县的总人口数，约为一万九千余人。以全县土地计算，每方里不过一人，蒙番崇信佛教，男子多栖身空门，不事婚娶，故本县蒙番男子数约为八千一百六十余人，而其女子数，则为八千八百四十余人。相去六百八十余人，其中男子之为喇嘛者十人，为僧道者三百六十余人。全县人口，因生活简单，谋生较易，故游民乞丐，并不多见。

本县自十八年秋设治后，曾举行户口调查一次。当调查进行时，蒙番民众，恃顽反抗，遂至半途中止。民国二十年，青海民政厅再行严令详查，始将全县分为四调查区，编为四组调查，每组设组长一人，带警士四名，通使一名，分往各区。结果仍以土房情形，得所详悉，至各帐房居民，则仍抗不遵命，调查员一至，即群起围攻，如临大敌。不得已，乃改派通蒙番语的警士，及熟识蒙番情形的通使，扮作商人模样，担负货物，会同常走其地各商人，至各部暗地调查。历时数月，未得满意结果，只据大概情形，略为统计而已。

各项出产

共和地瘠山穷，天然富源，则属缺如，惟黄河北岸的县城附近，产甘草甚多，年可出十余万斤，多运往四川之松潘及茂州等处。又大河坝一带之大黄,每年掘取所得,亦属不少,约有五千余斤之多。此外如鹿茸、麝香、狐狼皮等,在县西亦有出产,惟以向无统计数目,其产量多少,无从查考,是项产品多取道湟源、西宁,转至甘、陕、河南、天津、北平、上海等处销售。

上述系只就矿产、渔猎及其他而言,至于农工产品,兹则分列二表,记其名称、产量等于后:

农产品名称	每年产量	每斗价值	备注
青稞	四千五百余石	三元	蒙番喜食炒面,炒面由青稞制成,因是农民多种之,其每斗价原与小麦相等(即三元三角)。
大麦	六千五百余石	一元	
小麦	六千三百五十余石	三元三角	
山芋	五百五十余石	一元五角	
小米	五石余	三元	蒙番不食小米,不知种植之法,设县后,由导河迁来之回汉农民,间有种之者,故产量特少。
豆类	二千五百余石	三元	
胡麻	一千五百余石	二元五角	
菜籽	五百余石	三元	
燕麦	三百五十余石	一元二角	
蚕豆	二千六百五十余石	三元	上记斗、石均系西宁市制。

手工业产品	每年产量	价值	备注
栽纹褥	五百余条	每条八元	本县所出手工业品,仅供县属全境之用。
毛褐	一千余个	每个三元	

烟草类	一千余斤	每斤五角	蒙番不知种制之法,始于新移来的回汉农民。
皮鞋	五千余双	每双四元	
醋	二万余斤	每斤二角	
油	三万余斤	每斤三角三分	

交通与建设

共和为新设之县,县城尚待修筑,现县政府所在之地系一村庄,其面积约一方里,居民仅一百六十余人。县政府稍异于土房,略有建筑。交通方面,陆路则由县治起,东北至湟源计一百二十里(由湟源可至西宁,故此一百二十里为通省大道),西至大河坝计二百里。此外又有县治附近之道路数条,均系于去年(二十一年)夏修成,其宽平均为一丈五尺,通省大道最宽处亦有三丈左右,水路则除黄河外俱不能通行,黄河交通,亦只有在渡口用船筏载渡而已。邮电方面,现县治已有邮寄代办所一处,电话于去年夏后亦已通,惟仅限军政各界之用。

农业情形

共和耕地甚少,其农产品自然不丰,每年收获,除输给王什代海各帐房小麦一百六十石及青稞二百三十石外,余更不敷自给。统计前表所列,其每年之总产量约为二万五千九百余石,其中豆类二千五百石,大麦六千五百石,燕麦三百五十石,为喂养牲畜的饲料,菜籽五百石,胡麻一千五百石为制油之原料,其为民间食粮者,仅为一万四千五百余石。全县人民,平均每人每年需粮一石〇八升(每斗小麦可磨面五十斤,每人每月需面四十五斤,合麦九升),全年共需二万〇五百余石,每不敷量之五千九百余石,只好用大麦、燕麦羼杂以制炒面，故尚不感困难。

共和县有地主七十余户　自耕农一百二十余户，半自耕农一百十余户，佃农约七百户，雇农三十余户。依全县土房户口详细计算，则地主占百分之六，自耕农占百分之十一强，半自耕农占百分之十一弱，佃农占百分之六十九，雇农占百分之三。兹关于他们的大概情形，再为分述于后：

（一）农村组织　共和在未设县之前，全为部落分辖，每部各有酋长一人，酋长之下有各小头目。蒙族之酋长最大者为王公，领有政府发给的印信，为其助理办事之头目名为帮办，由王公自行委定，其下更以每十户或二十户设乡老一人，承王公之命以管王公的辖民。乡老复选部民之年龄较大者数人助其办事，名为老者。番族酋长之最大者则为千户，其次为百户，亦各有政府发给之印信，亦各委有帮办，乡老红牌（即乡老之别名）及老者等助其办事。凡各部内一切民事诉讼等大小案件，均由各部的大小头目，秉承王公或千百户的意志，解决部民纠纷。遇事之过大，处理困难者，则禀呈省政府处办。设县以后，虽将其原有组织稍加变更，而地方自治则尚未完全实行，盖以地僻境荒，加以蒙番的习俗殊异，虽以较新的制度以待改革，而一时却难以见效。

（二）租纳习状　蒙番佃户若欲向地主租田耕种时，应先送地主以茶、斜布、哈达（蒙番见客时手持之帕），或牛羊等礼物，前往请求，经允许后，始得地一份（约二十亩）或二份（约四十亩）不等。由地主指定租种，其纳租方法则有纳租谷法，及分租法二种。在纳租谷法，大抵每份地每年纳宁升一斗五升，在分租法，则在下种时，其籽种由地主与租户平均分担，收获时按获粮的多寡平均分派。在纳租谷法方面看来，地主得自租户的虽不甚多，而每年地主之一切杂差如千百户王公等之出差费，每年赴省费，本部与他部的交涉赔款，及省里派来的各项差徭，均须由租户担任。而分租法，则政府派来之小差（如柴草等）由租户负担，大差（粮款）由地主自出，本部与他部的交涉赔款，双方负担，或由地主完全自认，租户的意外负担比较轻松。

（三）农民生活　全县蒙番农民在冬季无论男女，均穿大领皮袄，头戴尖顶皮帽，足着皮靴。男子在皮袄之内，尚有裤围体，而妇女则不论冬夏，除长皮袄披身外，完全不着裤袜，且在夏季更不着皮靴。至于回汉民众，男子在冬季亦均穿皮袄，夏季则布服与内地相同，妇女亦有如蒙番之不着裤者。盖以当地不产棉，衣料布匹，不惟昂贵异常，更且难以求到，以是长其袄而废其裤，亦为一节省衣料之办法。番妇女以习惯如此，亦不以不着裤为奇为苦，不如内地妇女为求摩登而露其腿，实因环境使然也。蒙番日常以牛羊的肉及奶、炒面、酥油、曲拉打短（译音：饮料）等为饮食品，亦有食馒头、面条等。汉回除食馒头、面条等外，亦有以牛羊的肉及奶、炒面、酥油为饮食品者。蒙番多住黑牛毛皮帐房，亦住土房，汉回则均住土房而无住帐房者。

全县属民，无论汉、回、蒙、番皆喜饮酒，又爱唱小曲，歌番调，骑高马，荷好枪，且惯斗好杀，善交游，爱亲朋，来往酬酢，较内地为繁。

（四）农民的副业　住县治较远之蒙番，实以游牧为主，而以农为副，他们大抵依水草丰美之区域，随意播种多少的青稞而已。县治附近的蒙番，已渐趋汉化，以农业为专业，而以游牧为副业，其副产品为牛、羊、羘羖等的毛皮奶乳及马匹，汉回农民的副业亦为牧畜，其副产品亦如蒙番农民，惟亦有饲鸡养猪以为食料者。此外无论汉、回、蒙、番，每至冬夏之时，必结群至山林，猎取鹿茸、麝香、狐、狼、野猪、草狐、猞猁等，以为另一副业。

（五）农民痛苦　全县的蒙番农民，纳税轻微，而汉、回则困重特甚，盖以汉、回均系垦民，根本不同，且多数都系佃农，每年除向政府纳税外，又须向王公、千百户纳税当差，而王公、千百户的剥削，又至刻且苛，无微不至。农民受其压迫，痛苦异常。

291~299
第四十二章　女子先学养子而后嫁

42.
女子先学养子而后嫁

因蒙番帐房迁移不定
商贩亦只得随地行贾
湟源县矿藏有余农产不足

手工业调查

全县属民,除少数的汉回外,都在游牧时代,无工业可言。惟设县后,操手工业者,已多于前,则为事实。兹亦将全县比较发达的手工业,分别略述于后:

(一)栽毛褥 此业系设县后新迁来之汉民所创办,因规模太小,每年仅能产五百余条。捻毛织栽,纯用人工,成本昂贵,销售不易,以是日就衰退,颇感困难。

(二)织毛褐 此业多系蒙番人所操,因蒙番所住之牛毛帐房,纯以毛褐所制,每年约出一千余条,销路极广,价值亦廉,很有发达趋势。

(三)制皮靴 蒙番所穿皮靴,半系来自湟源,半由本县自制。因纯用手工,故价值昂贵,惟皮靴为蒙番必需品,此业亦不难日渐进步。

(四)制酒 县属民众,多喜饮酒,故制酒者亦甚多,惟不知烧酒做法,其所制者,性不甚烈,较烧酒大差,只能在县境销售。

(五)油业 全县所需之油,都系自做,但以农业出产的原料不多,故制者亦不多。

商品的出入

本县每年由湟源、鲁沙尔等处输入商品约七万元。大都为砖茶、斜布、绸缎、木碗、铁刀、氆氇、糖、火柴、纸张、瓷器、锅釜、犁耙、绳索等，均系国货，价值低廉，购之者甚众。至外货方面，则有所谓鬼子皮者，为赤俄所制之革类，亦占输入品之大部。由本县输出之商品，为羊毛、羔皮、骆驼毛、黑牛毛、鹿茸、麝香、虎狼皮、野猪皮、猞猁皮、甘草、大黄等，均由客商运赴湟源、鲁沙尔，转运天津、上海等处销售，每年总额在十万元左右。

全县无固定之商店，商人所经营者，均为流动性的驮摊，例如商贩驮布等物。今日至甲地贩卖，明日则至乙地销售等，因为蒙番的帐房迁移不定，商贩亦只好为随地行贾。自设治后，已拟建筑城垣，修置店铺，组织街市，曾召集商民，商议进行办法云。

教育的设施

自十八年设县后，曾设立教育局，以管理全县教育事宜。旋以经费关系，奉令停办，改设教育科于县政府，以县长兼理教育。现计全县共有完全小学二所，初级小学一所，在学者共一百五十余名。其全年之经费共为八百四十元，统系筹自地方者，由县政府在每年秋收后派员催收，分发各校。

查全县除现为学生者外，其受过小学教育者，约为一百七十余人，受过中学教育者仅七人，均汉、回二族，蒙番人则一个没有。

宗教与风俗

县属蒙番，皆尊佛教，惟有新旧之别。旧教即为红教，信之者俗名为本本子，又名"混"（译音），头发满留，用红布扎缠如升斗之大，高拱头顶，其衣鞋则与俗人同。念经诵咒，各地都有。多不住寺院，娶妻置产，亦一如俗人。据谓，其先之活佛，有能呼风唤雨而起死回生之术，故现在一般俗人，对红教徒异常敬畏。新教即黄教，为明永乐年间，宗喀巴将旧有红教所改创者，信徒剃发秃头，不戴帽，着红布袈裟，不穿裤，悉住寺院，终日念经。每年七八月之间，则出外化缘谋生。不置产，不娶妻。其活佛则着黄色袈裟，与僧徒稍异。据闻近又有奉新新教者，其教徒之服装打扮，与红教同，惟经典则异。至于回民，则皆奉回教，汉民不一。

蒙番人对于婚姻，纯取自由。大抵男女在未结婚前，须先行往还，经过二三年后，育了子女，双方已情愿意合时，始通知父母，央人说项，依男家的有无，规定聘礼的多少（聘礼大概为牛、羊、马匹、斜布、砖茶等，或现物或折价）。由男方备齐，送往女家，然后择期嫁娶。至期，女家派男女送客十人或二十人，骑马随新娘来男家，新娘则头戴狐皮帽，身着华美布匹之挂面皮袄，足穿皮鞋，露腿，不着裤，一手以巾掩面，作含羞状。乘高马，唱欢曲，由送客二三人，左右扶持，疾驰而来。抵新郎村，村民男女老幼均呼笑围马不让进，送客执鞭驱打，左右前后，拥护而进，至新郎帐前下马。与新郎见面毕，女即入帐，男则召集村民，陪同送客，取酒作乐，痛醉始散。蒙番人在人死后，除请喇嘛诵经超度外，并请卜算者算定葬法（有天葬、金葬、火葬、土葬、水葬等）。七日后即葬。葬前将尸衣完全剥下，使尸身赤裸，然后行葬。水葬法，即将一丝不挂的尸身，抛诸河流便完。天葬法，即将尸身弃于山野，引鹰、狼来食。如鹰、狼不来，即改用金葬法，将尸身用刀斧割成碎块，散弃山野。土葬，则稍如汉人，但无棺椁，埋诸土中而已。火葬则只有王公、千百户、喇嘛等死后才可执行，其法即将尸先行火焚，然后以其灰埋于土墩内。

蒙番人生性放纵，男女之间，绝对自由；女子亦有抱独身主义而终身不嫁者，然而生子育女，则一如有夫之妇。青年男女，对于性的关系，视为随便之事，各不负任何责任。女子在嫁后，仍可如意追逐所爱者，无所谓贞、节、淫、乱。男女因相爱而欢聚时，必唱情曲以抒其欢欣。唱时手持酒碗，按节而唱；既而男的捧酒碗趋女前灌饮，女即执碗起立，亦按拍相随；由是相互缱绻，终而搂抱，各忘其形。

政治与税收

共和自设县后，经查明人口的多少和山脉河流的情形，即将县属土房居民，划分为第一、第二、第三、第四区，帐房居民，划分为第五、第六两区。第一区又划十九乡，第二区划六乡，第三区划三镇一乡，第四区二乡，第五区仍一镇，第六区则只分三镇（因第五、六两区全为帐房，划分不易）。每区设正副区长各一人，每乡镇设正副乡镇长各一人，至于县政府以下各机关的组织，则列表于后：

机关名称	职员总数	全年经费	备注
县政府	十六人	四千八百元	经费每月系按四等县开支，规定月拨省款四百元，然领取困难，所得不抵七个月，且系直接由税收扣抵。
建设局	一人	无的款，由县政府随时津贴。	现已改为县政府的建设科。
财政局	一人	同上	同上

禁烟局	一人	无的款	现已取消
产销税局	五人	系包办，无经费	同上
清赋处	十四人	经费由省拨	同上
公安局	三十四人	三千二百〇四元	设局长、巡官、课员、督察员各一人，警兵共分三班，每班设正副班长一人，警兵八名，共有枪二十七支，经费系就地筹措。

全县每年财赋缴收情形，兹亦列表记之如后：

名称	全年数量	征收方法
番粮	二三〇.一六〇仓石	系设县后，由西湟两县拨归之粮，由县政府向各头人催收。
其他粮	一六〇仓石	设县后，因费无著，商同各头人征收之粮，向各头人催收。
营买粮	四〇〇宁石	由征收机关派差催收。
支应粮	三〇宁石	由县政府商同各头人，向民间催收。
营买草	二〇〇〇〇斤	同上
支应草	二五〇〇斤	同上
粮草串票洋	一.六元	串票张二分，每年各头人纳粮后亲行送交。
油梁磨费洋	八四元	由县政府征收。
印花税洋	一一八元	由县每请领推销县属各商人，商人取后即交款。
地方各机关经费	五二七四元	由县政府派差催收。
民间支应人夫骡差损失	二四〇〇元	

统计上表，全年共缴仓石三九〇.一六石，宁石四三〇石，草二二五〇〇斤，款洋五四七七.六元；此外又有所谓蕃贡粮石者，征收后，除分给县属镇国公班玛旺扎勒及右翼盟长林沁旺济勒外，余数呈请省财政厅拨作经费之用。

湟源县

湟源县的调查，分述于后：

土地面积

湟源县城市之面积为三方里，由县城东至暗门三十里，与西宁毗连；西至哈煞图六十里，与海北地为界；南至日月山七十里，与共和县接壤；北至石墙子十五里，与西宁县为邻。面积为九千九百方里，共分四个自治区：城关为第一区，西北为第二区，西南为第三区，东南为第四区。计第一区有水田四千亩，旱田一一六〇亩；第二区共水田一八六〇亩，旱田二六五一〇亩；第三区共水田九六一三亩，旱田二三一〇二亩；第四区共水田三七四〇亩，旱田一二七三六亩。总共全县水田二〇二一三亩，旱田六三五〇八亩。全县荒地，第一区约六十二万五千余亩，第二区约四十四万九千余亩，第三区约三十九万六千余亩，第四区约六十八万九千余亩，共计二百十五万九千余亩。皆山高气凉，土面石底不可垦殖之地（查湟源之大宗出产物为皮毛，"九·一八"后，因销路闭塞，金融停滞，又以捐款差徭浩繁，地价受其影响，大为低落。现上等水田每亩约值十三元，中等水田每亩约值八元，下等水田每亩约值三元，上等旱田每亩约值三元，中等旱田每亩约值一元，下等旱田则拱手与人，亦有拒而不愿受者）。

全县人口

全县户口，共计四三七六户，二万三千七百余人，工人二百九十余人，商人约二百五十余人，服务教育界者七十余人，为喇嘛者三人，为番僧者约四百人，为道士者十余人，为游民乞丐者约四百人，余均为农民。以全县土地面积计，每方里约居四人（民国二十年二月该县县政府曾令饬各区长督饬各乡长、闾长等，清查户口一次，上记户口总数，即以此为根据。又查该县居民每年移往他县或外省者约三五家，现住于县城内外者约为六千余人）。

富藏与出产品

湟源县属第四炭茶石浪地，有石区矿一处，深约丈余，面积可七八方里，已由城内居民鲍永忠等呈准省建设厅及县政府实行试采。又县属第二区小寺尔地方，有产玉（俗名加牙玉）之矿约二尺，面积三十余方丈，亦已由该处人民采作茶钟、酒杯及手环等装饰品之用。此外则县属第四区响河尔地方有方铅矿，惜民间不知开采之法，至今仍埋藏于地。

湟源全县全年所有农产物，约九千四百五十石，不足为全县人民之需（全县每年约需十六万六千余石），每年须向他县购办补充。兹列表记其名称，价值及出产量于下：

名称	每年产量	价值
青稞	三千三百石	每石十三元
小麦	一千五百石	每石二十元
山芋	一千石	每石七元半
豆类	二千石	每石平均十二元半
燕麦	二千二百石	每石七元
菜籽	四百五十石	每石十四元

关于工业的出产品，兹亦记其名称、产量、价值、销路等于下：

名称	每年产量	价值	备注
毛织品	毡二百余条　口袋一千二百余条。	每条各二元余	在本县各地销售。

砖瓦类	五千余块	每百块四元	同上
皮革类	熟牛皮二千一百余张，野牲皮三千余张，老羊皮四千余张，羊皮十万余张	野牲皮一万五千余元，老羊皮一千六百余元，羊皮五万余元。	除本县外，又转运至平津一带销售。又熟牛皮制成鞋子后卖与番民。
酒类	五千斤	每斤二角五分	在本县及番地一带销售。
醋类	六千四百斤	每斤六角	同上
酱类	二百斤	每斤二角五分	同上
油类	二万三千斤	每斤三角	同上

出产品除上述外，又有鹿茸、麝香等类，每年产量及价值无统计可查。

300~305
第四十三章　雹灾大如牛马

43.

雹灾大如牛马

农民以大车载赴西宁供人观览
吸鸦片者占全县人口七之二
男多死于胃病女多死于瘰疾

交通与建设

湟源县城市之街道,其可通汽车者,为由东关至西关的一街,长约二里余,以人工砌土筑成,久雨后常被冲毁。城市以外的交通,陆路则有二:一为通省大道,长约九十里,宽约丈余,由县城起东达西宁;一为通共和县之路,由县城起西南至共和县境日月山止,长七十里,宽亦丈余。水路虽有湟水可通西宁,惟因水急流浅,船筏不能通行,无交通可言。

湟源在民国十四年后,已改驿设邮,现县城有二等邮局一处,归甘肃省邮局管理。有邮路三条:(一)由县至都兰,(二)由县至西宁,(三)由县至共和,其关于包裹的寄递和银钱的汇兑等都极便利。电话方面,亦已由西宁总局设分局一处于县。

农业

关于农产物的产量与名称等,已述于前,兹略述农村情况于后:

(一)地主与农民数 县内稍有田地者约十余户,自耕农七百九十余户,半自耕农一千三百余户,佃农一千余户,雇农一千二百余户。

(二)租纳情形 租纳的方法只有分租一种,大抵每地一斗(即每地能下种籽一斗），最高年租市升粮一斗五升，最低为八升。租种时，地主常以牛驴帮租户耕种，亦有以金钱接济，租户每年交租一次，其租田之副产物，则地主与租户，四六对分。

（三）农民生活　湟源除少数农民据有土地外，全县最沃腴的土地，十分之三以上为各寺院所占。耕者多系佃户，纳缴租额约为十分之六。县属东科寺曹家喇嘛，应纳大粮、营买粮等，悉令租户负担，其他各寺院所用柴草等，亦由租户供给；因之农民终岁所得，均被剥削净尽，所余最多只能作八九个月之用。每年外债累积，逃避无门，衣不遮体，食难充饥，窑洞土穴，到处为屋，其生活的困苦，非东南各省民众所能想象；加以近年来，每至冬令严寒之际，流氓地痞，便结伙为匪，乡间农民，遭其蹂躏，更是惨痛万分。简而言之，农民的生杀予夺之权，实尽操诸各寺院的喇嘛地主、流氓、土痞等而已。

（四）农民的副业　农民之副业，大抵为饲养牛羊鸡猪等的牧畜事宜；其副产，如饲牛者，则挤奶制造酥油奶饼等，饲羊则剪毛取皮以及作他项用品等，间亦有以毛织褐，赖以蔽体者。

工业

湟源曾于民国十七年筹设平民工厂，募集基金约有八千余元，嗣因种种关系，迄今尚未举办。手工业中，以羊皮工业为其主要；每年制成熟皮或制成皮衣，以销售外省，但近来因市面萧条，已日呈衰落之象。其次为织毛工业，如织造口袋、毛单子、褐子等，惟以销售之处，仅限于县境之内，年来尚无任何变动。

商品的出入

由湟源输出的商品，仅为羊皮、羊毛、鹿茸、麝香等而已。其输入之商品，则以茶布为大宗，大部来自平、津、山、陕等处。外国货以日货为最多，往年本县的输出额超过输入额几及数倍，今年因皮毛停滞，市面萧条，输出额顿形衰退，已大不如前了。

湟源在青海夙称丰富之区，商店之大者，其资本金达万元以上，最低亦在二三千元左右，商务之盛，仅逊于省垣；自十八年被马仲英攻陷后，商号多被惨烧，近年更以东北事变，皮毛被阻，因之金融拮据，市面停顿，此残余不多之商号，又复相继歇业了。

教育

湟源的县教育局早已成立，各乡间的小学校均设有学董三人以至七人。现全县计有完全小学三处，初级小学四十六处，其全年经费，除原有教育基金二万余元存于商号，以一分二厘之率抽息外，复由商会于羊毛项下每年抽出二千元左右以为补充；此外各学校之学田，每年亦收租粮以补充经费。兹悉全县受过小学教育的，男的约一千三百余人，女的约百余人，受过中等教育者男的约四十人，受过大学教育者亦有男的四人。而全县在学的儿童，现约二千三百二十余人。

风俗

县属人民，信佛教者占全县人口十分之六，信道教者七十二人，回族人民约百余家，信天主、福音二教者共二十余人；此外又有入同善社与清茶会者，但人数不多。宗教信仰虽各不同，却向无恶感与冲突；惟回教徒与汉民间，过去曾有互相残杀仇视等事，现已化除无余。

全县男女嗜酒者，约计全人口十分之七八，男女吸食鸦片者，据禁烟局调查，约计全人口七分之一。汉回女子其缠足而未放者，十之八九，男子未剪发者，仍有十之二三。湟源居民以汉族为大部，回民甚少，番族已为汉人同化。汉族的婚丧礼节，仪式沿旧，无甚足述，回番亦如青海之各地。

全县的天然灾害，以夏天的雹灾、水灾、旱灾为最可惧，雹灾发生时，其所坠之雹，恒在直径一寸以上。去年七月间，农田竟降下一大如牛马之巨雹，农田致被压成一大窟窿，幸人畜早已远避，未遭暴击。而附近所下者，则皆如满天星斗，横飞直奔，纷纷袭来，数乡之农产物，因是摧残净尽。至贫农矮屋，亦被压倒无数，惨状不堪尽述。此飞来之牛雹，为供观瞻起见，曾由农民以大车载赴西宁，任人观摩，真是天下的奇闻。水灾、旱灾之来，农民亦只能束手待毙，盖防御之法，在事先绝不虑及的。

全县人民，患时疫的不计外，男子多死于胃病，女子多死于瘵病。此项病源，均因气候寒冷及食肉饮酒所致，境内无施救与预防机关，疾发时亦惟有坐待其毙。

政治与税收

关于政治方面，兹特列表记其机关名称等及大略情形于后：

机关名称	职员总数	全年经费	备注
县政府	十一人	六四八〇元	因县境萧条，经费拮据，建设困难。
教育局	四人	七七〇元	工作尚佳，惟因民智未开，推行甚难。
建设局	二人	无	
禁烟局	十人	尚未规定	每月由收入内扣提二成作经费。
产销税局	二十九人	一〇二〇〇元	
清赋处	五人	每月二三〇元	清理田赋以后，平均民众差徭。
公安局	三十八人	每月二七〇元	设局长一人，巡官一人，督察二人，哈拉库图分局长一人，巡长四人，余悉为警士，每月经费由商会筹拨。现有七子枪十支，来复枪八支。

本县的税收方面，每年由县政府实收地粮仓升（四仓升合一市升）七百八十石，按六成折价（每石八元），四成本色，（粮）催收

完齐后，呈报财政厅。县政府经费，则向财政厅请领。兹关于全县人民负担粮草税款之名称、数目，及征收方法等列表于后：

名称	全年负担数	征收方法
番粮	四九四.四七三五仓石	由县政府征收
其他粮	八七六.一八二仓石	同上
盈余陋规粮	一二〇.七八仓石	同上
百五经费粮	三九仓石	同上
营买粮	一〇〇〇宁石	由省军派员征收
营买草	二五二〇〇〇斤	同上
粮草串票洋	十二元	由县政府征收
附加法院经费洋	四百十六元六角	由县政府按每仓石征洋三角七分半
补助师范经费	一百元	由县政府征收
油梁磨费	三百七十五元	同上
印花税洋	一千二百元	同上
当税洋	一百四十元	由商家向县政府缴纳
牙税洋	七十四元	
其他杂捐杂税	一万九百五十二元	由县政府与公安局会同办理
地方各机关经费	洋八一三八元 粮六二二石	由县政府征收
民间支应人夫骡差捐失	三百元	县政府奉省政府令办理
产销局卡总收	一九一〇〇元	（民国二十年度）
粮茶局卡总收	一四〇二五三元	（二十年度）
榷运局卡总收	五七二六六元	（二十年度）

（附注）上表总计全年收粮一五三一.三三五五仓石，又一〇〇〇宁石，草二五二〇〇〇斤，款洋四〇六三六七六元。

306~318

第四十四章 活佛在番土两族中之权威

44.
活佛在番土两族中之权威

朝见者以受到棒击为荣
头碰佛床回家可免灾难
大通县汉人烟酒嗜好甚深而回民绝无

全县土地

全县土地,纵约一百廿里,横约十里,总面积约为一万〇八百方里。耕田面积,计为六十六万三千二百七十余亩,分为四区:第一区计水田七千二百亩,旱田十万亩,脑田九万八千九百六十亩;第二区计旱田十万〇二千亩,脑田十三万〇六百八十亩;第三区计旱田十三万亩,脑田十三万六千九百二十亩;第四区计水田二万余亩,旱田三万余亩。荒地面积约为全县面积的百分之廿七,除各寺院私荒地占百分之六七以外,其余均为官荒地。全县水田的土质,多系黄土,旱田、脑田多系黑土,荒地则多为沙土。荒地至今未能开垦的原因为:(一)气候过冷,不宜于农作物的种植;(二)差徭太重,垦民裹足不前。至于各种田亩的价格,近年亦以差徭过重之故,大为降落,现查得耕地非耕地之各种价格,按其等级,特为列表于下:

名称	每亩最高价	每亩最低价	每亩普通价
水田	五元	二元	二元五角

旱田	三元	一元	一元五角
脑田	三元	一元	一元五角
林地房地	十元	六元	七元八元之间
沙滩坡地	五元	一元	三元左右

全县人口

全县人口约为一万二千七百五十余户，八万三千八百余人，以全县土地面积计，每方里约居七人强。居民为汉、回、番土四族，汉人计四万四千三百余人，回民一万八千余人，番民一千五百余口，土人二万余口。各族分布，汉人则占东、西、南、北各区之大部分，回族聚居于东、西、南三区，番族居北区之一小部分，土人则散居于西区、北区一带。

县政府于民国十七年匪患平息后，曾举行全县户口总调查一次，以清查地方；二十年奉中央命令，复办户口登记；后又以供给省志资料，重查户口确数，复行登记。兹据其所记，列表如后：

类别	占全县人口总数的百分数	人数
农人	百分之九十	
工商界	百分之十	
男	百分之五十弱	四万一千八百六十余人
女	百分之五十强	四万一千九百三十余人
壮丁		四千五百余人
老幼		六万七千余人
游民乞丐	百分之五	
道士		十三人
喇嘛		五百八十余人

全县出产

县城东三十里樵渔堡地方，有煤山一座，周围二十余里，煤质尚佳，窑洞共十四门，深三十余丈，每窑日出煤约九千六百余斤；十四门合计，每日出煤当为十三万四千四百余斤。此外全矿有水井二口，日夜打水，以防各窑窑水积滞。开采悉用旧法，费力甚大，需费浩多，加以交通阻塞，销路不广，以是营业不甚发达，现仍以旧式之大车或驴马，装载驮运，销于省属之互助、西宁、亹源、湟源、乐都、民和等处，不能推销外省。该矿开掘至今，历时很久，其业务上之组织，极为简单，除窑之所属地主外，即为窑主及工人。窑主在往年，每日曾为地主纳煤二百余斤，近已不复续纳，独占一切；工人则除略支工资外，多以煤代之。又查此十四门之煤窑，只二门为官窑，余十二门均为私窑。

县境广惠寺、却藏寺，各有森林一处，惟因保护欠当，现砍伐殆尽。此外关于农工产品，各列一表于后：

农产品名称	每年产量	每斗价值
青稞	十余万石	一元五角
小麦	同上	二元三角
山芋	同上	六角
豆类	同上	一元三角
胡麻	同上	一元四角
菜籽	同上	一元四角
燕麦	同上	七角

（附注）该县各种农产物，每年产量，均为十余万石，除纳粮缴差外，均以自给，颇少输出，仅有少数脚户，驮负麦豆等至甘凉各地，藉利谋活而已。

工业品名称	每年产量	价值	销售地方
毛织品	褐布四五十匹，毛毡一二百条	褐布每匹七元，每条三元	本县境内
砖瓦类	二窑	每窑约五六十元	同上
纸类	二三十万张	每万张约三十元	运往兰州、西宁等地销售
皮革类	羔皮一二千张	每张约八角	运往天津、包头等地销售
五金制品	火盆一百余个，铜锅一百余口	每斤约四元	本县境内
酒醋类	酩醯酒约二千斤，醋二千余斤	酒每斤三角，醋每斤五分	同上
油酱类	二万余斤	每斤约二角	兰州、西宁一带

交通与建设

大通县城墙，高约三丈五尺，城根厚约二丈，城头宽约八尺。城内建筑，除县政府（原为参将营），公安局（原为游击衙门），建设局（原为关帝庙），三处皆系砖房外，其余均为土房。街道有中山大街，党部街等两条，及小巷五条。中山大街自东门至西门，长约半里，宽约八尺，系土筑，尚较平坦，惟雨后则不堪泥泞。城市以外的交通，陆路方面，则有（一）通省大道，长约一百十里，最宽处约为二丈，（二）大亹县道，由县城北至亹源县，长约九十里，宽一丈八尺，（三）大湟县道，由县城西至湟源县，长亦为九十里，宽一丈五尺，（四）大互县道，由县城东至互助县，长九十里，宽仅一丈，水路方面，有黑林河（发源于黑林脑）、拨科河（发源于拨科脑）、东峡河（发源于大坂山麓）三河，汇合而成大通河，东南流而入于湟河，在三河汇合以下，可通船筏，顺流往西宁、乐都及兰州等处，流急如奔，每日行程可至二百余里。

大通县现设有邮寄代办所一处，由县城居民代办，每日间通邮一次，每月可售邮票二十余元。县政府装有电话机一架，由省电话局管辖，除县政府得随时使用外，其余各机关及民众等，通话一次，须纳洋一元；电话机年久陈旧，线路时常损坏，通话时不但听不清楚，而且时常彼此隔绝不闻。

关于新的建筑方面，在距城三十里之衙门庄，于去年建立高级小学一处；距城四十里之东峡河，亦于去年架建东峡桥一座。此外通省大道及煤窑之运煤大道，亦系最近之新建筑。

农村情形

大通县自十八年起，始划分全县为四区，区公所则亦于此时成立。区以上则有堡村等名称，计东区八堡六十三村，西区八堡七十三村，南区十堡二十五村，北区六堡五十五村，全县共计为三十二堡二百十六村。于民国二十年，又开始推行地方自治，并堡为乡，每乡设乡长一人，划村为闾，每闾设闾长一人，但均为有名无实，成绩毫无，兹将农民的一般情形，分述于后。

（一）**地主及各种农民的百分数**　全县除广惠寺、却藏寺、张家寺、祁家寺、平安寺、逊堡寺等均拥有极广之土地而为地主外，居民则自耕农占百分之五十，半自耕农占百分之二十，佃农占百分之二十，雇农占百分之十。

（二）**租纳种种**　佃户向地主缴纳田租的方法，普通亦为纳租金法、纳租谷法及分租法三种。按例于每岁秋收后，租户照数缴纳地主；惟纳租金法，并非租户直接纳现金于地主，只将地主每年向政府应纳租田的粮款，与地主对半分担，余则补以租粮而已。

（三）农民生活　一般农民，多以土布或褐布为衣，青稞制面为食（用麦制面以食者为数极少），住则一律旧式土房。查其每年每人必需的生活费，衣着方面至少十元，饮食方面至少十二元；居住方面除自有土房者不算外，租住者至少需洋四元，平均每人每年需洋三十元左右。

　　（四）农民家庭　农民之家庭组织，除汉、回二族与各省无甚相异外，番、土二族，则采用母系制度，大抵男子在家操持内务，女子则在外耕作庄田，或牧营产。

　　（五）农民借贷　一般农民的借贷种类约有三种，即（一）借银，其利率多不一律，每月行息大抵在三分以上至十分以下；（二）借茶布，即借茶一包或借布一匹，至秋后还洋五元或麦二斗；（三）借粮，即借青稞一斗，至秋后还麦一斗或一斗二升，各种借贷，限期最多一年。

　　（六）农民痛苦　一般农民之真正痛苦，在于纳税过重及役吏敲诈。一年中除田亩借粮外，尚有营买粮、产销税、粮茶税、禁烟借款等，名目繁多，不可数计；而役吏则随时要索，凶如虎狼，农民受其剥削，几倍于重税。

手工业现状

　　该县手工业有木匠、铁匠、银匠、皮匠、褐匠、炉院匠、砖瓦匠、毡匠、缝工等，因地处边陲，一切机器尚不多见，故各手工业者均能自给自足；惟裁缝一业，近因手机盛行，无成本而不能置备者多已相继歇业。

　　全县工人约有四百余人，多系半农半工，其生活的各方面，无异于农人；以前曾亦有县工会之组织，惟有名而无实，去年复成立工会改组负责人员办事处，从事改组原有工会，履行会员登记，但亦无任何进展。

商品出入

全县每岁输出商品以皮毛为最多，羊毛约在万元以上，牛羊皮约三千余张，皮靴约一万余双，青盐约二十余万斤，酪醄酒及油约三四千斤。自外输入之商品，以茶、土布、斜布、丝布为最多，其大部分商品之来源为甘肃之兰州及本省之西宁等地。由商人批运到县后，再分卖本城各商号就地零售，或给四乡农家欠卖，至秋收后，以三分以上之息收款。

全县现有大小商号约三四十家，其资本额最高为二千元（约六七家），其次为百余元（约十余家），最低为五六十元（约十余家）。近年来，该县商业已一蹶不振，其原因为：（一）税捐过繁，商民不堪负担；（二）自民国十七年土匪扰境以后，不但损失甚巨，且由本县至甘、凉（即甘肃之甘州、凉州）之交通因此阻塞；（三）亹源县原为该县属地，未划分前，亹地金厂，多由该县商人经营，每年可收黄金四千余斤之巨，自分县后，改由公家经营，因此收入锐减，金融大受影响；（四）亹源未分县以前，所有输出之皮毛，概由本县商人经手，自分县以后，皮毛业又改由亹源商人经营，收入又减少一部分。有上四种原因，该县商业，遂日形衰败之象。

教育调查

该县之教育行政机关，为县教育局。全境现有高级小学三处，初级小学六十五处，其全年之教育经费，共有八千六百余元，统筹自地方。其筹拨办法，乡村小学，由各村自行摊收，直接付给所属学校收用；县城各校，则概由教育局统管，除各校原有基金外，余由县政府筹拨，由教育局分发。

查该县现有受过小学教育者三百余人，受过中等教育者五十余人，受过大学教育者仅一人，进过私塾者一千余人，进过补习学校者四十余人。成年识字者六千余人，学龄儿童之在学者，占全县儿童数之百分之三十，失学者为百分之七十。

风俗一般

关于该县居民之风俗一般，兹亦为分节述之于后：

（一）宗教信仰 该县居民，分为汉、回、番、土四族。除汉族无一定之宗教外，回民则均奉回教，番、土二族，则同奉佛教。回教在该县各地均设有清真寺，于每星期五定为主麻日，所有回族虔诵经典者，即于是日群来寺内礼拜。礼拜之先，必取水洗头及手足三处，洗净后，一闻呼声，即头裹白布，开始礼拜，拜时寂静不做声。又除每星期五之礼拜外，每日必做小礼拜五次，其地点无一定，按时随地行之。佛教之寺院，亦到处都有（全县约有一百十四处），番、土民众，时到各寺院布施朝佛，虽破费许多金钱，毫不吝惜。朝见活佛时，活佛常以木棒或竹竿，向朝见者的头部轻微击打，朝见者亦必争以头向活佛的卧床碰撞；其能受活佛一击，或能碰活佛的卧床一头者，必引为非常之荣，以为回家之后便可免除灾祸而享受佛赐幸福。

（二）婚嫁礼节 该县汉回居民的婚嫁礼节，与内地无甚相异，至于番、土二族，则与前述青海各县又有不同。大抵在订婚之初，先由媒人到女家说亲，如得允许，男家即择日送酒二大瓶，并在瓶口缚以细毛绳数条，以表诚意。嗣由女家择日，邀请男家主婚人欢宴，过后复由男家主婚人邀请女家允婚人欢宴。在此宴会席间，双方遂议定财礼（礼物以牛一头，或马一匹，及白银四五十两），择日过礼。女家于接受财礼后,即整备嫁妆,以待亲迎。至日,男家特派娶亲人到女家迎娶,女家一面设席款待,一面亦派人送女,行至中途,男家又已派善骑者二人在途迎候,途次相见,即席地同坐痛饮,同时复由此善骑者二人与女家所派之送亲人,互相夺帽为礼。礼毕,善骑者即先行驰归,新妇到后,同来之送亲人,又被欢宴于宅外场院之中,此时先前之善骑者二人,亦来陪宴,在途中夺得之帽,当场奉还,而以酒二三十碗强使失帽者饮尽以作罚。同时有番妇多人,浓妆盛抹,歌舞于宴席之前,而新妇亦姗姗来场,小坐于欢饮者之旁。既而与送亲人等同入新郎之家,复于新郎院中,席地围成圆席,再度痛饮。欢饮既毕,男家乃出肥牛一头送女母,以谢母劳,于是婚礼遂成。

（三）丧殡仪式　汉族居民之丧殡仪式,稍异于内地。无论贫富,于人死后,均须延僧诵经度灵,富者七日至十四日,贫者普通在五日左右。凡为孝子者,须披麻戴孝,手持丧杖,于百日之内,不得骑马,不许坐轿,不许上床安眠,不吃荤,不喝酒,以表哀悼。百日之后,始一切恢复如前。番、土居民之丧殡仪式,多如前述之青海各县的番民兹不复赘。

（四）民间歌谣　盛行于该县民间的歌谣,当推为秧歌及少年二种,秧歌于扮演社火时唱之,兹选录一阕于下:"正月十五庙门开,乡的姐儿们上香来,脚又大来鞋又歪,脖子里吊的个痛疽袋。"少年亦名为山歌,每四句为一首,兹亦采录一首如下:"前修铺门后修店,一连儿修下了两院,自家的夫妻好好儿看,维旁人那是枉然。"诸如此类,寓意粗鄙,惟多偏于男女之情。

（五）迎神赛会　该县乡民,于每岁十一、十二两月间,有迎神赛会之举。届时男女老幼,群相往观,焚香拜神,极为迷妄。此外于每岁年关节后，有所谓社火者，由民众扮演各种故事，如唐僧取经、八仙聚会等，或歌或舞，以为娱乐。又各寺院于每年元月十五及六月六日，举行大会，各地人民往观览者甚多，番、土二族尤为踊跃。

（六）**其他** 全县人民，向嗜赌博，现因连年歉收，民生凋敝，此风大减。又查该县汉人之嗜酒者约有一千余人，汉人男女之嗜食鸦片者亦有一千余人，回族人民嗜烟酒者可说绝无。男子蓄发者占全县人口百分之二十，多为番、土二族；女子缠足者全为汉、回二族，占全县人口百分之三十，惟所缠之足尚不甚小，与天足相差无几。

政治及税收

大通县的行政区域的划分，已见于农村情形，其各区区长等所做之事，仅为摊差派款而已，至于所谓地方自治，不特无所事，实无所一知。

该县现无法院之设，只于县政府置承审员一人，办理一切民诉事件，并有大通县监狱一处，内设管狱员一人，凡因民刑事件而犯罪者，俱关押于此狱中。被禁者如家中无人供给饮食，则由公家酌给，共计每月该狱向县政府领取粮食仓斗二斗，专供此等犯人之用。

兹关于该县行政机关等的大略情形，列表于后：

机关名称	职员总数	全年经费	备注
县政府	十四人	七千八百元	
教育局	五人	一千四百四十三元	对全县教育，整顿甚显积极，较前似有进步。
建设局	三人	六百六十元	
禁烟局	六人	四百八十元	
产销税局	十人	二千六百八十元	

清赋处	八人	二千四百元	现正向各方农民换照，于完毕后，即进行清丈田亩工作。
公安局	四十一人	四千〇六十八元	设局长一人，巡官四人，长警三十六人，有旧毛瑟步枪十六支，立明登步枪一支，经费为每月三百三十九元，由局长造具单据，呈请县政府核拨。

全县每年财赋收入除开支地方自治、建设、教育、公安等各项经费外，其余一律交财政厅。兹将全年每年负担粮草税款等，列表于下：

名称	全年负担数	征收方法
屯粮	一七八五.六一〇仓石	收折银一万三千三百九十二元，县政府征收。
番粮	三九八四.二五一五仓石	收折银三万〇六百九十八元，县政府征收。
耗羡粮	三六七.八三四仓石	县政府征收
盈余陋规粮	九七六石	同上
营买粮	三六〇〇宁石	军部派人征收
支应粮	六〇〇宁石	同上
营买草	二三〇二〇〇斤	同上
支应草	一〇〇〇〇斤	同上
屯草折价洋	七八二元	县政府征收
粮草串票洋	二〇〇元	同上
附加法院经费	二四四九元	同上
补助师范经费	五〇〇元	同上
油梁磨费	四〇元	同上
契税价洋	九八〇元	同上
验契费	一二〇〇元	同上

印花税洋	七九〇〇元	同上
牙税洋	八元	同上
番贡马价	三九元	同上
全年支应人夫骡差损失	七〇〇〇元	同上
产销局卡总收	一四〇〇〇元	一半的十分之一向各堡摊收，其余一半，由该局零收。
粮茶局卡总收	四〇〇〇元	
榷运局卡总收	七〇〇〇元	

319~327
第四十五章　远处海西之都兰县

45.
远处海西之都兰县

纯为蒙藏游牧之地——人民尚在部落时代
金煤矿苗露出地面——硼砂岩石随地都有
——青盐月产一万余斤

青海都兰县调查：

沿革历史

都兰为青海新置之县，位于青海的西部。本为西戎所居，殷周时属西羌，汉属张掖、武都等郡，王莽置西海郡，筑五县达海，晋以后为吐谷浑所据，隋置西海、河源等郡，唐宋为吐蕃所有，元属贵德县，明为西蕃地。明正德四年为蒙古部属所据，名曰海冠，原有义敏慧蓝族被其戕灭，或被迫率族远遁，其有留存者，悉居为奴隶，向蒙古纳租支差。清康熙间，平噶尔丹，台吉扎什巴图尔等来朝内附。雍正元年，扎什巴图尔之子罗不藏丹津作乱，既平，分别从逆，编为七十九族，以三十九族归西藏，四十族留置青海，后并为八大族，委千户、百户、百长等分辖（部属有千户所上者，委千户一员，百户所上者，委百户一员，不及百户者，委百长一人），各由西宁卫夷清衙门发给委牌，准其世袭。民国十年，宁海护军使设理事署于都兰寺，为设县之初步，但十余年，政绩毫无，进步殊鲜，十八年勘定县治地址，十九年始正式置县。

土地面积

都兰地势辽阔，全境荒凉，其东北以大通河与亹源分界，东以克拉牙壑湟与亹源分界，南以星宿海、西南以巴颜哈拉山与玉树分界，西以勒科尔乌兰达木逊等山与新疆分界，北以祁连山与甘肃分界。东西约一千五百余里，南北约九百余里，总面积约六十七万五千方里。境内群山重叠，气候不齐，其以土壤肥美而已耕垦者计有希里沟、塞什克、哈拉哈图、香日德、莫胡尔、察汉乌苏等处，面积约二百五十方里。此外土质沃饶可耕而未垦之荒地，尚占全县面积十分之五，而硗确不可垦者，亦占十分之四。

山川湖泊

都兰四面环山，层峦起伏，形势奇峻。过其境内之山脉形势，在其西境有昆仑山之二支，东进绵延盘曲，包围于青海湖沿岸，成一大高原，形成都兰天然区域。此二支：（一）为南支克拉山脉，自西东行，横亘于青海中部，使都兰、玉树由此分界。复分为南北二支，北支为貌木克太山（即积石山脉，分布于县之东南，为布青山），当哈伊麻图山，与北支之祁连山脉相接。香日德之颜五挨力山、鄂颜黄山，察汗乌苏之下兰木苏山、黑斯山，哈拉哈图之下力哈札更山、鄂拉生山，察夕香卡之八隆若兰山、若兰不漏格等山，皆系木克太山之支脉，从东到西，与柴达木盆地沙山相接。南支为长江、黄河之分水山，最高者为噶达素其老峰。（二）为北支祁连山脉（即天山脉），在县之极北，为都兰、甘肃之分界山。其支脉亦有二，蜿蜒于县北者为布喀山，在青海之北更分支为客拉山，在青海之东南支为阿米哂石庆山，此山复分支为甘珠尔齐老山、阿汗大勒山、阿雅哈山等。而甘珠尔齐老山之西即为都兰县政之所在地都兰寺，其境内各山之位置，则北为阿汗迭勒山，迤北为拜王图岭及黎头山，极北为祁连山，东起至东北为喀山、磁窑山、欧喜山、金山、客拉山、阿米晒石庆山、甘珠尔其老山、南区群山等，其重叠者为貌木克大山之支脉，内最大者为下力哈扎更山、八颜五族力山等，迤延为貌木克大山，东南为布青山及当哈伊麻图山，西南即巴颜哈拉山，正西为喀顺山及勒科尔乌兰达木逊山脉。境内之河流，在其北者有布喀河、哈拉西纳河、八色河、郡子河、且吉河、巴汉乌兰河、伊克乌兰河等，均折东北注入海中。其由正东入海者为大力麻河，入察卡盐池者为柴集河，入乌兰泊者为都兰河；在其南有察卡大河、哈拉哈图河、引得河、察汉乌苏河、玉胡雷河等；西南有乌拉斯河、那莫浑河、舒鸣河、白河等，均汇入迤西之柴达木河；西北有赛什克之过力河、八延河、胡鲁池、博门果勒河、却尔根果勒河，及正西之吉逊湖、伊哈淖尔、库赛池等湖泊。青海湖在县之东北，周六百里，水色青碧，故称青海，为中国第一大咸水湖，居中国之中心点。湖中有海心山，上建寺院，汇来之河流，西北有布喀河、哈拉西纳河、郡子河、八色河等，北有且吉河、八汉乌兰河、干池河，西有载沙河，南有大力麻河。而县南之星宿海，亦为著名之湖，在噶达素其老峰之东南，由诸小湖环列而成，望之若星宿，故名。黄河发源于此，东流会扎陵海及鄂陂海，绕积石山，曲折而北，噶达素其老峰之北有舒葛河、那莫浑河、乌拉斯河；北流会东南之玉胡雷河，东之察汉乌苏河、哈拉哈图河、引得拉河、察香卡河等，纵横回流于柴达木盆地，名曰柴达木河，向西北流约五百余里，汇为达布逊湖及布隆吉尔池。此外有正西吉逊湖、乌尔丁湖、库赛池，伊哈淖尔西北之博门果勒河、却尔根果勒河，中部之延河，胡鲁池之赛什克过力河；东南之柴集河，均注入沮汝池或盐池。旱则该池水势缩小，形同池沼。

古迹胜境

希里沟县政府东南一里许地方，有旧城遗址。其西北有土墩七，高丈余，为圆锥形，不知筑于何时。察汗乌苏亦有旧城遗址，相传为柯柯王所筑，但确否无从考查。又距都兰寺西北五里许地方，有山曰塔牙，高耸云表，形势雄奇，从百步外望之，似为一山，至则峰峦环抱，有如大谷；中有平原约二方里，松柏苍翠，水流溅溅，有大柏一株，俨如华盖，嫋嫋可爱，严冬时，郁翠如春夏，据说此树为呼图克图佛马死于此处后所生。此外如干角牙壑之二郎洞，洞中甚宽阔，洞门外有长方形石二百余砌叠为墙，相传为杨二郎习静处，亦为全县胜景之一。

种族户口

都兰纯系蒙、藏二族的游牧地，汉、回在此营商者寥若晨星，计蒙族约有一万七千二百余口，藏族约有一万〇四百余口。蒙族分为十旗，藏族分为五族，设县之后，为行政便利计，曾按其各族部落，划为十五行政区，兹分别述其名称部属等于后：

（一）和硕特西前旗　即俗称青海王旗游牧地，居察汗脑尔一带，有帐房一百五十余户，土房二十余户，共约七百人左右。

（二）和硕特左翼西前旗（即察卡王族）　居察卡一带，有帐房七十余户，土房十余户，共约三百余人。

（三）和硕特左翼西后旗（即柯夕王旗）　居塞什克及柴达木尔代乃一带，有帐房二百余户，土房十余户，共约八百余人。

（四）和硕特北左翼右旗（即可力沟盟长旗）　居柴达木、得令喀、郭尔毛、怀头他拉、大小柴旦、下而哈锦、塞什堂、玛海等九处，有帐房一千五百余户，土房一百余户，共六千五百余人。

（五）和硕特北右翼末旗（即可力扎萨克）　居柴达木库尔鲁克，有帐房五十余户，共二百余人。

（六）和硕特西右翼后旗（即巴伦扎萨克）　居柴达木、巴伦一带，有帐房二百余户，土房十余户，共九百余人。

（七）和硕特西左翼后旗（即俗称宗扎萨克）　居柴达木毛柴胡一带，有帐房二百余户，共八百余人。

（八）和硕特西右翼中旗（即台吉乃尔扎萨克）　居柴达木台吉乃尔一带，有帐房一千三百余户，共约五千余人。

（九）香日德族旗（即班禅游牧地之香德族民）　居香日德，有帐房二百余房，土房十余户，共约九百人。

（十）察罕诺们汗旗（即俗称达布禹旗）　居伊克乌兰河一带，有帐房五百余户，共二千余人。

以上为蒙古十旗。

（一）王什代海族（即八大族之一）　居青海湖之西北，与甘肃之敦煌相接处，有帐房四百余户，共约二千余人。

（二）刚察族（亦为八大族之一）　居青海湖之北，有帐户二百余户，土房十余户，共约九百余人。

（三）铁布加族（即新自甘布尔移来者）　居青海湖之南，有帐房二百余户，共约八百余人。

（四）都秀族（亦为八大族之一）　居青海湖之南，有帐房七百余户，共约三千余人。

（五）日安族（即自循化县南甘家滩移来者）　居青海湖之西

南，有帐房三百余户，共约一千五百余人。

以上为藏族五族。

交通与建设

都兰设县以来，因经济及事权所限，城垣街市，均未建筑，现已划定希里沟地方公田二十方里为将来筑城之处。都兰寺附近住有新来垦民三十余户，现正在辟修道路，以利全县交通。至通省大道，因距省城甚远，工程浩大，现虽亦正在修筑，但七百余里之长，非数年不成。邮递处亦已设置，其邮路东起湟源，西达香日德，往返仅通递信件。电话、电报，现则尚未设办。

出产富藏

县境天产丰富，希里沟、哈拉哈图、香日德一带之山岭，多天然松柏，绵亘数十里，弥望皆是，宗克、巴伦、可鲁、台吉乃一带，林区尤广。而可鲁又特多矿产，如金矿、煤矿等的矿苗，多露出于地面，硼砂岩随地都有，此外如硼砂、火硝、硫磺、皂礬、铅、锡等，盛产于柴达木、台吉乃等处；自然银盛产于八宝等处。至境内盐池更多，如塞什克之产白色盐，可鲁之产红色盐，五柴旦之产黑泥盐；而察卡地方之青色盐池，周围约二百余里，天然生产，不用煎熬，每人每月可取万余斤，质青味佳，为青海冠；每年行销甘肃、四川及本省者，为数甚巨。又青海湖之鱼，产量亦富，每届冬令湖冰时，商人多往捉捕，运销本省及甘肃等地，为数亦不小。尚有鹿茸、麝香、狐皮、狼皮、豹皮等，亦称名产，畅销于内地各省。惟境内之矿产林产，以土人智识鄙陋，常以保守地脉为词，禁人挖掘，以是采出者寥寥，货弃于地，殊为可惜。至蒙、藏人的羊毛、羔皮的出产，往年输出达三百余万斤。

农工商业

都兰属地虽广，而开垦务农者为数无几；加以素无农业知识，以是肥沃地，未能尽其天然之利。其出产大抵以青稞、小麦为主，产量极少，不足全县人口半年之需，全靠内地运入接济，工业则一无可言。商人则概由内地而来，其商品多以茶、布、烟、酒、针、线等物；夏季向各处放卖，冬季则收各种皮毛、鹿茸、麝香等以归，每年一次，多不久居。贸易一律流动性，无商店之设立，每商人之资金，最高则有数千元，最低亦在三四百元以上。

教育

都兰地处荒陬，蒙、藏游牧民族，除迷信佛教外，所谓文化事业，一无所知，设县以来，至今尚无一处学校。

风俗一斑

县境的蒙、藏民族，其衣、食、住的生活习惯，与青海各县的蒙、藏人无甚相异。他们平日除牧畜、取毛、做食等工作外，无事则常男女团坐、饮茶谈天，终日不倦。男子嗜吸鼻烟，与人座谈时，一小时内嗅至十余次。又喜饮酒，与人会饮时；非醉不归。其家庭组织，极形简单，除父母子女外，别无其他亲属，男子多招赘于人，女子多赘婿于家。男子尚多蓄发，赋性强悍，喜劫掠，女子天足健硕，动作活泼，勤劳耐苦。及操持家务、牧畜耕作、修葺帐房等，都由女子独任。

政治与其他

都兰自设治后，一切行政尚在筹备中，除将全县游牧部落划为十五行政区，稍具雏形外，并无若何设施。司法方面，因无司法机关，民刑案件等，均暂由县政府兼办。公安方面，因蒙、藏人聚族而居，尚在部落时代，性情强悍，以劫掠为能事，因此地方自治殊难着手，现已由省军派队来防，以资镇压。税租财赋，亦无从收缴，县政府仅以末等县的规定经费，折扣收入，以之开支。拮据情形，不堪言状。

（附注）都兰远处海西，人民尚在部落时代，全境荒凉，设施毫无，各项调查，均无从下手，此篇不过备其大略而已。

328~339
第四十六章　遍地皆矿之矍源县

46. 遍地皆矿之亹源县

煤矿已有八处开采
金矿虽富采者极少
无烟煤火力甚强可烧穿锅底

青海亹源县调查。

土地

亹源县虽地处边陲，气候寒冷，然可耕之地，到处皆是；以水利未兴，致已开垦的，全属旱地。统计全县，现约有旱田十七万五千三百余亩，其荒地仅为三万余亩，多为沙质不毛之地，不能耕种，现全为蒙、藏民族聚居之地，仅供其为天然的游牧场所而已。

全县之可耕地，因寒冷关系，所能生产的只耐冷谷类如燕麦、菜籽、青稞等而已，其他如米麦、黄豆等类，则概不能种植。近年雹灾旱荒频来，收成锐减，以致每亩地价大降。现查农耕地之最高价，每亩仅五元左右，普通每亩只值二三元，非农耕地，则全无售价可言。

人口

全县共有四四〇六户，二万二千八百余人。全县共分四区，计第一区为九百八十七户，六千五百六十余人，县城属第一区，计有三百四十三户，二千一百三十余人；第二区为九百二十四户，五千九百余人；第三区为八百十八户，四千余人；第四区一千六百七十七户，六千三百四十余人。其各区之民族及职业等之人口分配，则如下表：

区域	汉	回	藏	农	工商	游牧
第一区	五五九〇余人	五二〇〇余人	四五〇余人	百分之九十六强	百分之三弱	百分之一弱
第二区	四一〇余人	五一六〇余人	三三〇余人	百分之九十八强	百分之一	百分之一弱
第三区	一三一〇余人	——	二六九〇余人	百分之四十	——	百分之六十
第四区	——	一〇〇〇余人	五三四〇余人	百分之十七	——	百分之八十三

关于全县之男女二性、老幼壮丁、游民乞丐、喇嘛僧道等之百分数为：男百分之四十五六，女百分之五十四五；老百分之二十，幼百分之五十，壮丁百分之三十；喇嘛约七千人，约百分之三十三，阿訇、毛拉四十余人，约千分之二弱。游民乞丐多系各县逃来者，为数极少。

交通

亹源县城，系新设之县，置于民国十八年，其县城为旧时筑成者，筑于清雍正六年，现已颓废不堪。城内有东西南北四大街，街西尚宽阔。其由县城与外县交通者，陆路有省道通西宁，长约二百四十里，宽约二丈五尺。及县道通各路，长约五百余里，宽亦二丈五尺左右。水路有浩亹河（即乌兰木伦河，发源于青海西部都兰县境），流经县境，过互助、乐都等县，由民和享堂镇汇于黄河。惟水势甚急，不行船筏，只偶有兰州木商，来县采购木料时，赖此转运，然常因水急河浅而被冲毁。

邮政方面，现仅设代办所一处，两日行邮一次，邮路仅为由县城至省城一条。电话亦已设置，可通西宁，电报尚无。

出产

亹源县之矿产、森林、农工产品等，分述于后：

（甲）煤矿　亹源产煤极富，几乎遍地皆煤，而品质又甚佳，可惜以采法拙劣，交通不便，致尽弃于地。查现已开掘或发见者，计有：

（一）距城六十里克图沟地方产烟煤，开采已数十年，无人主管，由附近居民任意采取。

（二）距县城五十里有铁煤窑，开采亦已数十年，出品系烟煤，火力甚大，甚宜于工厂之用。

（三）距城十里人头沟地方产无烟煤，品质至佳，火力甚强。周围二三十里之地，全为产区，民国十四五年，曾集资开掘，嗣因经费拮据，早已中止。

（四）距城十五里之瓜拉地方，产烟煤极富，力强质佳，适用于铁工厂。

（五）距城二百里永安堡附近有多罗煤窑，盛产无烟煤，现仅由附近居民随意采作燃料之用。

（六）距城二百余里之俄博堡附近有煤窑沟，盛产上质之无烟煤，据云火力之强，可烧穿锅底。

（七）县属八之拉洞山后及鸽子沟一带，产无烟煤，现未开采。

（八）永安堡西一百余里之乙士门地方，产极佳之无烟煤，惟以壤接荒芜，番人梗阻，至今未曾开采。此外又有多处产煤，惟以矿苗隐藏，无有识者，犹荒弃至今。

（乙）金矿　金矿在亹源尤为随地都有之矿藏，其产量之富，实堪惊人，可惜亦以种种关系，采取极少，仍与煤块同弃于地窖之中，

无人过问。其已发见或已开采者,则有:

(一)县属班固寺附近十里以内,到处产金,惟以寺僧恃顽把持,迄今尚未开采。

(二)距城二百余里朱固寺所属楚麻厂地方,产金极富,现已开采多年,品质极纯,惟采取不得法,所获有限。

(三)永安堡以西五十里之晒尔免地方产黄金,现用水拉工法开采。

(四)永安堡河西道地方产金颇多,用水拉工法开采有年,获利尚多。

(五)永安堡北五十里之羊肠子河、沙金城、金羊岭一带,到处产金,现亦已用水拉工法开采,获利颇多。

(六)永安堡西南四十里之札马图地方产金,现亦已用水拉工法开采。

(七)距城四百余里之八宝、二寺滩、高崖、天蓬河、野牛沟等处,均产极丰富之金,年来亦用水拉工法开采。

(八)八宝、札麻什盖东山一带,盛产金,近已用水拉工法开采,收获尚佳。

此外金矿之发见者尚多,但据闻有因禁止而不准开采者,亦有多处。

(丙)银矿 距城十里之人头沟、青石嘴地方,有银矿,清时曾开采,痕迹尚存,惟其产量多少,因识者无人,尚未测量。

(丁)硫磺矿 八宝一带,多产硫磺,现已用土法开采,成绩尚佳。

(戊)森林

（一）距城七十里班固寺所属有森林三百七十余亩，多产松、桦、杨等耐寒树木，除供给本县全县需用外，每年并由兰州木商前来贱价采买，由浩亹河顺流入黄河，直运兰州出售。

（二）距城十里有名照壁山者，有大森林一处，对屏县城，风景幽秀，前已有人任意砍伐，现更无人禁止，砍伐殆尽，成为秃兀之状。

（三）距城一百里之仙米寺，所属森林，约有八百余亩，每年由兰州木商前来购买，获利颇巨。该寺院之财富，半取于此。

（四）距城二百里朱固寺有森林七百余亩，亦由兰州木商前来采办，动辄千万。该寺富源，全仗于此。

（己）农产品　亹源因地处高原，气候严寒，虽有旷阔之草原，多不适于农耕，以是矿藏极富，而农耕则不稔。兹就其去年（二十一年）各种农产物之收获情形，列表于下：

农产品	每年产量	价值
青稞	二万七千余石	每石二十元
大麦	一千八百余石	每石二十元
小麦	二千三百余石	每石三十元
山芋	三千五百余石	每石十元
豌豆	一千余石	每石三元
菜子	七千三百余石	每石二十元

（庚）手工品　县属居民，除游牧、务农者外，操手工业者为数极少，其产品自无可言。兹就其大概情形，列表于下：

手工品	每年产量	价值
毛织品	年产毛毡约三千条	每条约三元

皮革类	年产皮靴约六千双	每双二元至四元
五金制品	年产犁锄等农具约八百余件	以斤论价每斤约五角
酒类	年产万余斤	每斤约值铜元十枚
油类	年产约数万斤	每斤约值二角

（辛）其他　亹源出产品除上述各项外，每年尚产狼、狐等皮各约二三百张，羊皮五六万张，鹿茸数十架，麝香数百个，蘑菇千余斤，羊毛六七十万斤，骏马三四百匹，牛一千数百头。其销售场所，除煤产，农工品类等供当地给用外，产金全售于西宁、甘肃、武威、张掖各处；狼、狐等皮及鹿茸、麝香之类，均由各处商人来县贩去，销售于内地各处；大宗皮毛，亦由客商运销天津、上海各地，牲畜则销售于本省及甘肃。

农业

亹源每年的农产量，虽然不多，但以地广人稀之故，在丰年产量尚能超过食量三分之一。近一二年来，因灾重歉收，产量已不敷食量之三分之一，每年须向他县购入补充。

县属第一、二两区，地主约占百分之五，自耕农约占百分之五十七，半自耕农约占百分之三十，佃户约占百分之五，雇农百分之三。第三区所有田亩全为仙米、朱固二寺所领有，故此二寺即为地主，佃户因此特多，共约五百余户。第四区农田甚少，无地主，大抵仅自耕农与雇农而已。近年因农耕不稳，佃户常由地主具字租得田亩，成熟之后，平均分谷，并无其他租纳方法。普通地主，对于佃户，颇肯扶持，双方甚形融洽，惟各寺院常假借活佛威力，任意压迫佃户。

农民的一般生活，与青海各县大致相同，兹不赘述。自民国十七八年间，回匪屡次过境，地方受其蹂躏，汉人痛苦尤甚，迄今数年，元气尚未恢复。近年来以差徭过重，每年收获，尽付税捐，尚虑不足，更以役吏索诈，绅董压迫，农民受其摧残，不堪言状，流离失所者，日益众多。

工商业

亹泊县之手工业原以制造皮毛（如制毡、制裘、制靴等）、铁工、木匠等为主，近年以税捐太繁，多致破产停业，现存者除制造少量之产品以供当地之需用外，无复有工业可言。查现因破产而失业之工人，占全县工人数十分之四，现存者，仅十分之六。

每年由外地输入商品，如杂货茶布等类，约值洋四万元左右，由该县输出商品，如皮毛等类，约值洋七万元之谱。全县商店，其资本之最高者，约一万元，最低者五六百元。在去年，县城原有杂货商店八九处，自皮毛跌价，金融停滞后，因不堪税捐摧索，相继停闭者半数以上，现仅有三四处，且大抵皆勉强支持，暂维持现状。萧条景况，令人慨叹。

教育

亹源县教育行政机关为县教育局，有高级小学一处，女子初级小学一处，党部附设民众学校一处，乡村初级小学十九处，共二十二处。其教育经费，每年为三千四百五十四元，除高小与女子小学两校之经费共二千七百九十四元，每年由随粮附征六百元，毛皮税款项下附征一千一百九十四元拨付开支外，其余各乡村小学，均由各该当地自行按粮筹措，直接解缴各校开支。

现查全县受过小学教育者，男九十人，女三十五人，受过中等教育者仅男子二十人，受过大学教育者男女皆无，进过私塾者一百七十余人，受过补习教育者四十余人，成年识字者三百四十余人，学龄儿童在学者七百七十余人，失学者一千余人（以上仅就汉、回二族而言，至蒙、藏民族，则皆因袭其一脉相传的王公千百户制，信奉佛教，男子多入寺为僧，女子勤劳操作，无所谓教育）。

风俗

亹源县属浩亹河以北第一区居民，多系汉族，信奉多神教，浩亹河以南第二区居民全系回族，奉回教；第三、第四两区全系藏族，奉佛教。在本县因各族势力，互相鼎峙，常以信仰之不同，时起恶感，教民与非教民之间，每有冲突。

亹源虽地处荒凉，而汉、回、藏杂居，致民间风俗，稍异于青海各县。县属居民，除回民外，男女皆嗜酒，亲朋相聚，以酒取乐，非醉不散。回、汉二族之女子缠足者甚少，男子蓄发者，几绝无一人。藏族女子完全天足，男子则仍多蓄发。兹举其婚嫁礼节等各项，分述于后：

婚嫁年龄及礼节　　县属汉民，结婚年龄，普通均在十五岁以上，二十岁以下。而女子在十六、十八之偶数岁数时，则为结婚之忌岁。订婚时，先由媒妁说定，次则男家亲往女家，对未来的岳父母行跪拜先见礼。结婚时，新郎仍先到女家，再以跪拜之礼，接见岳父母。礼毕迎新娘回家，拜天地，入洞房，从此便为夫妻。回民的结婚年龄，较汉人尤早，普通都在十三岁以上，其仪式与汉族大同小异，惟不行跪拜礼，由阿訇代以诵经作证而已。藏民的结婚年龄，反而较迟，男子普通都在二十岁以上。订婚之前，男女本人先行亲密往还，绝对不由父母干涉。订婚时，则由男方央媒人向女之父母求婚，媒人携酒一瓶，上盖酥油，系以毛绳，并置哈达于其上。如许，则解绳饮酒，不

许，则原物退还。结婚之日，新郎偕众至女家迎亲，当夜在女家会同各亲属饮酒、作歌、行乐，不行跪拜礼，即与女宿。次晨即迎回，置新娘于帐房门侧，复置酒大宴；入夜，由新郎直接导新娘入洞房，于是便为夫妻。此外尚有所谓抢婚者，据云更为有趣。

回人之葬礼 汉人葬礼，一如内地，藏民葬礼，已数述于前，回民葬礼，再为补述一二。回民死后，不着衣履，先把尸身全洗净，裹以白布，乃由阿訇朗声讽诵经典，为之祈求飞灵上天。诵经之举，大都一日，多至三日，下葬时去其布繄，使全尸赤裸，寸丝不附，于是投入土穴，覆之以土，即为葬埋完毕，死后并有祭辰拜忌之举。

遗产继承及寡妇待遇 汉、回民族，父母死后，遗产即由各子平均继承，女子无权分派。藏族则不然，无论男女，均得继承，且男子多为僧侣或赘婿他家，女子尚能独继遗产。汉、回民族，对待寡妇，较为普通，藏族则寡妇有保管遗产、处理家庭之权。

藏民的老幼待遇 藏民重视青年，漠视老人，谓老人是现世赘物。无论男女，年少者衣食丰足，年老者残食破服，冻饿交迫，无人怜悯，且藏民无所谓孝与敬。

藏女的特点 藏民妇女，无论贫富，无论冬夏，全年下体露裸，概不着裤，且不着靴，赤足履冰，不畏冻寒。至十六七岁以后不出嫁者，必将原有之发辫，垂诸胸前，名曰天头，以示不需男子，独身以终。惟野合求欢，则更自由以行，生子育女，较之有夫之妇，亦更以为荣。盖其所育子女，为其直系父母所有也。

民间之歌谣 民间歌谣，无论汉、回、藏，都名之曰野曲或少年，内容多属男女间的恋慕。兹略举数则于下："北斗七星天空转，明月一月能几圆，一黄一绿又一年，好花儿在阳世上能活着几年。""有为的军师诸葛亮，石碑上开上个影像，日不黑来夜不亮，一心儿牵在你的身上。""石崖头上灵芝草，叶叶和像胡麻哩，身子不大样子好，好花儿盖天下哩。"

财政

全县每年财赋征收，共洋六三九八二.七九八七元，除县政府征收之款为一四九二二.七九八七元外，余均照财政厅指定办法开支，或作地方政府之用，或呈解财政厅。其余产销局、粮茶局、榷运局等征收之款，共为四九〇六〇元，亦全解财政厅。

行政

亹源自设县后，地方自治，尚在开始筹划。其自治区虽曾划定，然皆有名无实，藏族之千百户等（如第三区之仙米寺、朱固寺，第四区之八宝、阿利克等），至今仍不服从县政府法令，一切差徭，多不认担，以是行政上颇感不便。兹就其县政府以下之各行政机关的大略情形，列表于后：

机关名称	职员总数	全年经费	附注
县政府	十八人	四千八百元	工作尚努力，惟民贫财穷，建设困难。
教育局	四人	四百五十元	经费短绌，办事困难。
建设局	仅局长一人	无	局长一人，纯系义务，既无经费，自属虚设。
禁烟局	三人	六百元	
产销税局	六人	二千八百元	
清赋处	八人	无定	名曰清赋，而工作一无，收入毫无报销。
公安局	官警共廿五人	二千七百六十元	有单拐步枪十九支，土枪三十四支。

兹关于该县负担的粮草税款等项，列表于后：

名目	全年负担数
番粮	三一二.一四六仓石
耗羡粮	一八.七二八仓石
盈余陋规粮	三一.二一五仓石
百五经济粮	一五.六〇七仓石
随粮带征地方粮	一〇市石
粮草串票洋	三〇.八元
附加法院经费洋	一二四.八五九元
補助师范经费洋	二五元
油梁磨费洋	一九三元
契税及契纸洋	一三七.九七元
验契洋	二二元
印花税洋	一七〇〇元
其他杂捐杂税洋	二四五一.三五元
地方各机关经费	九〇三八元
民间支应人夫骡差损失	一二〇〇元
产销税卡总收	三二〇〇〇元
粮茶局卡总收	一六七〇〇元
榷运局卡总收	三六〇元

340~344
第四十七章　青海是我们中国人的领土

47.
青海是我们中国人的领土

不能任其长在黑暗势力之下
青年们要做人家所不愿做的下层工作

结论 关于沿途的状况,和青海的调查,我们已是详细报告过了,现在要把我们实地考察后的意见,写在后面:

青海是我们中国人的领土,在这严重的国难时期,不论男女老少,大家都应当时时关怀地询问道:"我们的青海现在怎样了?"

在地理上,青海的地位,介乎赤、白两帝国主义势力之间,假如一旦突然有不幸事件发生,其影响所及,决不单是当地某某军人或某某民族问题,而是整个的国家和整个的民族问题。所以从此以后,我们全国民众,尤其是青年们,不要再像以前东北一般,让狰狞的外国人来代我们注意她,我们自己应当一致起来维护她,痛惜她,不要让这块好好的河山,不闻不问地任其长在黑暗势力的统治之下,过惨苦的生活!

我们不愿对青海当局作任何不满意的表示,因为在整个的中国国家里面,封建的恶势力,哪一地没有,军人的跋扈,哪一地没有;目之所及,只见老百姓天天在水深火热之中,时时刻刻吃着黄连一般的苦。在政治上,青海固然令我们有不满意的地方,但令我们满意的地方安在？

所以我们对于现在青海当局，不愿意作恶意的苛责，而是善意的贡献意见：

第一我们希望青海当局，要从速根本破除地域观念。事实很明显地在我们面前呈现，就是青海如果没有本省以外的有志民众，来集中一切力量，共同来开发青海，保护青海，那么不久的将来，青海必为东北第二之续。好像人体右臂一般的东北，已给人家于不知不觉中割去了，我们决不可再让一班国际匪贼，来宰割我们的好像左臂的青海，因此我们很希望具有远见的青海当局，应当立即消灭地域和窄狭的民族观念，诚意召集省外有志有力的青年们，来共同拥护青海。

第二我们希望青海当局，对番、汉、回、蒙各民族的思想和行动，时时与以根本上的调和与纠正。处于同一区域内的各个民族，如果没有共同的情感，而彼此只有历史上传说上牢不可破的恶念，每足以召外侮。不过这种恶念的消灭，和各民族间共同情感的建树，须以教育为着手之基础，而番、蒙民族的亟应予以教育上的救济，更是不可须臾稍缓的事实。因此我们十分热诚地希望青海当局设法召集本省以外的经济和人才，对蒙、番教育问题，与以彻底的解决。

以上二点，是开发青海的先决条件。如果这二点不通过，关于青海的一切问题，可以毋庸置疑。

其次我们要向有志的青年们，也贡献些意见：

我们既然认定青海是我们大家的青海，我们应当大家有研究地、有准备地、有组织地、有训练地、有具体计划地集中力量，到青海去，实行做一切人家所不能做、不愿做的下层工作。

我们何以需要研究？以青海民族之复杂，土地之庞大，在国防上所处地位的重要，我们假如先期没有相当的研究和认识，决不能引起我们对青海工作的热忱和决心。我们是基于民族主义的出发点而工作，这种工作，是不能机械的，是需要有灵魂的！

我们何以需要准备？以一片荒凉、天气酷寒的青海，如果没有一些准备，只是为了受着了一时的冲动，大家茫然出发，结果大家非饿死于异乡不可。所以在未出发以前，我们对于经济人才的支配和其他种种等，应当有充分的考虑和准备；不然，只要有边地工作集团一次的失败，已足以寒后人之胆，致大家裹足不敢前进。我们愈觉到所负使命和责任的重大，愈知道准备是不能少的。

我们何以需要组织？组织的效能，是可以把各种大小不同的力，集合起来，成为一个最大的力。没有精密的科学的组织，也许一时可以达到"到青海去"的目的，但不久必致纠纷迭起，宣告瓦解。所以好组织是一个好集团的必需的条件。缺乏了好组织，集团中的一个份子，表面上也许似乎有力量，其实一些力量也没有。换一句话说，有了好组织，团体中的个人，表面上似乎连一些力量也没有，事实上大家已是共同地产生了比较任何个人伟大的力量了。抓住了这种力量，我们才可以随时对付一切万分困难的事情。

我们何以需要训练？去开发青海，的确不是一件容易的事情。如果身体没有训练，多病之躯，休想到边疆去工作；如果意志没有锻炼，稍遇困难，必致心懒意灰，不能继续工作；此外还有许多事情是应当先时训练，使与边疆工作的条件或情形相合的，我们是边疆工作的精兵，所以必须要有训练！

我们何以需要具体计划？有了计划，我们才可以按部就班地做去。我们在执行边疆工作的时候，对于边疆农业、文化、畜牧和种种建设的问题,不能不先期决定一种精密的计划,以为后来办事的标准;而且我们在计划决定以后,必须拼命按照预定计划做去。我们不尚空言,而崇实际。苏俄的五年计划,令各个帝国主义者闻之头痛,而我国执政者,一年中有许许多多计划,国是依然如故;其原因即在此。

青年们要在青海或其他边地发展其伟大的怀抱,不能忽视了以上所述的五个原则。

最后记者要向后列各方面,表示十二分的感谢:

(一)孙哲先生、叶玉甫先生介绍我们代表青海考察团向中山文化教育馆接洽,得到相当的经济上资助,同时我们公推团员黄伯逵先生担任为该馆作学术上的报告,已由黄先生在南京寄沪,转送该馆。

(二)新闻报馆、华安公司,及曾仲鸣、吴之屏两先生,也以经济助我们启行(各方经济资助之数,已于七月首在报端发表),而并未提出任何条件,我们虽然得了钱为国家工作,为民族努力,但究竟于心不安,谨在此表示我们的歉疚与感愧。

(三)行政院秘书长褚民谊先生,蒙藏委员会委员长石青阳先生,津浦路邱炜先生,陇海路黄学周先生,南京新闻界俞树立先生,廖寿昌先生,曹天纵先生,蒯泽民先生,陕主席邵力子先生,甘主席朱绍良先生,视察员张文郁先生,青海主席马麟先生,秘书长冯国瑞先生,第九师长马步芳先生,青海党务特派员方少云、燕化棠、李天民等三先生,青海杨教育厅长,以及《西京日报》主任丘元武先生等,或蒙赐宴,或蒙赐予种种便利,真令我们感激不尽!

完了。愿有志边疆工作的同志们努力!